长征中的名战名将

罗元生 刘标玖 ◎ 著

中国言实出版社

图书在版编目(CIP)数据

长征中的名战名将 / 罗元生, 刘标玖著. —北京:
中国言实出版社, 2015.3

ISBN 978-7-5171-1096-5

Ⅰ.①长… Ⅱ.①罗… ②刘… Ⅲ.①二万五千里长
征战役战斗②中国工农红军—将军—生平事迹 Ⅳ.
①E297.2②K825.2

中国版本图书馆 CIP 数据核字(2015)第 023367 号

责任编辑: 周汉飞　马晓冉

出版发行　中国言实出版社
　　　　　　地　址:北京市朝阳区北苑路 180 号加利大厦 5 号楼 105 室
　　　　　　邮　编:100101
　　　　　　编辑部:北京市西城区百万庄大街甲 16 号五层
　　　　　　邮　编:100037
　　　　　　电　话:64924853(总编室)64924716(发行部)
　　　　　　网　址:www.zgyscbs.cn
　　　　　　E-mail:zgyscbs@263.net
经　销　新华书店
印　刷　三河市人民印务有限公司
版　次　2015 年 3 月第 1 版　　2020 年 7 月第 5 次印刷
规　格　710 毫米×1000 毫米　　1/16　　14 印张
字　数　251 千字
定　价　35.00 元　　ISBN 978-7-5171-1096-5

我们不能忘记的
——那些年，那些人，那些事
（序）

1934年10月16日傍晚，八万中央红军由于第五次反围剿的失败而被迫突围西行，开始了"万水千山只等闲"的长征。冰封的皑皑雪山、人迹罕至的茫茫草地、峡谷急流、有乌江天险、有弯弯赤水、有大渡激流……加之蒋介石百万大军的围追堵截、粮食的严重短缺，每一条都足以让人恐惧、绝望。可这群被称为"工农红军"的人，却用自己的双脚，长驱直至两万余里，纵横十一个省，于1936年10月在西北会宁会师，突破了反革命的剿杀，开辟了一条中国人民的希望和光明之路。

——他们跨越千山万水，历尽千辛万苦。血战湘江、四渡赤水、巧渡金沙江、强渡大渡河，飞夺泸定桥，翻越大雪山，攻占腊子口……二万五千里生死路，二万五千里血与汗的洗礼。

50年之后，即1986年，美国的著名记者哈里森·索尔兹伯里沿着长征的路走了一遍，写了一本名为《长征——前所未闻的故事》的书。他在该书开篇中赞叹地说："本世纪中没有什么比长征更令人神往和更为深远地影响世界前途的事了。"无独有偶，2006年3月10日，以色列军人武大卫从江西瑞金出发，沿着当年红军长征的路线行进，历时138天，途经9个省、自治区，采访了近百名老红军，拍摄了3000多张照片。武大卫用自己的亲历说："这次长征之行，让我知道了什么样的军人才是真正的军人，才是能够打胜仗的军队，才是代表人民利益的军队"。他以其独特的视角概括长征精神说，长征的内涵和精髓就是"崇高精神、空腹、飞毛腿"。

安顺场以"翼王悲剧地，红军胜利地"为世人所传诵。当年红军长征途中，多有江河阻拦。每逢此遇，蒋介石必利用江河天堑，部署重兵前堵后追，欲置中央红军于死地。但是，天堑不助蒋，他每次的如意算盘都被红军打得粉碎。湘江、乌江、赤水河、金沙江，这一个个天堑都变成了通途。红军再要西进，挡道的就是大渡河了。蒋介石深知，中央红军只要过了大渡河，就再没有什么大江大河的天然屏障能够阻挡红军前进的步伐了。那时的红军将如虎添翼，再与红四方面军一会合，要消灭红军就难上加难了。因此，在红军过金沙江后，蒋介石就飞抵昆明，亲自部署大渡河战事，企图凭借大渡河天险，使中央红军成为"石达开第二"。石达开是太平天国的名将。1863年5月，他率部由云南进入四川边界，抵达大渡河畔。由于河水陡涨数丈，被阻于南岸，粮草不济，进退维谷，他誓于死中求生，乘夜强渡，但失败了。在全军覆没之前，他写了"大江横我前，临流曷能渡"的诗句，发出无可奈何的悲叹，成为千古恨事。在太平军兵败七十多年后，中央红军几乎是沿着石达开行军的路线来到了安顺场强渡大渡河的。七十多年前，石达开全军覆没。七十多年后，中国共产党领导的工农红军，却在这里取得了强渡大渡河的辉煌胜利。大渡河的浪涛见证了真正的勇士。碧血染惊涛，大渡震心魄。谈古论今，令人荡气回肠；历史画卷，后人默默记取。

杨成武将军在《飞夺泸定桥》一文中，为我们展现了"捐躯赴国难，视死念如归"的情景——

总攻在下午四点开始。团长和我在桥头指挥战斗。全团的司号员集中起来吹起冲锋号；所有的武器一齐向对岸敌人开火，军号声、枪炮声、喊杀声震撼山谷。二十二位突击英雄手持冲锋枪或短枪，背挂马刀，腰缠十二颗手榴弹，在廖大珠连长的率领下，冒着密集的枪弹，攀着桥栏，踏着铁索向对岸冲去。跟着他们前进的是三连长王有才率领的第三连。他们除携带的武器外，每人扛一块木板，边铺桥，边冲锋。当突击队刚冲到对面桥头，西城门突然烧起冲天大火。敌人企图用火把我们挡在桥上，用火力消灭我们。火光照红了半边天，桥头被熊熊大火包围住了。

这正是千钧一发的时刻。二十二位英雄看到城门口漫天大火，似乎愣了一下，站在我和团长身边的人一齐大声喊道："同志们！这是胜利的关键！冲进去呀！不怕火呀！迟疑不得！冲啊！敌人垮了。"

这喊声给了英雄们勇气、决心和力量，在洪亮的冲锋号声中，他们神速地向着火里冲去了。冲在前面的廖大珠的帽子着了火，他扔掉了帽子，光着头继续往前冲，其余的突击队员们也紧跟着廖连长穿过火焰一直冲进街去。巷战在街口展开了。敌人集中全力反扑过来，二十二位英雄的子弹、手榴弹都打光了，形势万分紧急，眼看支持不住了。正在这个严重关头，王有才连长带着三连冲进去了，接着团长和我率领着后续部队也迅速过桥进了城。经过两小时的激战，一个团的敌人被消灭大半，剩下的狼狈逃窜。黄昏，我全部占领泸定城，牢靠地控制了泸定桥。当前的首要任务是防止敌人的反扑，确保泸定桥的安全。我们立即派出配属我团指挥的军团教导营向打箭炉（康定）方向警戒，因为那里尚有敌人的几个团。为了对付向泸定桥增援的两旅敌人，我们派出一个营沿河向南发展。

晚上十时，尖兵排打响了，当时，我们估计是敌人的援兵赶到，准备再作一场苦战。该营一部分部队占领了阵地，组织了一个冲锋，遇到了一个伤兵，一问却是我红一师三团的同志，这才知道一师已经赶到。准备同敌人作殊死战的紧张心情，顿时轻松下来。原来敌人的两个旅被我红一师追上，在城南六十里竹林坪地区打了一仗，后来敌人怕我们两面夹攻，慌张地向化林坪方向跑了。我们立即派人迎接随红一师前进的刘伯承总参谋长和聂荣臻政委进入泸定城，大家见了面，十分欢喜。已经是下半夜两点钟了，刘伯承总参谋长仍兴致勃勃地要我带他和聂政委去看泸定桥。我提着马灯，陪着他们从桥东走向桥西。刘伯承总参谋长对每根铁索甚至铁环都看得十分仔细，好像要把整座泸定桥印在自己的脑海里。从桥西折回桥中央的时候，他停住脚步，扶住桥栏，俯视大渡河的急流，着力地在桥板上连蹬三脚，感慨地说："泸定桥！泸定桥！我们为你花了多少精力，费了多少心血！现在我们胜利了！我们胜利了！"

……

对于大渡河的险恶以及红军强渡大渡河的英勇业绩，史书上记载很多。但有人不亲临其境，不亲眼所见，还是半信半疑。曾任美国总统国家安全事务助理的布热津斯基全家于1981年7月来到安顺场旅游，参观了大渡河。回国后，布氏写了一篇题为《沿着长征路线朝圣记》的文章。我们看到布氏在文章中写道："在我们走近大渡河时，曾经一度怀疑它是否真的像长征战士在回忆录中描述的那样水流湍急，险象环生；及至亲眼目击，才知并非言过其实。这条河水深莫测，奔腾不驯，加上汹涌翻腾的漩涡，时时显露出河底参差狰狞的礁石，令人触目惊心，不寒而栗；有几处，河水还以异常的速度倒流回环。我们一行之中谁也没有见过这种水流现象。时而回流，时而顺流，时而侧流……似乎和地球的引力场不生关系。原来大渡河自有他自己的生活规律！"通过对包括安顺场在内的长征路线的参观访问，布热津斯基得出了这样的结论："对崭露头角的新中国而言，长征的意义绝不只是一部无可匹敌的英雄主义的史诗，它的意义要深刻得多。它是国家统一精神的提示，也是克服落后东西的必要因素。"看来，布热津斯基最后还是愿意承认这段在古今中外战争史上都属罕见的史实的。

1936年10月，周恩来提出："我们一刻也不能丢掉长征精神！"岁月更替，长征精神不能丢，环境变化，长征精神不能变。长征精神，是中国工农红军千百万将士用自己的鲜血和生命铸造的，是人类历史上英勇无畏和坚韧不拔精神的典范，是中国共产党优良传统作风的突出反映和光辉结晶。

从这个层面上讲，我们从红军长征这一伟大创举中收获了永久的"精神食粮"——那种对民族生存、国家前途及人的自身价值的深切关注的品质；那种不畏艰险、不怕牺牲、艰苦奋斗的民族使命感和历史责任感；那种百折不挠、顽强拼搏、自强不息的人生追求……我们从红军长征中收获了人生不可或缺的最珍贵的品德——坚强、智慧、勇敢、自信、顽强、团结。那么，我们就将这些品德付诸于我们漫漫人生的成长过程和伟大祖国的具体建设实践之中。

罗元生

2014年10月13日

目录
Contents

目录

Contents

目录 Contents

3

目录
Contents

Contents 目录

目录 Contents

第一章

湘 江 恶 战

——林彪、彭德怀杀出一条血路

　　湘江战役是中央红军突围以来最壮烈、最关键的一仗，红军与优势之敌苦战，终于撕开了国民党重兵设防的封锁线，粉碎了蒋介石围歼红军于湘江以东的企图。1934年11月中旬，突围的中央红军跨越敌军的三道封锁线，进入湘南的嘉禾、兰山、临武地区。蒋介石任命湘军首领何键为"追剿军"总司令，调动湘军和桂军，在零陵至兴安之间近三百里的湘江两岸配置重兵，构筑碉堡，设置了第四道封锁线。11月25日，中央军委下达抢渡湘江的命令。红一军团先头部队于11月27日赶到界首，未经战斗就占领了这一渡口，很快控制了界首以北六十里的湘江两岸。11月29日，湘军和桂军蜂拥而来，向正在渡江的红军发起了进攻。两岸的红军战士，为掩护党中央安全过江，与优势的敌军展开了殊死决战。这是生死存亡的一战，是意志的较量。狭路相逢勇者胜。至12月1日17时，中央机关和红军大部队终于拼死渡过了湘江。

★突破三道封锁线，进逼湘江。彭德怀率红三军团仅用五天时间，连克敌军两道封锁线，为红军的西行打开了通道，受到了中革军委通电嘉奖。

离开中央苏区已经两天了，部队已经进入赤白交界区。可以看到，山岗、河边、大小村庄里，都或多或少地建有碉堡，都是国民党军队为了封锁苏区，动用大量人力物力财力修建的。大家虽然有说有笑，但都已经没有前两天那种心情，都在为国民党煞费苦心地封锁苏区而忧心，为这么多碉堡可能给红军带来的麻烦而担心。

更让人放心不下的，是中革军委纵队的庞大与复杂。纵队的主力是红军大学的一个团，后面紧跟着总司令部、革命军事委员会、党中央委员会，再后面是中华苏维埃政府机关人员、党员、共青团员以及反帝联盟的部分人员，还有供应部的许多挑夫、印刷工人、担架队员等，人员比较复杂，管理难度大。另外，几千名挑夫挑着苏区的大量财物，如印刷机、纸币镂版、备用的枪炮、造子弹的机器、收发报机、电话设备、X光机、满载文件资料的箱子以及银圆、金条、大米、药品等，个个不堪重负的样子，让他们走快，根本不可能。

这次战略转移，最初计划是突破国民党军队的围攻，到湘鄂西去同红二、六军团会合，创建新的革命根据地。因此，红军主力10月18日由于都南渡赣水后，中革军委便下达突围作战命令，攻占固陂、新田地域。一军团矛头指向新田，三军团向固陂挺进，于20日晚从赣县王母渡至信丰县新田之间突破国民党军队的第一道封锁线，再过信丰河，向湖南、广东边境转进。

为了尽量不让敌人发现，部队坚持夜行晓宿，而且夜行军时，也要求不能燃火把，不准打手电，不准大声讲话，但前进的步伐却不能减慢。尽管如此，到 10 月 20 号，彭德怀来电，三军团未能按要求赶到指定地点。

博古挺恼火，气得拍了桌子。他叫道："这个老彭，关键时候怎么拉稀呢！"

朱德站在作战地图前沉默着，他在思考如何应对这个新情况。

周恩来也感到挺意外，但他知道三军团一定有他们的原因。他说："可能是他们带的辎重太多，影响了行进速度！"

朱德同意这种说法，插话道："老彭那里的确存在这种情况，加上道路泥泞，出现延误也是能够理解的。"

博古看看李德，李德摇了摇头，表示对此事不屑一顾。

博古说："总司令，你看应该怎么办？其他军团可都已到，能不能按原计划行动？"

朱德摇了摇头，说："这次行动，需要各军团同时动作，三军团不到，不可轻举妄动。看来只能推迟进攻时间了。"

周恩来说："我看这样，让先到的部队隐蔽起来，等一等三军团，不就行了！"

朱德说："这样可以，先到的可以休息一下。"

博古点了点头，说："那就这样，推迟进攻时间！总司令，你下命令吧！"

20 日 10 时，朱德致电各军团首长："为保证各军团行动之协调及同时动作，总攻击改在二十一日夜至二十二日晨举行……已抵达二十日指定地点之各军团，应隐蔽配置一日。"（《长征日记》，陈虎著，中国长安出版社 2005 年版，第 8 页）

10 月 21 日，三军团到达配置地域，突围第一仗首先在江西安远和信丰间的版石圩一线碉堡群间打响。我一师一团袭占新田，二师六团袭占金鸡，旗开得胜。这一线守敌是国民党广东部队的一个旅。敌人发觉突围的红军大部队以后，边打边撤。10 月 22 日我军进攻版石圩，守敌是第一师的第三团和教导团，敌凭堡垒进行了顽抗，经过两个半小时的激战，才将敌人击溃。敌人向安西逃跑，我们在追击途中，又与敌激战数小时，共歼敌约一个团，除打死打伤的以外，俘敌三百多人，缴获了部分军用物资。粤敌第一师经这一打击，退到古陂，三军团早从右翼插到古陂，随后也追歼逃敌到安西。敌退守安西后不敢再出，我一、三军团派出一部兵力，监视信丰、安远这三点敌人，掩护后续部队从这三点间安全通过以后，我军才先后撤出战斗。敌人吹嘘的第一道"钢铁封锁线"，就这样被我们冲垮了。

国民党第二道封锁线设在湖南桂东、汝城至广东城口一线山上。

当时，国民党西路军正处于分散状态，湘中、湘南仅有一些地方部队防守，国民党中央军还远在赣江以东的兴国、石坡等地，短期难以赶到湘南和粤北地区。鉴于此，中革军委决定在敌军尚未弄清我军意识之际，沿赣粤和湘粤边界，迅速向湘南的汝城和广东边境的城口方向前进。

中革军委发布命令，对各军团的前进路线进行了详细部署，命令一军团从乌径分路北上，向池江、青龙前进；三军团北出新城、池江之间，准备渡章水；红八军团由隆回至贤女埠渡河，向南警戒；九军团随一军团跟进。整个大部队的行进仍以两个军团在左，两个军团在右，中革军委两个纵队居中，一个军团在后的通道式队形。

三军团接到命令，当天上午便开始行动。天空下着蒙蒙细雨，道路有些泥泞，战士们走在陡峭的山路上，经常摔跤，不少战士摔得浑身是泥，加上战士们携带了大量的行李、辎重，行动非常迟缓。朱德得知情况，心里着急，在与周恩来、王稼祥商量后，联名致电彭德怀、杨尚昆，要求三军团减少不必要的担子，不得超过编制规定的范围。彭、杨依令而行，前进速度才有所加快。

对于对手湘军，彭德怀是再熟悉不过了。从1916年他成为湘军的一个二等兵到1928年的平江起义，12年的湘军生涯，使彭德怀对湘军的作战风格了如指掌。彭德怀率领的红三军团有不少战士还是平江起义时湘军的旧官兵，这些士兵经过改造后，都成为红军队伍中冲锋陷阵的勇士。如今，彭德怀率领由旧湘军改造而成的红三军团，与军阀何键率领的湘军狭路相逢，鹿死谁手，这就要看谁更为勇猛了。

▲彭德怀

11月6日，三军团对汝城发动了全面的进攻。毫不示弱的湘军依托着碉堡工事，负隅顽抗，红三军团的几次攻击均未得手。

彭德怀十分焦急，他来到第一线，见在敌军阵地上的几个碉堡据点挡住了去路，便命令炮兵发炮摧毁敌据点。当他看到炮兵连发几炮均未击中敌军的碉堡，遂走上前去，指挥炮兵调整炮位，然后亲自执炮，只一发，就将敌军的碉堡轰上了天。

三军团的战士们，见军团长亲自操炮射击，并击毁了敌军的据点，顿时士气大振，战士们乘势冲了上去，与敌军展开了激烈的肉搏战。敌军见赖以依靠的碉堡被摧毁，顿时乱了阵脚，当红军冲上来时，虽然敌军官督促敌军士兵拼死抵抗，但终难挡住红军战士们的猛烈攻击，敌人溃不成军，从汝城落荒而逃。

三军团夺取了汝城，从右边为中央红军打开了通道。

一军团的行动也是非常迅速，他们夜以继日，星夜兼程，迅速向赣粤交界地区开进。当年这里是游击区，山高林密，碉堡和碉堡之间，沟壕相通，火力相连。这一线的守军以保安队居多，有的还没有见过正式红军，不知道红军的厉害，所以根本没想到红军来得这么快，在懵懵懂懂中就被红军解决了。

虽然捷报到来的时间比预想的要晚了一些，但并没对战局造成什么影响。一、三军团通过封锁线并打开了继续西进的通道，中革军委便开始考虑全线突围的问题了。11月5日下午，中革军委向各军团及两个纵队下达了突围部署，要求各野战军于当晚开始通过汝城至城口间的封锁线。部署规定了三条基本的前进道路，掩护部队的任务和各军团通过封锁线的时间安排，规定11月8日之前整个红军部队完成突围任务。

11月7日，浩浩荡荡的中央红军冒着小雨，踏着泥泞，在五岭山区的坎坷山路上缓缓西进。朱德和红军司令部也在这天通过了封锁线。到11月8日，红军如期全部通过第二道封锁线，进入湘南地域。

敌人的第三道封锁线设在粤汉铁路沿湘粤边湖南境内良田到宜章之间。这时韶关这一线的铁路虽然还没有全线修通，但是有些地方火车短距离是通车的，公路上汽车往来也很频繁，敌人调兵非常方便。敌人几年以前就利用修铁路的水泥器材，在这一线山上修了不少碉堡。而且，这时敌人已判明我们在突围，蒋介石的嫡系部队有的已经从江西、福建追上来了。

11月9日，刚刚突破第二道封锁线的中央红军又踏上了突破第三道封锁线的征程。天公不作美，部队从前卫军团到中央纵队直到后卫军团，都行进在阴雨的天气中，行进在泥泞的山路上。

根据当地游击队和地方党组织提供的情报，敌人的兵力部署还没有完成。中革军委遂决定，以部分兵力佯攻郴县，钳制敌军，以部分兵力占领宜章，拦阻粤敌。红军主力从中间向临武、嘉禾进军，准备迅速通过这道封锁线。

11月10日，三军团第五师按照命令，一举攻占了郴县至宜章之间的战略要点良田和黄泥坳。前锋迫近郴县，就此切断了郴县至宜章的交通线，毁掉敌人的碉堡百余个。第六师也于当日晨做好战前动员和准备工作，冒着蒙蒙细雨向宜章城挺进。

道路泥泞，崎岖难行，彭德怀、杨尚昆率领红三军团的红军战士们急速行进在南岭的山间小路上。他们以夜行60公里的速度，赶至敌军第三道封锁线上的重要据点——宜章城下，把宜章城团团围住。扼守在宜章的国民党士兵做梦也没有想到红军来得这么快。

在附近工农群众的帮助下，红军掘坑道、搬树条、扎云梯，紧张地进行攻城的准备。哪知拂晓时分，城门大开，城内的老百姓成群结队地跑出来欢迎红军进城。原来，守城的白军已经被吓跑了。于是，红军队伍在老百姓的拥戴下，浩浩荡荡开进了城里，宜章城就这样不攻自破。

彭德怀率红三军团从11月6日至11日，仅五天时间，连克敌军两道封锁线，为红军的西行打开了通道。彭德怀和三军团的这一神奇的勇猛作战精神，受到了中革军委通电嘉奖：

"赞扬三军团首长彭德怀同志及三军团全体指战员在突破汝城及宜章两封锁线时之英勇与模范的战斗行动。"（《长征日记》，陈虎著，中国长安出版社2005年版，第41页）

红军相继突破三道封锁线，令蒋介石大为震怒，他当即赶赴南昌行营，部署堵截红军西行的第四道封锁线。他利用潇水、湘江，调动湘军、桂军、粤军和国民党中央军约40万的兵力，向湘江扑过去。

★敌军从四面追逼而来，而红军的行动却是如此的缓慢。彭德怀心急如焚，他不禁仰天长叹："这样抬着'棺材'走路，哪像是打仗的样子？"

离别连绵的大山，红军战士都觉得眼前豁然开朗，一块广大的田野出现在面前时，都不免有些稀奇。霏霏的雨丝这时也停了，太阳腼腆地露出了红红的笑脸，久在绵雨中行走的战士们都觉得挺温暖。

然而，正在战士们兴奋之时，太阳很快便被乌云遮住，天空阴沉下来。

这时红军面临的形势，也恰如当地的天气，不时被迷雾所害，阴晴不定。

第三道封锁线被红军突破后，蒋介石看清了中央红军主力西征的意图，决心不惜一切代价，甚至摆出让自己的嫡系部队归地方军阀指挥的姿态，以图将中央军与广东、湖南、广西、贵州等地方军阀拧成一股绳，齐心合力，把红军消灭在湘江以东。他任命国民党湖南省政府主席何键为"追剿军总司令"，指挥西路军和北路军的薛岳、周浑元两部共十六个师的兵力加紧"追剿"；同时，命令粤军陈济棠、桂军白崇禧各率主力部队扼要堵截。

蒋介石在红军西去的道路上摆下了五路大军，兼有湘江、潇水两条大河的天然屏障，认为红军是插翅难飞了。国民党各路重兵云集湘江沿岸，在零陵至兴安之间近300里的湘江两岸构筑碉堡，设置了第四道封锁线，企图围歼红军于湘江以东地区，局势异常严峻。蒋介石亲率国民党中央军周浑元部及部分湘军在后面追击，他踌躇满志，得意洋洋，以为定能将红军全歼于湘江、潇水之间了。

面对如此严重的敌情，博古、李德仍然毫无知觉，捧着坛坛罐罐如同蜗牛般地行进在南岭山区。

担任掩护任务的彭德怀心急如焚，敌军从四面追逼而来，而红军的行动却是如此的缓慢，他不禁仰天长叹："这样抬着'棺材'走路，哪像是打仗的样子？"

在这种情况下，彭德怀看出红军如果继续向湘江行进，形势将十分危险，会陷入敌军的重围之中。高度的责任心驱使他再次致电博古，建议让红三军团乘敌不备，改变行军路线，向郴州、宁远、湘潭间行进，威胁长沙，在灵活机动的运动中抓住战机，消灭敌军，迫使蒋军改变部署。三军团在湘潭一带牵制住敌军，中央则率领红军主力进占溆浦、沅陵一带，迅速发动群众，创造根据地，粉碎敌军的进攻。否则，红军将被迫进入湘桂边界的西延山区，同桂军作战，其后果十分不利。

然而，彭德怀的建议再次被"左"倾机会主义者否定，中央红军仍然按原计划进军湘西，准备与红二、六军团会合。

11月20日，白崇禧见红军的一支部队占领了湘南的江华，又向广西恭城奔来，白崇禧同粤军和湘军一样，不愿同红军硬打而消耗实力，以防红军进入本省或被蒋介石吞掉，就借口兵力不足以防止红军南进广西，在11月21日忽然从兴安、全州、灌阳撤兵，使湘桂军阀联合防守的湘江防线出现了一个缺口。何键为求自保，也不尽快派兵南移接防，致使这130里防线无兵防守达七天之久。

顺利通过第四道封锁线的机会到来了。可惜，红军未能抓住这一良机。

此时，把握着红军命运的博古、李德拒不接受毛泽东、朱德、彭德怀等同志的作战建议，指挥红军向敌人设置的包围圈中走去。

阵阵秋风时紧时松地刮着，淅淅沥沥的雨点打在从苏区退出来的红军战士的身上，透着阵阵寒意。

中央红军蜗牛式的行军为桂军、湘军、粤军、中央军提供了时间，国民党军已经在湘江布下了一个口袋阵，红军只有夺路而走了。

11月14日晚21时，中革军委做出了部署："军委决定迅速秘密地脱离尾追之敌，前出到临武、嘉禾、蓝山地域，三军团应占领嘉禾城，一军团应占领临武及蓝山城。"（《长征日记》，陈虎著，中国长安出版社2005年版，第45页）同时，决定将中央红军分为三个纵队前进。红三、八军团为右纵队，红一、九军团为左纵队，军委第一、二纵队和五军团为中央纵队。

三军团六师到达嘉禾城时，发现国民党军援兵两个团刚刚抵达该城，不便强攻。彭德怀赶忙发电报请示："第六师从嘉禾南面扼制嘉禾城敌，以保障蓝山确在我手。"（《长征日记》，陈虎著，中国长安出版社2005年版，第49页）

中革军委接到电报，批准了彭德怀的建议。而且，还要求三军团"迅速执行，勿使嘉禾之敌继续南进，妨碍大部队西进。"（《长征日记》，陈虎著，中国长安出版社2005年版，第49页）

18日下午4点，中革军委又向各军团纵队首长下达红军向道县、江华、永明地域转移的部署。命令说："军委决定，为取得更有利的作战及前进的条件，立即由现地转移到道县、江华、永明地域。"为实现这一部署，中革军委将红军原来分三个纵队前进的队形分为两翼队形西进。由一、三、八军团，十三师及军委一纵队为右翼队，经嘉禾、蓝山间向宁远及其以南地区前进，以后则继续向道县及其以南地区前进；由五、九军团及军委二纵队为左翼队，经蓝山城向江华城前进。为掩护军委纵队顺利度过潇水，中革军委要求右翼队须先敌抢占道县。这个部署还特别提到红一军团一师三团，要求"第三团于九军团先遣团到达蓝山后，即向楠木圩，以便归还主力。"（《长征日记》，陈虎著，中国长安出版社2005年版，第51页）这个要求意味着第三团要先期占领蓝山。

三团接受命令后，于第二天冒雨出发，行程百里，直插蓝山县城。随后，三团立即向蓝山发起猛攻，经过一个小时的激战，消灭了敌人一个营，拿下了蓝山城。

当天中午 13 时，一军团二师也接到了攻击道县的任务。道县坐落在潇水西岸，是红军过潇水继续西进的咽喉要地，一军团二师接到命令后，即刻出发，向道县急进。因为接到敌人也在向道县进发的情报，二师四团就和敌人展开了赛跑，一天里，他们走了整整二百里路，终于在黄昏时刻赶到道县城边。战士们不顾劳累，迅速投入攻城的准备之中。深夜 12 时，四团向道县发起了进攻。守城的敌军放了一阵枪，便从西门溜之大吉，四团就此控制了道县，打开了红军跨越潇水的通道。

红军各军团、纵队从几个渡口陆续渡过潇水，向蒋家岭、文市挺进。到 25 日上午，红军全部渡过潇水。

★林彪雷霆大怒："妈的，这是拿军团首长的性命开玩笑，要追究责任，查一查。"耿飚吐了吐舌头："哎呀，差点闯大祸。我们将功补过。"

初冬的北风，夹着潇水的寒气，阵阵向潇水西岸袭来。岸边的红一军团红一师指战员和红三军团红六师的指战员，阻击敌人的战斗打得正酣。敌人在火力掩护下，船渡过江。严阵以待的我军，以潇水为天然屏障，用机枪、步枪、小炮向敌人猛烈开火！敌人的船只中弹沉没了，尸漂半江。敌人又组织新的进攻，第一次，第二次，第三次……次次溃败。敌人的渡船没有了，又组织泅渡过江，指战员哪能容得敌人阴谋得逞。他们怒不可遏地在等待着敌人靠近西岸。敌人靠近了，再靠近，再靠近……"打！"一声令下，机关枪、步枪、小炮，再一次向敌人猛烈射去，仇恨的子弹射进敌人的胸膛，手榴弹在江面开花，泅渡过江的敌人，也一批又一批地被打死在潇水中。奔腾不息的滚滚江水，顿时成了万恶敌人的葬身之渊。敌人一只又一只向西岸冲来的渡船，被我军打沉。敌人一批又一批企图泅渡过河的部队，被我军消灭。潇水成了敌人不能逾越的障碍，敌人只好望河兴叹，不能前进一步。阻击敌人的战斗，整整进行了三个昼夜，指战员都是在战火中度过的，几乎没有吃过一顿饭。只是在战斗间隙时间，方能痛饮后勤部队送上阵地的开水。激战中，虽然我军付出的代价也很沉重，但红军的斗志却越战越强，可歌可泣的英雄人物、英雄事迹层出不穷。共产党员、共青团员带头与敌人拼搏，许多战士负伤不下火线，有很多指战员在战斗中英勇地献出了生命。一次，敌人登岸靠近红一师的前沿阵地，英勇的我军战士毫不示弱和胆怯，与敌人展开了肉搏战，最后把登上岸的敌人全部消灭在阵地前沿。

红军与国民党追剿部队的"湘江会战"之弦，拉得一天紧似一天，两个司令部都在紧锣密鼓地调兵遣将，和对方争时间，抢主动。

11月25日，在接近湘江时，中革军委下达了作战命令：我军分兵两路渡过湘江，渡河地点选在界首和凤凰嘴之间，以一军团为右翼，三军团为左翼，五军团为后卫，八、九军团为侧应，从后卫和两翼掩护中央纵队和军委纵队渡过湘江。中革军委明白，完成这个任务是非常艰巨的，因此，在下达这个命令的同时，又发布了一道政治命令：为胜利地进行这次战役，要求野战军全部人员坚决、不顾一切地行动。进攻部队应果断地粉碎前进路上一切抵抗，并征服一切天然的和敌人设置的障碍；掩护部队应不顾一切阻止及部分地扑灭尾追之敌。

11月27日晚，红军先头部队顺利渡过湘江并控制了界首至觉山铺之间的渡河点，完成了滞敌于潇水东岸两天时间的一师边打边退，撤出战斗。而这时，担当全军右翼前锋部队的一军团主力已经抵达湘江东岸，准备架设浮桥强渡湘江。

11月28日凌晨，一弯明月仍高悬天下，银辉遍地，寒气逼人。连夜赶到觉山的林彪、聂荣臻召集师团以上干部查看地形。觉山，北距全州15公里，南离渡口25五公里，一条公路与江并行，两侧是起伏的丘陵和山岗。觉山是扼守这条公路的要地，守住了它，就卡住了敌人进入湘江西岸的咽喉。受命主守觉山的是红二师四团。林彪、聂荣臻反复叮嘱耿飙和杨成武说："这片山岭一定要守住，否则部队将成为砧上鱼肉，任人宰割。"

29日，敌刘建绪得悉我中央直属纵队将要渡过湘江，即以四师兵力，从全州倾集而出，直扑觉山一线，战况空前激烈。

杨成武事后回忆这场战斗时，这样描述战斗的激烈：敌人像被风暴摧折的高粱秆似的，纷纷倒地。但是打退了一批，一批又冲上来；再打退一批，又一批冲上去，从远距离射击到近距离射击，从射击到拼刺，烟尘滚滚，刀光闪闪，一片喊杀之声撼天动地。我们的短兵火力虽然猛烈，可是还不能压倒数量上占绝对优势的敌人。他们轮番冲锋，不给我们空隙，整整激战了一天。敌人

死伤无数，我们也减员很大。（《长征日记》，陈虎著，中国长安出版社 2005 年版，第 66 页）

30 日，红一军团展开全线阻击，战至下午，敌湘军以优势兵力和猛烈炮火，在飞机的掩护下，相继攻占米花山、尖峰岭、美女梳头等阵地。战斗越来越激烈，形势越来越严重，前沿的几个小山头丢失了，觉山也被敌人占领。四团三面受敌，不得不边战边退，敌人则死命猛追，同时敌机轮番轰炸，红军每走一步都要付出血的代价。五团政委易荡平牺牲，四团政委杨成武身负重伤，红一军团被迫退至珠兰铺、白沙、水头、夏壁田一线，组成第二道阻击线。

林彪一下阵地，就问："中央纵队和后续部队渡江了没有？"

"没有。后续部队每天只能走四五十里路，还没到江边哩。"聂荣臻告诉他。

参谋长左权没好气地说："怎么这么慢？"说罢，他叹了一口气，又说："抬着那么多破家当，怎么快得了？唉！"

30 日深夜，月光再度升起。林彪、聂荣臻、左权等红一军团首长彻夜未眠。他们冷静分析了战场上的敌我态势，给中央军委拍去一封火急电报：

"朱主席：我军向城步前进，刚必须经大埠头，此去大埠头，经白沙铺或经咸水圲。由脚山到白沙铺只二十里，沿途为宽广起伏之树林，敌能展开大的兵力，颇易接近我们，我火力难以发挥，正面又太宽。如敌人明日以优势兵力猛进，我军在目前训练装备下，难有占领固守的绝对把握。军委须将湘水以东各军，星夜兼程过河。一、二师明天继续抗敌"。（《聂荣臻回忆录》，聂荣臻著，解放军出版社 1983 年版，第 227 页）

这就是那封著名的星夜"兼程过河"的电报。之所以著名，因为局面已到了千钧一发之际。

这封电报给中革军委带来极大震惊。接到一军团火急电报，12 月 1 日凌晨一时半，朱德给全方面军下达紧急作战令，命令红一军团坚持原地抗击来自全州之敌，"无论如何，要将汽车路以西之前进诸道路，保持在我们手中"。两小时后，为保证前一命令的完成，中央局、中央军委、总政治部又联名打电报给红一、三军团：一日战斗，关系我野战军全部。西进胜利，可开辟今后的发展前途，迟则我野战军将被层层切断。我一、三军团首长及其政治部，应连夜派遣政工人员，分入到各连队去进行战斗鼓动。要动员全体指战员认识今日作战的意义。胜负关系全局，我们不为胜利者，即为战败者……（《聂荣臻回忆录》，聂荣臻著，解放军出版社 1983 年版，第 228 页）以最高权力机构联合名义发报，电报语气之沉重，措辞之严厉，为历来所罕见。

林彪"星夜兼程过河"的电报和周恩来"向着火线上去"的电报叠现出中共那部既光辉灿烂又千曲百折的战史。

林彪在天亮前给各部队下达命令，决不准敌人突破阵地！生死存亡在此一战！"誓死不让敌人突破白沙河"。于是，红一军团在江岸，二十多里的战场上与敌人展开了殊死搏杀。起伏的树林间，尸身狼藉，杀声阵阵。

12月1日凌晨，敌人再次对觉山铺一线发起猛烈进攻，湘军李觉部穿插迂回极其凶猛，以浓密的树林作掩护，迂回到了觉山铺南面山坡上的一军团指挥部。

军团指挥部瞬间成了战斗最前沿，军团指挥员眨眼变成了普通战斗员。林彪拔出手枪，与聂荣臻、左权指挥警卫部队与敌激战……附近的一军团部队赶到与警卫部队一起将国民革命军打退。

红一军团部曾多次遇险。第四次反围剿林彪指挥红一方面军主力围歼国民革命军精锐主力十一师，一颗炸弹落在指挥位置，强大的气浪把正在写作战命令的林彪一下抛到山坡下。林彪爬起来一看身上没伤，拍掉身上的土，继续书写作战命令。第五次反围剿一军团从大雄关向西南转移，在军峰山堡垒地带遭毛炳文第八师袭击，国民革命军冲到军团部前。林聂带领身边的警卫员，炊事员和机关直属队人员投入战斗，一直顶到增援部队上来。但最险的还是湘江这一次。

时近中午，一股敌人迂回到了军团指挥部门口。警卫员邱文熙跑进来大声报告："敌人摸上来了！"

正在吃饭的林彪和左权吃了一惊，连忙放下饭碗。聂荣臻有些不相信，问道："你没看错吧？"

邱文熙急得直摇头："你看嘛！"

聂荣臻顺着他的手势向远处一望，果然是一股敌人，手端着清一色的奉天造刺刀，明晃晃地直逼过来。"快撤！"林彪、聂荣臻、左权等赶紧分头向山隘口转移。

转移至安全地带后，林彪雷霆大怒，"妈的，这是拿军团首长的性命开玩笑，要追究责任，查一查，看这股敌人是从哪个缺口进来的？"

"是西城。"作战参谋回答。"西城"是红一师四团的代号。

"大军突围，要严守纪律，"林彪那泛青的脸冷森森地对军团政治保卫局长罗瑞卿说，"你亲自到四团查明原因，要是他们临阵退缩或有意纵敌，就执行军法，提着耿飙的头来见我。"

罗瑞卿提着大张机头的驳壳枪，怒气冲冲地带着执行小组来到四团阵地，耿飙一见，心中暗叫，"糟"。"左"倾路线占统治地位时期，谁在作战中弯一下腰，也会被认为是动摇而受到审查，轻则撤职，重则杀头。在战场上，尤其是战斗失利的时候，保卫局长找上门来，大半是不妙的。

果然，罗瑞卿三步并作两步跨到耿飙面前，用驳壳枪点着他的脑袋，大声问："西城，格老子怎么搞得？为什么丢了阵地？说！"

罗瑞卿腮部有一伤口，是二次反"围剿"时在观音岩负的伤，由于愈合不好，留下块很醒目的疤痕，加上说话时严厉的神情，显得有点"咬牙切齿"的样子。气氛变得异常紧张。

耿飙委屈地说："你看嘛，全团伤亡过半，政委负伤，我这当团长的已经拼开了刺刀，敌人兵力处于绝对优势，一个团抵挡十多里的正面战场，结合部失守，也是战士全部牺牲后才发生的。"

"好，我相信你一次。"罗瑞卿态度稍稍缓和，又问，"指挥打仗为什么要披毯子，这像什么样子？"

耿飙的警卫员跟罗瑞卿很熟，忙解释："罗局长，你弄错了，我们团长正在打摆子，是我给他披上的。"

"哦，"罗瑞卿这才收起驳壳枪，有些后悔，温和地说，"刚才有股敌人从你们这儿冲过，直插军团指挥部，林军团长和聂政委险些当俘虏，你们说悬不悬？"

耿飙听了吐了吐舌头："哎呀，差点闯大祸。我们将功补过。"他亲自组织突击队堵住缺口，又用一个营的兵力兜击突进来的那股敌人，防线才恢复稳定。

敌机一次次地飞临上空，抛下一批炸弹；飞机刚走，大炮便吼起来，阵地立刻弥漫在一片火海之中。这天，敌军像着了魔一样，疯狂进攻，打退一批又冲上来一批，轮番冲锋，不给我军空隙，整整地激战了一天，敌人死伤无数，我军也有不少伤亡。11月30日，红一军团又迎来了更为血腥的一天。进攻的敌人改变了战术，他们不仅从正面加强了兵力、火力，轮番猛攻，还以大部队迂回到整个阵地的侧翼。战斗越来越激烈，情况越来越严重，右翼阵地被敌人突破后，不得不边战边退，每走一步都要付出血的代价。当天下午，觉山阵地全部失守。时任红一军团政委的聂荣臻回忆这场阻击战写道：三十日凌晨，我一师赶到，部队非常疲劳，有些战士站在那里就睡着了。但军情紧急，不得不立即动员，仓促调整部署，进入阵地。这一天的阻击战进入高潮。敌人第一次冲锋很快就被打垮，丢下了几十具尸体，又组织第二次冲锋。随着敌冲锋次数的增多和投入的兵力越来越大，阵地上硝烟弥漫，我们利用有利地形顽强阻击，敌军尸体越来越多。经过一天拼杀，我军还是守住了主要阵地。（《聂荣臻回忆录》，聂荣臻著，解放军出版社 1983 年版，第 226 页）

★**彭德怀深知任务的艰巨。为此，他对全军下达了铁的命令：不惜一切代价，全力坚守三至四天！"保卫中央纵队安全渡江"的口号响彻阵地上空。**

根据命令，三军团的任务是在左翼进至界首一带，坚守界首、新圩等要地，阻击由南面北上的广西军阀白崇禧的第七、十五军，保证全部红军的左翼安全，保护中央、军委纵队过江。彭德怀深知任务的艰巨。为此，他对全军下达了铁的命令：不惜一切代价，全力坚守三至四天！

三军团昼夜行军，利用白崇禧桂军害怕红军进入广西后撤的机会，进至湘江岸边，并在界首附近强占了渡口，与红一军团一起控制了约 30 公里宽的渡河地段。

为了确保阻击任务的成功，彭德怀命李天民、钟赤兵率红五师进至敌人进逼湘江的必经之地——新圩，阻止由南面北上的桂军；命六师(二十九日到达)在河东岸石玉村一带建立阻击阵地，掩护五、八军团通过；同时又命张宗逊、黄克诚率领的四师，加入到一军团方面的作战，在界首以南的光华铺阻击由全州南下的湘军。

彭德怀相信自己的指战员，无数次战斗已经把他们铸造得钢铁般坚硬，但是，敌人在数量上占绝对的优势，五师要抵挡桂军两个师的进攻，四师同样也要以一个师的兵力阻挡湘军的一个师外加一个独立团的进攻。敌军除了人数上占优势外，装备上也远比红军好，且有空军助战。三军团是在地势开阔的平原一带进行防御作战，既无有利地形可依托，也来不及修筑工事，只有靠广大红军战士的血肉之躯和顽强的毅力来抵挡国民党军的进攻了。

三军团五师防御的新圩，是白崇禧桂军前来截击红军西行的必经之路。桂军将领白崇禧，擅长谋略，人称"小诸葛"。彭德怀知道一场硬仗即将开始了。

由于红军先头部队已突破湘江，湘、桂两省国民党军队纷纷向红军渡江地段扑来，在飞机配合下发动猛烈攻击，企图夺回渡河点，把红军围歼在湘江两岸。湘江两岸的红军主力为了掩护全军渡江，不得不与优势的敌军硬拼，付出了惨重的代价。

11月29日是一个清朗的好天气，只是秋风萧瑟，让人感觉有些寒意。三军团五师刚刚布置好阵地，桂军第七军的两个师就在白崇禧的指挥下发起了攻击。白崇禧首先以十分猛烈的炮火轰击红军的第一道工事，然后，以整营整连的兵力向红五师的阵地上发起冲击。

第一道工事，连影子都没有了。山上的松树也只剩下了枝杆。谁也记不清已经打退了敌人多少次进攻，大家记得最清楚的就是团长的指示：我们的背后是湘江，我们这座小山，是全团的前哨阵地，必须坚决守住它，保证中央纵队顺利渡过湘江。

桂军几度冲进阵地，与红军展开肉搏战。几经反复拼杀，五师挡住了桂军第一天的进攻。

第二天拂晓，更激烈的战斗又开始了。红军的伤亡越来越大，第二道工事又被敌人的炮火摧垮了，为了保存有生力量，他们只得撤到山顶上最后一道工事里。敌人又冲上来，红军一声不响地伏在工事里，敌人见红军一枪不放，便一个劲朝上爬。等他们爬到离工事只有二三十米时，一排手榴弹便飞进敌群爆炸了。敌人一乱，红军所有的轻重火器一齐怒吼起来。顷刻间，敌人就像高山顶上的草堆遇到了大风暴，一个接一个滚下山去。

白崇禧除了加强正面攻击的兵力和火力外，还派出一部分部队迂回侧击红五师的阵地。红五师伤亡很大，师参谋长和一个团长、两个团政委先后牺牲，处境十分危险。

为了阻击由全州打过来的湘军和由灌阳追过来的桂军，保证中央纵队顺利过江，红军只有在这里背水一战。承担阻击任务的，只有红四师十团，要迎击桂军四个团的猛烈进攻。光华铺的阵地上枪炮声交织在一起，夹着闪闪的火光。桂军的炮弹不断向四师的阵地倾泻过来，红军只得伏在临时挖掘的掩体里，躲避着。敌人一阵没命的炮击后，端着枪肆无忌惮地向十团阵地冲过来。红军战士从土堆里钻出来，个个像泥人似的。有的头被弹片击伤，流出来的鲜血与炮弹掀起的泥土搅在一起，使刚浸出来的鲜血变成黑糊糊的一片；有的头被炮弹炸起的碎石划破一道道口子，有的刚隆起一个个大青包。他们在敌人冲锋过来时，愤怒地站起来，忘记了伤痛，忘记了一切，心中只有一个单纯而坚定的信念，保卫党中央，保证军委纵队的首长们过江。子弹打光了，他们只好挥舞着大刀片与桂军展开了肉搏……

光华铺红军的阵地上到处都是尸体，横七竖八的。有的是中弹死去的，血还从伤口处往外流；有的是与敌人拼刺刀时被刺死的，肌肉撕裂，骨头裸露；有的是被手榴弹炸死的，身首异处，难觅全尸。有的尸体的口中还衔着敌人的鼻子，旁边则直挺挺地躺着敌人的死尸，露着一个空空的鼻腔……横陈在湘江边的这些红军战士遗体，躺在漠漠的荒野，以大地为棺椁，湘江呜咽着奏起悲戚的哀歌从他们身边淌过，遗恨绵绵。有的眼睛鼓着，好像永无休止地张望着黑沉沉的天空，死不瞑目。在这片狼藉的尸体群中，团长沈述清也与他的部属在一起……

四师师长张宗逊和政委黄克诚跑到军团司令部，伤心地向彭德怀和杨尚昆报告着十团牺牲的情况。

彭德怀沉痛地问张宗逊，十团现在还有多少人？

张宗逊阴沉着脸难过地回答，几个营都伤亡不小，营以下的干部丢了大半。

彭德怀从桌上掂起一份电报，在手中扬了扬，说，刚才接到军委命令，军委纵队就要渡江，我们的任务是掩护党中央，钳制桂军，将敌人的火力拖在光华铺一线，沈述清牺牲了，立即命令杜中美接任十团团长，火速整顿部队，坚决抗击桂军……

战斗在持续着，伤亡在持续着。八仙桌上的电话丁零零响了起来，彭德怀离开床铺，大步流星地走过来，握起话筒，以为一定是渡江指挥部通报军委纵队已过完江的好消息，可是话筒里却传来一个低沉的声音："十团杜团长按军团部的命令部署组织反击，刚刚向三营交待了任务，前去二营阵地时，不幸中弹牺牲。"

彭德怀愣了。几秒钟后，他将话筒向电话机上一砸，气愤地说："这打的是什么仗呀，不到一天工夫，死了我两个团长……"

1994年9月，已任中央军委副主席的张震，重来这里，凭吊60年前牺牲的战友，讲述了当年激战的情景。他说：当年打阻击战的是我们红十团。十一月二十九日深夜，敌军偷袭我们阵地，并迂回到我们身后，向界首渡口奔去。我们三营奉命追赶，同敌军短兵相接，展开混战。三十日拂晓，我们虽已消灭大部敌人，但界首渡口西岸失守。此时，中央第一纵队即将抵达东岸准备渡江，情况万分危急。团长沈述清率领一、二营直奔渡口，经过多次冲杀争夺，最后消灭了敌军，夺回渡口。但在继续争夺的战斗中，沈团长和代理他的师参谋长杜中美同志都中弹身亡。到了中午，敌军两个团在被我们打得尸横遍野后才占领光华铺；敌军另一个团沿江东岸向界首渡口进逼。这时，彭老总一方面紧急调四师两个团来接应我们十团，另一方面又令五师一个团迅速打击东岸立足未稳之敌。黄昏后，中央第二纵队开始过江，我们全师向处在高处的光华铺之敌发动反攻，经过又一夜艰苦战斗，终于守住了我们阵地的第二道阻击线。天亮，已是十二月一日。完成新圩阻击战任务的红五师主力赶来，与我们一道阻击住了敌军数十次连续进攻。直到中午时分，中央纵队安全过江，穿越桂内公路后，我们才奉命撤离。（《惨烈的湘江之战》，石仲泉著，《百年潮》2003年第7期）

在距前沿阵地不过几百米的军团指挥所里，彭德怀十分着急，他意识到中央红军已经进入十分危急的关头，如果再不采取行动就有全军覆没的危险。为了稳住阵地，掩护军委纵队和中央纵队的撤退，彭德怀决定亲自前往前沿阵地指挥战斗。行前，他向朱德总司令发出了一封表明情况十分紧急的电报，希望军委纵队和中央纵队加速渡过湘江。彭德怀在电报中说："五师伤亡颇大，两团长、政委伤，师参谋长及一政委亡。"（《红军长征文献》，解放军出版社，1995年版，第158页）

在界首临时司令部里的朱德接到了彭德怀的电报，不禁为彭德怀捏了一把汗。他知道，如果不是情况十分危急，彭德怀是不会叫苦的。本来27日在红一、三军团占领渡口的时候，中央红军的大队人马离湘江渡口不过一天一夜的路程。但是，由于全军前后相距一百五六十公里，部队的辎重过多，几万人在山中羊肠小道上行进，非常缓慢，加上红八军团走错了方向，前面的部队又要等待他们，本来一天一夜的路程，却走了三四天，徒然增加了作战部队的压力。

剩下的问题就是争取时间。十万火急的命令一道接一道。遗憾的是，中央军委纵队就是加快不了行军的速度。最高三人团是想将中央苏区整个地搬到湘西去。临突围前，雇了几千名挑夫，绑了三千多副挑子，兵工厂拆迁一空，工厂都卸走机器，凡是能够搬走的值钱的东西都装在骡子和驴子的背上带走，组成了庞大的后方运输队。需要七八个人抬的石印机，需要十几个人抬的大炮底盘，也舍不得丢下。在山间羊肠小道上行走，这样的队伍怎么能加快行军速度呢？

形势紧迫，朱德意识到问题的严重，遂下令全军：十万火急，迅速渡江。

要知道，每一秒钟，都是用战士们的鲜血换来的。

彭德怀来到前沿阵地，稳定了形势，他命令部队集中火力，待敌人靠近前沿阵地时才出击。军团长亲临前线，给广大红军战士以巨大的鼓舞，处于劣势的三军团一直在新圩坚守了三天两夜，为后续部队的赶到赢得了时间。

湘军和桂军蜂拥而来，敌人向正在渡江的红军发起了进攻。两岸的红军战士，为掩护党中央安全过江，与优势的敌军展开了殊死决战。红军的阻击阵地上，炮弹和重磅炸弹的爆炸声不绝于耳，许多来不及构筑工事的战士们被震昏了，耳鼻出血。装备单一的红军要用血肉之躯抵挡敌人飞机和重炮的狂轰滥炸，战斗的残酷可想而知。但"保卫中央纵队安全渡江"的口号响彻阵地上空。

★周恩来郑重地对彭德怀说："无论如何，你们要守到下午五时，掩护全军渡江完毕；一定要等毛主席他们过了江才能撤退；撤退前还要向军委报告。"彭德怀点点头，坚决地接受了命令。

1934年12月1日是个不同寻常的日子，这天，军委纵队渡过了湘江。

这天是个晴朗的好天气，红彤彤的太阳从湘江的东岸缓缓升起，在江水里撒下了血的颜色。

一支队伍从东山里出来，越过湘江，正向西面一带大山急促行进。他们多数着灰布军衣，缀着红领章，戴着有红五星的小八角军帽，身后背着斗笠，脚下穿着草鞋。还有不少穿着便衣、头上缠着黑布的农民羼杂其间，他们是通过长征前的那次"扩红"到部队来的。如果细看，很容易看出，这是一支非战斗部队。行列里骡马多，担子也多，还抬着一些笨重的东西。看样子他们已经走了整整一夜，脸色发青，显出相当疲倦的样子。这支特殊的队伍，便是红军总司令部和中央纵队。

朱德和周恩来骑着马从队伍里奔出来，岔上一条江边小路，似乎要赶到前面的样子。

朱德的神态虽然也相当严肃，但从他的嘴角，甚至从那些皱纹，都可看出他本性的慈祥。他俩的眼睛都布满红丝，已经有几个晚上没睡觉了。早晨的冷风一吹，加上盘旋的敌机在头上不断光顾，把瞌睡都赶跑了。他们只在敌机轰炸扫射时，稍稍躲避一下，飞机刚刚越过头顶，就又紧张地向前赶去。

虽然中央军委的两个纵队和红军司令部已陆续渡过湘江，但五、八、九军团还在后面，形势仍岌岌可危。为了保证全军安全渡江，朱德和周恩来整夜都在指挥战斗。凌晨的 1 时 30 分，朱德给一、三军团下了紧急命令，要求他们继续阻击由兴安北上、全州南下之敌，并钳制周浑元追击部队。给一军团的命令是："一军团全部在原地域，有消灭全州之敌由朱塘埔沿公路向西南前进的任务，无论如何要将由汽车路向西的前进诸道路保持在我们手中。"（《红军长征文献》，解放军出版社，1995 年版，第 159 页）紧接着，在 3 时 30 分，又以中央局、军委、总政的联合名义，指令一、三军团严格执行。电报称："一日战斗，关系我野战军全部西进，胜利可开辟今后的发展前途，退则我野战军将被敌层层切断，我们不为胜利者，即为失败者，胜负关系全局。"电报要求："要不顾一切牺牲，保证军委一日一时半的作战命令全部实现。"电报最后的一句话是："望高举着胜利的旗帜向着火线上去！"（《红军长征文献》，解放军出版社，1995 年版，第 161 页）

直到凌晨五时，他俩做了最后布置才从后面赶来。尽管中央纵队和军委纵队正在渡江，但随着北面一阵紧似一阵的枪炮声，两人的心情仍然十分沉重。

他们在马上不时转首向北，望着炮弹掀起的一片浓烟，判断着战场的形势。

前面不远处就是湘江。红军沿路丢下了不少笨重东西，愈往前走，丢弃的东西愈多。在一处稻田里，他俩看到有好几架铅印机和石印机歪倒在那里，上面还缠着粗绳，插着杠子，附近却是一摊一摊的血迹，想来是刚才飞机轰炸，抬机器的人死的死，伤的伤，就把机器委弃在这里了。他们很熟悉，这正是中央苏区印刷厂的东西，许多印刷品，包括《红色中华》和中华苏维埃的钞票，都是这些机器印制的。他俩皱了皱眉头，谁也没有说话。

到了江岸，一种从来没有见过的触目惊心的场面，使他们的脸色立刻变了。面前，在二三百公尺宽的江面上，星星点点，不断漂过红军战士的尸体，死亡的骡马，以及散乱的文件，中华苏维埃的钞票，还有红军战士圆圆的斗笠……红色指战员的鲜血已经染红了江水。

这种场面，使久经战阵的人也不免痛心疾首。朱德那张农民脸绷得像铁板一般，周恩来也不禁低下头去。他们竟好半天没有说话。好久好久，他们才默默地转过身来，沿着江岸向南面界首渡口走去。

界首，坐落在湘江西岸高高的河岸上，南距兴安三十余里，是一个约有三五百户的小镇，一色青砖瓦房。红军用许多小船相连接，在这里搭了一座浮桥。浮桥上正川流不息地通过红军队伍，桥头上一片人声，骡马的嘶叫声和杂乱的脚步声。

朱德和周恩来从队伍旁边走了过去。

彭德怀正同他的参谋人员在这里指挥渡江，看见了他们，停住脚步，不无埋怨地说："你们怎么现在才来呀？"

"拖不动哟！"朱德一面说，一面同周恩来上了江岸。

"带这么多东西，像打仗么？"彭德怀带着一股气，又说："这问题要解决，代价确实太大了。"

朱德深有感触地点了点头，又望着彭德怀问："老彭，现在情况怎么样？"

"就是北面何键攻得凶，这个狗娘养的！"彭德怀狠狠骂道，"刚才我还同林、聂通过电话，他们打得苦哦！有一个团被敌人包围住了，后来突出了两个营，又钻到敌人堆里去了。伤亡很大！有好几个团的干部负伤、阵亡！我再同他们联系，电线断了……"

说话间，几架敌机已经擦着地皮猛袭过来。"轰"、"轰"几声巨响，浮桥两侧的江水里，立刻腾起高高的水柱。桥上顿时人喊马嘶，乱作一团。由于争着过桥，拥挤不堪，有许多人和马掉到江水里。后面的敌机紧跟着射击，射杀着桥上和落水的战士。红军战士的圆圆的斗笠，顷刻又在江面上漂起了一层。

"你们快到那面去！"彭德怀一面推着朱德和周恩来到北面一带柳丛里，一面对着下面高声喊道："不要拥挤！不要停止！不要管天上，它抓不了人！"

朱德和周恩来也站在江岸上，挥着手喊：

"同志们！快走！这里停不得！"

那些趴在地上和乱藏乱躲的人们镇定了。他们从地上爬起来，在机关炮"嘟嘟嘟"的射击声中站起来，继续前进。伤员们也挣扎着站起来，互相搀扶着，一拐一拐地走着，他们走过的地方，血迹斑斑。轰炸过后，江面上又是一片片红军战士的尸体，圆圆的竹斗笠，缀着五星的军帽，文件和中华苏维埃的钞票……

彭德怀望望周、朱二人，不安地说："总司令，我看您和周副主席快走吧！"

"恩来，你先走。"朱德说，"我还要到一军团看看。""算喽，我看不要去吧！"周恩来说。

"不，情况可能有变化。"他辨听着炮声。

周恩来还想劝阻时，朱德摇摇手，诚恳地说："恩来，你先到油榨坪去吧，赶快把电台架起来，掌握全盘要紧。"

"好，那就听你的。"周恩来说过，转向彭德怀郑重地说，"老彭，无论如何，你们要守到下午 5 时，掩护全军渡江完毕；一定要等毛主席他们过了江才能撤退；撤退前还要向军委报告。"

彭德怀点点头，以一个老军人的风度接受了命令。周恩来同朱、彭握手告别，率领着他的一行人向西去了。

晚上，枪声渐渐地停了下来，司令部虽然仍在紧张地工作着，但大家都舒了一口气。

朱德从一军团视察回来时，周恩来正披着大衣站到台阶上眺望远方，看见朱德回来，便迎了上来。

"总司令，你今天可辛苦了呵！"周恩来说着走下台阶，把朱德迎到屋里，在灯光下看见他前胸上和裤子上都有斑斑血迹，不禁吃惊地问："你负伤了？"

"没有！"朱德嘿嘿一笑，说："放心，子弹什么时候也不会碰我。"

警卫员解释说，在松树林里碰上一个负伤的小鬼，满身是血，走不动了，总司令就把他抱上马了。

"总司令！"周恩来感叹道，"你的精神是值得我们大家学习的；可是你毕竟是五十的人了，不像我们。"

朱德憨厚地一笑，坐在竹床上，立刻反驳道："恩来，你是我的入党介绍人，怎么把我的岁数也搞错了？我离五十还有两年多呢！而且不是我夸口，我从小是真正经过劳动锻炼的。"

周恩来笑了笑，一面吩咐给总司令搞饭，一面关切地问："一军团那边情况怎么样？"

"唉，我们真要感谢那些英雄们！"朱德不胜感慨地说，"在那一带起伏地上，松树林里，完全是拼刺刀呵！你拼过来，我拼过去。我们伤亡很大，敌人伤亡也很大。有一个团被敌人包围了个里三层外三层，硬是拼出来了！我们真要感谢他们，这些保卫了党中央的英雄！"

周恩来点头同意，但同时，他又叹了一口气，说："代价真是太大了！"

说到这里，周恩来捂着胸口，心里觉得很不好受。

朱德也沉默了。他的面前，又出现了湘江那漂着尸体、文件和圆圆的竹斗笠的血的河流……

面对如狼似虎的敌人，红军将士以顶天立地的英雄气概，与之展开肉搏厮杀，为中央纵队和后续部队过江争取更多的时间。后面的部队不分白天黑夜，不顾饥饿疲劳，争分夺秒，急奔湘江渡口。浮桥炸断了，会水的战士泅渡，不会水的战士拉着接长的背包绳过江。敌机疯狂向江中人群扫射，敌弹在抢渡的部队中炸开。倒下的红军不计其数，殷红的鲜血将碧绿的湘江变成了"赤水河"，烈士的尸体和遗物漂满江面，顺流而淌。此战之酷，惨不忍睹。

这时，国民党军的进攻也更为激烈了，北上的桂军和随后的"追剿"军主力，向红军各部发动了全面进攻，企图一举夺取渡口，封住红军渡过湘江的道路。一、三军团在湘江两岸死死地顶住湘军、桂军的进攻。

"'红星'纵队正在向江边前进！"

"'红星'纵队已接近江边！"

"'红星'纵队先头部队已开始渡江！"

终于，彭德怀听到了"红星"纵队已经渡过了湘江的消息。他情不自禁地松了一口气，只要中央和红军总部能安全渡过湘江，我们战士的牺牲就值得。不一会，电报告知九军团已经过了江，担任后卫的五军团也来到了江边，中革军委命令三军团除了六师留下一个团，等待五军团三十四师移交阵地外，主力可以全部撤过湘江。接到军委的命令，彭德怀率三军团五师从新圩撤了下来，在河东岸的六师也开始向江边收缩，由于敌军推进很快，六师十八团被敌军堵住，未能渡过湘江，被敌军包围在湘江东岸，大部壮烈牺牲。

在激烈的枪炮声中，彭德怀率三军团的主力离开了湘江岸边，与一军团会合，向西撤去。

★三十四师陈树湘师长下了死命令，为了掩护党中央，就是死了也要顶住。陈树湘被俘后，用手伸进伤口，把自己的肠子扯了出来，咬断……

军委纵队和红军主力虽然渡过了湘江，但担任阻击任务的红五军团三十四师和红三军团六师十八团，却被敌人包围在了湘江东岸。

红五军团三十四师是在11月26日接受命令担负全军殿后任务的。这天，军团长董振堂、参谋长刘伯承把三十四师团以上干部全部召集起来，将掩护全军过湘江的阻击任务传达给大家。告别时，两位首长紧紧握住大家的手，依依不舍，一一叮咛。刘伯承还特别提到，你们既要完成军委赋予的掩护任务，又要做好万一被敌截断后孤军作战的准备，这副担子很重啊！

湘江战役打响后，三十四师三个团在师长陈树湘和政委程翠林率领下，与蒋介石嫡系部队周浑元指挥的第三路军展开了殊死的拼杀。在与敌人血战了五天之后，全师五六千人，伤亡了两三千人，师政委程翠林、政治部主任蔡中等一大批干部先后牺牲。

陈树湘师长下了死命令，为了掩护党中央，就是死了也要顶住。

等中央纵队过了江，他们已经被包围了，再撤也撤不出来了。

红军司令部非常关心这支被堵截在江东的部队，不断地与其联络，并归军委直接指挥。

司令部里，周恩来向薛枫了解情况。

"快谈谈情况！"周恩来坐在一张竹床上说，"部队都过来了吗？"

"周副主席，您还没有吃饭呢！"

"不忙。"周恩来招呼警卫员魏国禄，"饭盒里不是还剩下一点吗？你烧点开水我泡着吃。"

说过，又凝视着薛枫。薛枫的脸色一下暗下来，表情相当沉重。他斜睨了地图上像蓝缎飘带一样的湘江，吃力地说："大部分是过来了，可是损失太大，八军团基本上散了……"

"他们还有多少人？"周恩来神色冷峻。

"据八军团报告，战斗部队只剩下六百多人。直属机关可能多些。严重的是部队许多人对前途失去信心，组织散漫，每个班自成单位，自由煮饭、睡觉，已经不像个样子。"

"其他部队呢？"

"还有五军团的三十四师，被敌人追击部队包围，没有过来。"

周恩来暗暗吃了一惊。他原来最担心的就是三十四师，因为这个师在全军最后担任掩护。

"你们联系上了吗？"他问。

"电台呼叫了半天，也没有联系上；后来他自己跑出来了，说是被追敌包围，无法脱身。现在追敌周浑元纵队已经到了文市，而他们还在新圩以东。"

周恩来急步走到地图前，凝视着新圩、红树脚以东一片山地。突然，一个短小精悍的湖南人的身影跃入脑际。这就是二十九岁的师长陈树湘。他是由旧军队中起义过来的，由于骁勇善战，今年升为三十四师师长。如果不是万不得已，他是不会发出这样的呼叫的。周恩来想到这里，心中十分沉重，不禁面对地图自言自语："无法脱身！无法脱身！如果今天夜里仍然无法脱身，明天敌人就可能攻占界首，还怎么过得来呢！"

说到这里，他转过身来，又问薛枫："现在还能联系上吗？"

"又中断了。"

"要继续呼叫！"

这时，魏国禄将热好的饭端了进来。如果在十几分钟以前，这些饭是不够吃的；可是听了三十四师的消息，他的嗓子里就像堵了个东西，肚子很饿，却干着急硬是咽不下去，只好扒了几口，搁在一边，喝起水来。

午夜过后，只听大门外一片马蹄声响，接着通信员嚷嚷着总司令回来了。周恩来披着大衣走到台阶上，借着大门口树上那盏马灯的光亮，看见朱德走了进来。

周恩来一面吩咐给总司令搞饭，一面关切地问："一军团那边情况怎么样？他们都撤出了吗？"

"都撤出来了。"朱德欣慰地说，"但是，我让他们后面的部队一定要牢牢控制住白沙铺这个口子；同时，我让三军团一定要把界首保持在我们手里，这样来保障殿后部队的安全。"

说到这里，他望望地图上的湘江东岸，关切地问："部队都过来了吗？"

周恩来把情况扼要说了一遍。朱德听见三十四师还被包围在新圩以东，脸上的笑容顿然消失，陷入沉重的思虑中了。

"总司令，你看怎样才好？"

朱德沉吟了半晌，抬起头说："我看也只有让他们突围。"

"路线呢？"

朱德走到地图前，思虑了好久，说道："最好还是在红树脚和新圩之间，乘敌不备突破敌阵，然后由界首以北渡江。"

"这要有一个条件，就是必须继续保持界首一线在我们手里。可是，敌人明天很有可能会攻占界首。"

这时，外面有一阵急骤的脚步声，接着机要科长跑了进来，一连声说：

"联系上了！三十四师联系上了！"

周、朱心中惊喜，脸上立刻堆起笑容，忙问："是三十四师吗？"

"是的，是的。"

机要科长说着，立刻递过电报。周恩来接过一看，一对浓眉马上皱了起来。他接着将电报递给朱德。这电报是如此简短，除了电头电尾，只有八个字："处境危急，请求指示。"下面署着陈树湘和师政委的名字。

短短的电报，使屋里的空气更加凝重，似乎又增加了一倍的压力。周、朱二人一时无话，显然都感到为难。因为"指示"容易，而从重重包围中突破敌阵，渡过即将被严密封锁的湘江，却是多么困难。

"请首长快下决心吧，待一会儿恐怕又联系不上了！"机要科长催促道。

朱德站起身来，在屋子里走了几个来回，然后停住脚步："那就只有让他们走我在1927年走过的路吧！"

"你说的是打游击？"周恩来问。

朱德点了点头。

"我看也只有这样。"周恩来想了想说，"第一步还是要他们突围，于凤凰嘴一带渡江，归还建制。如果确实做不到，就可以依据兴安以南的山地，团结瑶族人民发展游击战争。"

朱德点头表示同意。周恩来立刻从皮包里取出一个用树枝绑着的小铅笔头，亲手起草电报。写好之后，又看了几遍，然后递给朱德，说："总司令，你签字吧！"

朱德签了字，就递给薛枫："好，就这样发出去吧！"

当薛枫拿着电报和机要科长走出去的时候，周恩来捂着胸口，心里觉得很不好受；因为他很清楚，等着陈树湘和他的红军战士的，是一种艰险难卜的命运。

接到了军委的电报，三十四师就开始突围；可是敌人的兵力太厚，突了几次都没有成功。最后一次，陈树湘要战士们彻底轻装，把所有文件都烧毁，不管干部、战士，每人一支步枪，都上好刺刀，他自己也拿着一支步枪，上了刺刀，亲自在前面领着战士们，硬是拼了出来。可是只杀出来二百多人，其余的又被敌人打回去了，师政委也牺牲了……

出来以后，他们按照军委的指示，到兴安东南的山区开展游击战争。可是敌人又跟着追了上来。那地方尽是瑶族，话又不懂，没法开展工作，粮食问题无法解决，他们就困在大山上了。这时候，陈师长对战士们说："朱总司令当年在湘南、江西，也不过几百人，后来还是站住了，咱们也要学他。没有吃的，这山上不是有草吗！咱们就吃草……"

后来，实在坚持不下去了，陈树湘觉得还是到汉族地区好些，于是就决定突围向道县前进。那时他们还有五挺重机枪，因为子弹不多了，陈师长让在山上埋了两挺，机枪射手们临走舍不得，还在山上哭了一回。这次突围又打了两仗，等到了道县，已经剩下八九十人了。

敌人又来包围他们，来了好几千人。这一天打得非常激烈。他们边打边向东撤，中午还有五六十人，到下午就剩下十几个人了，等到黄昏，就剩下师长陈树湘、他的警卫员和通信员等四个人了。敌人一看只剩下几个人，就疯狂起来，吼吼叫着往上冲，要抓活的。

陈树湘对着敌人骂道：'白狗子，不怕死的，你们来吧！'说着，一卷袖子就抱着重机枪打起来。霎时间就把冲锋的敌人撂倒了一片。敌人就干吼吼叫不敢往上冲了。没想到，这时候，陈师长的腹部也负了重伤，肠子流出来了，连重机枪腿也泡在了血泊里……"

陈树湘不幸被俘。敌人用担架抬着他，想回城献功。陈树湘悄悄解开衣服，撕开警卫员给他扎上的绷带，手伸进伤口，把自己的肠子扯了出来，用尽平生气力把自己的肠子扯断，咬断，等到敌人发现，他圆睁着眼骂道："白狗子，我让你们领赏钱去吧！"说过，微微一笑，就很快闭上了眼睛……

敌人残忍地割下了陈树湘师长的头，送回他的原籍悬挂在小吴门的城墙上。参谋长王光道等其余指战员也终因弹尽粮绝，大部分光荣牺牲。三十四师全军覆灭。

湘江之战是红军长征以来最激烈、损失最为惨重的一次战斗，也是最壮烈、最关键的一仗，我军与优势之敌苦战，终于撕开了敌军重兵设防的封锁线，粉碎了蒋介石围歼红军于湘江以东的企图。

湘江一战，是红军有史以来最大的一次惨败。红军虽然突破了第四道封锁线，但付出了巨大的代价。渡过湘江后，中央红军和军委两纵队，已由出发时的 8.6 万人锐减到 3 万人。血的事实，宣告了"左"倾教条主义军事路线的彻底破产，使广大红军指战员对王明路线的怀疑、不满以及积极要求改变领导的情绪，达到了顶点。

第二章

土 城 战 役

——朱德奔赴前线指挥作战

此战非常重要。它是遵义会议的第一仗，又是我军主动求战的一仗，成败关系到全军的士气；它是一场空前绝后的集中战斗，也许还是世界战争史上群雄逐鹿、群英会聚的罕见场景；它是"四渡赤水"的发轫。如果没有土城青杠坡之战，也不会有"四渡赤水"。土城的地理位置比较特别，说它在赤水河边，还不如说赤水河在它的脚下。因为河岸很高，土城实际上在半山腰里，而赤水河却在深深的谷底。敌人占据的青杠坡，地势很高，竟差不多像是在土城的头顶。红军向敌人出击，一路都是自下而上实行仰攻，何况是兵家最忌讳的背水作战。敌人的气焰相当嚣张，步步逼近，似有将红军推入赤水之势。如果不能把敌人顶住，后果难以想象。在这个紧急时刻，朱德决定亲自到前线指挥作战。毛泽东、周恩来、张闻天、王稼祥、博古等许多人，都出来为朱德送行。朱德到干部团指挥他们抢占有利地形，和指战员们一起投入战斗，给苦战中的红军指战员以极大鼓舞，终于顶住了川军的一次次冲锋。土城战役打得非常艰苦，非常血腥，部队伤亡很大。连总司令都上前线了，这该是一场怎样的恶战！

★突破乌江占遵义，撤往土城。

过了湘江，红军暂时摆脱了国民党重兵的追堵。

但是，蒋介石并不死心，他没有在湘江东岸消灭红军，又叫嚣把红军消灭在湘江西岸。他调兵遣将，准备了五六倍于红军的国民党军，在红军北上去湘西的路上布下了一个口袋，等候红军钻入。

朱德对此忧心忡忡，他跟周恩来私下讨论了几次，也向博古、李德提意见，但博古、李德不顾敌情，仍然要求中央红军按照原定计划向西攻占通道，继而北上湘西，同红二、六军团会合。

这个仗怎么打下去，红军向何处去，成了很多指战员心中的疑问。而在担架上一起行军的毛泽东、王稼祥、张闻天三人，经过长征以来几十天的交谈，思想认识上已达成了共识。面对严重的现状，为了红军的命运，党的命运，他们联名向周恩来提出建议：鉴于在去会合红二、六军团的道路上蒋介石已设有重兵，红军已失去到达湘西的先机，应改向敌人力量薄弱的贵州前进，到川黔边建立根据地。

听了周恩来转达的意见，博古、李德固执己见，不予采纳。他们仍把希望寄托在与红二、六军团的会合上，做出继续按原方案实施的决定。12月9日晚12时，他们发电给各军团、纵队首长，下达了明天按原定前进方向行军作战的部署。电报的最后特别加了一句话说："总的前进方向不得改变"。（《红军长征文献》，解放军出版社，1995年版，第168页）

根据司令部的这个部署，红一军团兵发通道，占领了通道城，同时向绥宁、靖县警戒。

队伍陆续离开龙胜县境，向北行进。一路上树木翁郁，空中的威胁大为减轻，尽管头上不断有飞机侦察，但红军官兵已经懒得理睬它了。

部队到了通道双江镇，已经出了广西来到湖南边界。这一带到处都是深山密林。高高的山崖上长着一片片竹丛，青青绿绿的，散发着清新的气息，景色非常怡人，官兵的心情也好多了。

但毛泽东的心情并不轻松。在这个关系到红军命运的关键时刻，他以为绝不能任由博古、李德把红军带上绝路。作为中共中央政治局委员，他提议和要求中央召开一次会议，讨论红军的行动方向问题。

在双江镇的一座古庙里，共产党的高级领导人举行了一次秘密而短暂的紧急会议，毛泽东作为政治局委员也出席了。

会上，毛泽东深刻分析了中央红军目前所处的严峻形势，力主放弃同二、六军团会合的原定计划，改向敌人兵力比较薄弱的贵州进军，冲破敌人的重兵包围，争取主动，寻机打几个胜仗，鼓舞振奋全军士气，力挽危局。

毛泽东的主张立即得到了多数领导人的支持，但博古、李德表示坚决反对，双方争执不下。李德在毛泽东发言时紧紧皱着眉头，简直听不下去，毛泽东还没讲完，他就离开了会场。

李德平日只喜欢同博古亲近，两个人讲话不用翻译，直接用俄语对话；而对别人，例如朱德、毛泽东、刘伯承等人都不放在眼里；对周恩来算是比较客气的了。这一切，周恩来都看在眼里，没有同他计较，但今天的事，他却认为李德太过分了。

因为分歧严重，会议没有能改变原定的计划，但却在行军路线上做了局部的更正，即不从通道地区北进，而是继续西进，到贵州黎平、锦屏地区后再行北上，达到与红二、六军团会合的目的。会后，朱德命令各军团、纵队迅速脱离桂敌，西入贵州，寻求机动，对一、九军团的要求是相机占领黎平。

红军突然折入贵州，是出乎蒋介石意料之外的，一下子就把十几万敌军甩在湘西，赢得了主动。

15日攻占黎平后，红一军团团长林彪、政委聂荣臻致电中革军委主席、红军总司令朱德，建议红军应在黎平西北略事休整。电文说："朱主席，目前我军已脱离受敌侧面夹击的不利形势，敌对我入黔后之企图似尚不明，敌主力距我亦较远，而我军本身甚疲劳且不集结，黔敌为极不团结、缺乏战斗力之诸小集团，其主力离我尚远。在上述情况下，我军主力应利用目前机会，在黎平西北一带略事休息整顿。"（《红军长征文献》，解放军出版社，1995年版，第

178 页）

朱德收到林、聂的电报，非常理解和赞同。他知道，中央红军从离开中央苏区到现在，已经有两个月时间了。此间突破了国民党军队设置的四道封锁线，打了大大小小几十仗，部队已处在极度疲劳的状态，确实该休息休息了。

但是，当朱德把休整的意见向李德提出时，遭到了李德的拒绝。为此，朱德和周恩来都与李德发生了争执。而"三人团"的另一个成员博古，面对红军在湘江战役中的重大损失，自感责任重大，对未来也是一筹莫展，因此，他倾向于朱德的意见，想利用这个难得的喘息时间，梳理一下思路，认真研究一下接下来的棋如何走。这样一来，中央便决定在黎平召开政治局会议，继续讨论红军的前途及战略方向问题。

12 月 18 日晚，中共中央政治局会议在黎平红军总部召开。出席这次会议的有党的中央政治局委员和候补委员，包括毛泽东、朱德、周恩来、张闻天、陈云、博古、王稼祥、邓发、刘少奇等，会议由周恩来主持。

不出所料，会上再次发生了激烈的争论，发言人的嗓门都比较高。

毛泽东进一步阐述了他在通道会议上发表的意见，正式建议放弃北进与贺龙会合的计划，而提出西进贵州，向贵州第二大城市遵义挺进，并在该地区建立一个新的苏维埃根据地。

朱德与毛泽东本来就是一个整体，甚至红军都被称为"朱毛"红军，因此历来是相互尊重和信任。近段时间，红军的挫折和教训，也使他对毛泽东更加信服。所以，在会上，他旗帜鲜明地支持毛泽东，否定了博古、李德要中央红军去湘西同红二、六军团会合的错误主张。

作为会议主席的周恩来也公开批评李德，接受毛泽东的建议。李德因争论失败而大发雷霆，但由于他与共产国际的联系中断，已没有后台撑腰，威严也就差多了；而博古因为湘江战役给红军造成的损失，深感内疚，也没有再支持李德。

最后，会议采纳了毛泽东的正确意见，通过了《中央政治局关于战略方针之决定》，指出，"鉴于目前所形成之情况，政治局认为过去在湘西创立新的苏维埃根据地的决定在目前已经是不可能的，并且是不适宜的"，"政治局认为，新的根据地区应是川黔边地区，在最初应以遵义为中心之地区"。（《红军长征文献》，解放军出版社，1995 年版，第 181 页）这个决定从实际出发，确定了中央红军长征战略方向的重大转变，使红军避免陷入绝境，并开始从被动局面中摆脱出来。

第二天，朱德和周恩来向全军发出《军委执行中央政治局十二月十八日决议的决议之通电》，对中央红军最近时期的行动作了部署，规定分成两路纵队，从西北方向转朝贵州腹地的剑河、台拱以至施秉、黄平地域推进，并要求红二、六军团和红四方面军积极活动，牵制湘军和川军，策应中央红军西进。

方向确定了，中央红军向黔北重镇遵义直进。

12月20日，红一、九军团沿清水河南岸向剑河西进，由柳塞进抵南哨，前锋直指剑河；三、五军团和军委纵队经岭松、革东向台拱地区挺进，矛头直指黄平。

红军进入黔境后，一路横扫过去，虽不能说是风卷残云，也可以说扫得颇为轻松。尽管这时已近年末，天气相当寒冷，有些人还穿着单薄的衣服，甚至赤着脚走路，精神上却轻快多了。

26日晚上12点，朱德就红军经黄平、施秉向遵义前进的部署致电各军团、纵队首长。朱德在电报中说："我四十三团昨占镇远，敌似向清溪方向退去。五团今日继占施秉，敌向余庆方向退去。我野战军近数日内，有消灭新旧黄平地域黔敌及占领该地域任务，同时于镇远及其施秉之间的地域钳制周、吴两敌前进的部队，以保证我军得经黄平、施秉向遵义前进。"（《红军长征文献》，解放军出版社，1995年版，第187页）朱德在这个命令中详细部署了各军团的任务，将前一个任务交给了三军团，钳制周、吴的任务交给了一、九军团。

彭德怀率领三军团向瓮安进军。王家烈的黔军一碰红军，就像豆腐掉到灰堆里，提不起来，使三军团犹入无人之境，轻松地往乌江逼近。三军团四师迅速抵达瓮安城下。29日清晨，四师十团在大雾的荫蔽下接近了城墙，仅费了三颗子弹，就驱逐了一个小哨。随后二营占领了城东高地，用机关枪瞰射瓮安，截断敌退路。一、三营尾追敌人到城下，激战一小时，敌便弃城而逃。

当天，红一军团分两路进逼乌江。一师由余庆出发，向龙溪、袁家渡、回龙场方向前进；二师由黄平、旧州、梭桐出发，向猴场、江界河方向前进。第二天，二师便打下猴场。

12月31日，朱德随军委纵队来到猴场，分析了敌情后，即部署了明日作战计划："一军团之第二师应进至江界河渡河点，并侦察对岸敌情，如无敌，应即派一团过北岸占领阵地，向猪场侦察、警戒掩护并令工兵实行架桥，以便二师主力及军委纵队五军团由些渡河。"朱德同时要求第一师进至袁家渡及其附近地域，占领河北岸阵地，创造第二个渡河点。朱德的部署命令也明确地说明，"一月一日军委纵队主力仍留猴场"。（《红军长征文献》，解放军出版社，1995 年版，第 191 页）

当晚 22 时，朱德下达完命令，一个人到外面走了走。夜很黑，风不大但是很凉，朱德走在风里，回想着轰轰烈烈、炮火连天的 1934 年，不由心生几分感慨。对历经磨难的红军乃至新生的苏维埃政权来说，这一年的历史意义真是大太了，简直可以说是生死存亡的关键一年呀！

新年新气象。1935 年的 1 月 1 日，风突然大起来，还飘起了小雨。"四川的太阳，云南的风，贵州下雨像过冬"，真是一点不错，这场小雨，更使人感到寒气袭人。

天气虽然冷了些，但猴场的红军司令部里却讨论得热火朝天。因为博古和李德仍对黎平会议的决定持不同意见，再次主张不过乌江，回头东进同红二、六军团会合，中共中央又召开了一次政治局会议，继续讨论红军下一步的行动计划。会上，毛泽东重申了他在黎平会议上提出的战略主张，对博古、李德提出批评。经过激烈的争论，会议最终采纳了以毛泽东为代表的多数同志的意见，重申了执行黎平会议决定的新战略方针。当日，中共中央做出了《关于中央红军渡江后新的行动方针的决定》，重申了建立川黔边根据地战略任务，决定强渡乌江。强调："首先以遵义为中心的黔北地区，然后向川南发展，创建川黔边根据地，是目前最中心的任务。"并决定红一方面军立即渡过乌江以实现这一战略任务。（《红军长征文献》，解放军出版社，1995 年版，第 193 页）

这次会议改变了过去由博古、李德包办的状况，使毛泽东和朱德等在长征中能起到更重要的作用，使红军真正争得了主动，这是长征过程中一个重要的转机。猴场会议后，完全停止了李德对于红军的指挥权。

1 月 2 日，朱德收到红一军团林彪和聂荣臻的电报。电报说："回龙场附近之敌已被我强渡部队驱逐，此刻我一师已有约两个营的兵力过了河，其余部队尚在续渡中，浮桥正在赶架，大概明午前可架起，估计一、九军团明日可渡河完毕。"（《红军长征文献》，解放军出版社，1995 年版，第 195 页）

朱德和军委领导看到这个电报都挺高兴，因为对红军来讲，这无疑是 1935 年开门红的好消息。

猪场是黔军江防司令部所在地，江防司令林秀生带着三个团在乌江北岸扼险固守。红二师在刘伯承指挥下乘淀江胜利的余威当晚占领猪场，林秀生率残部向遵义逃窜。张云逸率领干部团及工兵营五日清晨即赶到了羊岩河边，他们有了乌江架桥的经验很快就用竹排和门板，架起了一座浮桥。先头团第六团路过羊岩河，直奔团溪。当晚，刘伯承率干部团赶到团溪，部署攻占遵义的战斗。六团团长朱水秋、政委王集成见过刘总长以后，朱团长立即去集合部队，刘伯承与王政委继续谈话，向他交代了以下的任务："二师主力随后就到。从团溪过新场、龙坪场，离遵义城三十里，有个小镇叫深溪水，驻有敌人一个营，这是遵义的外围据点。你们团的任务，是斩断遵义敌人的触角，还不要让他知道。要秘密，要全歼，不许有一个漏风否则给遵义守敌通了消息，就会增加我们攻城的困难。"

王政委受领完任务，坚定地表示："我们一定以迅雷不及掩耳之势，全歼这股敌人，不使一人漏网。"紧接着，在江界口渡乌江的二师四团又传来喜讯，他们也于1月3日渡过了乌江。

敌人吹嘘的"重叠坚固，可保无虞"的乌江防线顷刻被彻底摧毁。

1月5日晚上10时30分，中革军委主席朱德和副主席周恩来、王稼祥向各军团长发出《关于我野战军迅速休整，准备进入反攻战》的指示，就从军在遵义一带休整做出部署。电报详细分析了敌情，其中谈到"薛岳军团约七号可达贵阳、贵定、平越一线，并将构筑碉堡五天"等。这些都出自薛岳昨天给部下吴奇伟、周浑元的密电，看来红军又成功地破译了国民党军的这些电文。中革军委的电文还说："据此，薛敌暂时推迟追剿到十二号后，与蒋敌从各方面部署新的围攻似有关联，而黔敌在乌江北岸失利后，将有可能分向思南、赤水退窜"。（《红军长征文献》，解放军出版社，1995年版，第197页）鉴此敌情，中革军委就一、九、三、五军团和军委纵队于六、七两日分别到遵义地区集中，攻占遵义，消灭黔敌。

1月6日2时，机要员送来朱德发来的电报，刘伯承接过来看。电文大意是三军团截断遵义、贵阳的交通，扼守乌江北岸，并派一个师向遵义追击，他的任务是带领二师及干部团主力攻占遵义，并负责战役的统一指挥。

看完电文，刘伯承很高兴，笑着说："三军团已截断贵阳到遵义的交通，我们就不必顾虑敌人来援兵了。同时总司令令三军团派一个师从正南进攻，这样，我们两个师协同作战，可以有把握地攻占遵义。"

王集成说："王家烈的双枪兵我们领教过，一定能拿下来。"

遵照中革军委命令，1月6日，红三军团三个师分别从桃子台、茶山关、马场渡过乌江，控制了茶山关、镇南关，阻敌北进，掩护和协助友邻部队攻取遵义。

同日，一军团二师六团正在做攻打遵义的准备。当晚22时，朱德在部署行动中提到：第二师应于明晨拂晓攻占遵义，消灭黔敌。当敌溃退时，应实行追击，必要时得使干部团主力参加。"

天下着大雨。红六团在刘伯承的亲自率领下出发了。大雨给部队行军增加了困难，但又麻痹了敌人。深溪水的敌人以为这个大雨之夜总可以平安度过了，打过麻将、牌九之后呼呼入睡。在黎明之前敌人正睡得香甜的时候，红六团包围了镇子。许多敌兵被枪声惊醒的时候，来不及穿衣服就当了俘虏，敌营长企图逃窜被打死了。按照指示，红六团圆满完成任务，无一漏网地全歼敌人。

为了详细了解遵义的情况，王政委从俘虏中找了一个连长、一个排长和十几个出身贫寒的士兵，向他们讲清我军的俘虏政策，说明红军是打倒军阀地主、为了穷人翻身解放而战斗的。王政委对俘虏兵说："我们今天就要打遵义，谁了解遵义的情况详细报告，说得对的事后有赏。"那个连长一听，急忙站起身来说："长官，红军对我们这么好，小人哪敢不效劳。"接着他说出了遵义的城防工事和守敌的位置，并画了一张草图。别的俘虏补充了一些零碎情况，证实连长说的是真的。谈完话，发给他们每人三块银元。他们捧着银元说："我们当官的说你们杀人放火，抓住俘虏挖眼掏心，我们刚被俘时真害怕，没想到你们是这样好的人。"

遵义城的底细摸清楚了，我们手里又掌握着一批俘虏，王政委跟朱团长研究，决定化装成敌人，利用俘虏去诈城，打个便宜仗。他们把这个想法报告了刘司令员，刘伯承听了非常高兴地说："很好，这就是智慧。不过装敌人一定要装得像，千万不能让遵义守敌看出来。"

这出戏的主要角色由第一营营长曾宝堂扮演。他带着第三连和侦察排及全团二三十个司号员，都换上了敌军的服装。那个被俘的连长和十几个士兵走在最前面。其他部队在稍后一点的地方，准备万一诈城不得手，便强攻。

晚上九点多钟，部队出发了。又是一个大雨之夜，天黑得什么也看不见，路滑得像泼上了油。队列里不断有人跌跤，每个人身上都是一身泥水，真像是从深溪水逃出来的败兵。急行军两个多小时，大雨停了。透过夜幕，看见前面半空中一灯摇曳。曾营长小声下令："跑步前进！"于是队伍急速地向南门跑去。

"干什么的？"城楼上的哨兵发出一句凶狠的问话，接着拉动枪栓，子弹上了膛。

"自己人。"一个俘虏兵用贵州话从容回答。

"哪一部分?"

俘虏的那个连长出场了。他的身份还是连长。只听他丧气地回答:"我们是外围营的,今天叫'共匪'包围了,庄子丢了,营长也打死了。我是一连连长,领着一部分弟兄好歹逃出来了。现在'共匪'正在追我们,请快开门,救救我们。"

"你们营长叫什么名字?"守敌进一步考问。

那俘虏连长毫不迟疑地答上了。城楼上沉闷了一会,看样子是正在分析这批"自己人"是真是假。只听城门外面人声嘈杂:"快开门哪,'共匪'马上就追上来啦!"

"吵什么!"一个口气很冲的当官的大喝一声。接着从城上射下来几道手电光来,在这群"败兵"身上照来照去一看,果然全是"自己人",于是传话:"别吵,等着,这就给你们开门。"

"哗啦"一声,卸下了门栓,"吱——吱——"两声,又高又厚的城门敞开了。"怎么!'共匪'已经过乌江啦!来得好快呀!"开门的士兵之一首先向挤进城门的侦察员打招呼。

"是啊!现在已经进了遵义城。"几个身高力大的侦察员把手枪对准敌兵的太阳穴,厉声说:"告诉你们,我们是红军!"接着大队人马一拥而入,先把城楼上的敌人收拾掉了。二三十个司号员一齐吹起了冲锋号。后续部队像洪水和疾风一般向纵深冲去。敌人也搞不清来了多少红军,早已失去抵抗能力,一部被俘,一部从北门逃走。驻守遵义的敌"川南边防司令兼教导师师长"侯之担,几天前就已逃走了。

刘伯承立即将袭占遵义的经过报告朱总司令,朱德闻讯非常兴奋。1月7日21时10分,中央军委通告全军:"我第二师今二时已袭占遵义,敌由北门溃退,我正乘胜追击中。"(《红军长征文献》,解放军出版社,1995年版,第202页)8日20时40分,又致电各军团、军委纵队领导人,就明日行动部署提出四条:"甲、敌情无新得;乙、我各军团除二师以外,明日仍在原集中地区执行原任务不变;丙、我第二师先头团明白应向娄山关侦察前进,驱逐和消灭该地敌人,并相应占领桐梓,我二师主力应前进至四渡河地域策应,并利用通遵义电话线与先头团及总司令部两方通话;丁、军委纵队明日进驻遵义,以

纵队司令员刘伯承兼任遵义警备司令"。(《红军长征文献》，解放军出版社，1995年版，第204页)

这时，蒋介石派空军侦察，得到的报告是红军在遵义、桐梓、仁怀一带集结，动向不明。蒋介石批准"追剿军总指挥"薛岳的请求，令第一纵队吴奇伟部集结在贵阳、清镇一带整训待命；第二纵队周浑元部在乌江南岸对遵义红军警戒。正当蒋介石举棋不定的时候，中共中央政治局从1月15日至17日在遵义召开了扩大会议。出席会议的有政治局委员博古、洛甫、周恩来、朱德、王稼祥、毛泽东、陈云、刘少奇；政治局候补委员邓发、凯丰（何克全）；参加扩大会议者还有总政代主任李富春、总参谋长刘伯承、第一军团长林彪、政治委员聂荣臻、第三军团长彭德怀、政治委员杨尚昆、第五军团政治委员李卓然、中央秘书长邓小平；军事顾问李德和翻译伍修权。会议由总书记博古主持，他作了关于第五次反"围剿"的总结报告，对军事上接连失利作了些检讨，但强调主要是客观原因，强调敌人的强大，是不能在中央根据地粉碎第五次"围剿"的主要原因。红军总政委周恩来作副报告，他主动承担责任，表现了严于责己、宽以待人的态度。朱德、李富春、刘伯承、聂荣臻、彭德怀等都在会上发了言。毛泽东作了总结性的长篇发言，他的发言成为遵义会议决议的基础。

决议指出："政治局扩大会议认为一切事实证明我们在军事上的单纯防御路线，是我们不能粉碎敌人五次'围剿'的主要原因。""此外，政治局扩大会议认为博古同志特别是华夫(即李德)同志的领导方式是极端的恶劣，军委的一切工作为华夫同志一人包办，把军委的集体领导完全取消，惩办主义有了很

▲遵义会议会址

大的发展，自我批评丝毫没有，对军事上一切不同意见不但完全忽视，而且采取了各种压制的方法，下层指挥员的机断专行与创造性是被抹煞了。在转变战略战术的名义之下，把过去革命战争许多宝贵经验与教训完全抛弃，并目之为'游击主义'，虽说是军委内部大多数同志曾经不止一次提出了正确的意见，而且曾经发生过许多激烈的争论，然而这对于华夫同志与博古同志是徒然的。一切这些，造成了军委内部极不正常的现象。""政治局扩大会议特别指出博古同志在这方面的严重错误，他代表中央领导军委工作，他对于华夫同志在作战指挥上所犯的路线上的错误以及军委内部不正常的现象，不但没有及时地去纠正，而是积极的拥护了助长了这种错误的发展。"（《红军长征文献》，解放军出版社，1995年版，第225页）

政治局扩大会议撤销了博古、李德的最高军事指挥权，决定仍由中革军委主要负责人周恩来、朱德指挥军事，推选毛泽东为政治局常委、书记处书记，总书记则由洛甫担任。接着在行军途中，又组成了由毛泽东、周恩来、王稼祥参加的三人小组，代表政治局常委领导军事。从此，无论在政治方面还是军事方面，毛泽东的意见都受到了尊重，事实上确立了以毛泽东为核心的新的中央领导，结束了第三次"左"倾路线在中央的统治地位。

遵义会议改变了黎平会议关于在黔北创建新苏区的决议，决定北渡长江，在成都的西南或西北建立新的革命根据地。于是，红军分三路向赤水、土城地区开进，准备北渡长江。

红军进占遵义后，蒋介石才发觉中央红军的行动方向已经改变，急忙命薛岳等部以重兵向黔北地区进逼。蒋介石命令战斗力较强的川军以重兵封锁长江，并进入赤水、习水、土城地区阻击红军。

1月18日，朱德下达了中央红军撤离遵义向先市、赤水、土城集中的命令。朱德在电报中首先提到军情："占领刀把山之黔敌约六个团，今占懒板凳地域，判断该敌明天有继续进攻遵义可能。"鉴此军情，朱德在电文中对我野战军明日行动做出具体规定："全军向先市、赤水、土城地域集中。三军团四师有迟阻懒板凳之敌在遵义以南的任务，于明日应以得力一部向敌人积极行动，进行运动防御，并在警戒阵地构筑工事，伪装欲长期防守遵义以迷惑和迟阻敌人。四师主力则应控制于遵义附近，在敌人急进和有利条件下，应给予反突击，以消灭其先头部队。四师后方应向仁怀大道，并保证这条前进道路"。（《红军长征文献》，解放军出版社，1995年版，第237页）

遵照朱德的命令，在遵义驻扎了 12 天的中央红军从 19 日开始撤离。从凌晨四点半出发，经十字铺、高坪、大桥，12 时 30 分到达四都宿营。当天下午，朱德签发命令："军委纵队改为中央纵队，以总参谋长刘伯承兼总司令员，第一局长叶剑英为副司令员，中央纵队司令部不设立，即以总司令部兼理之。"（《红军长征文献》，解放军出版社，1995 年版，第 239 页）

1 月 20 日，蒋介石重新部署各路军阀总计四十多万军队，在长江以南、乌江以西的狭长地域堵截红军。针对蒋介石新的围攻部署，当日中革军委做出中央红军渡江的作战计划。在这份作战计划中，中革军委提出的作战方案是："我野战军目前基本方针，由黔北地域经过川南渡江后转入新的地域，协同四方面军，由四川西北方向实行总的反攻，而与二、六军团在川、黔、湘、鄂之交活动，来钳制四川东南会剿之敌，配合此反攻以粉碎敌人新的围攻，并争取四川赤化。"而提出的初步任务为"由松坎、桐梓、遵义地域迅速转移到赤水、土城及其附近地域，渡过赤水，夺取蓝田坝、大渡、江安之线的各渡河点，以便迅速渡江。"（《红军长征文献》，解放军出版社，1995 年版，第 241 页）

根据中革军委的指示，从遵义撤出的中央红军分为三个纵队，向赤水、土城攻击前进，准备从泸州上游渡过长江。为了实现这一目的，中央政治局和中革军委致电红四方面军领导，要求四方面军配合中央红军的行动驻扎在松坎的红一军团作为全军的右翼开始向古城、赤水进发。

1 月 23 日，红一军团一师于梅溪阻击尾追而至的国民党川军模范师两个团后，经官渡河、图书坝，进占东皇殿，驱使黔军两个旅向官河、土城方向溃逃。

当日，朱德与一军团频繁联络，具体地指挥作战。凌晨 1 时 30 分，朱德命令："一军团主力必须进至土城、三元场一线，于二十四日十二时必须全部通过东皇殿，不宜再与中央及左纵队重叠一路，拥护一途，致行军迟滞，依原定计划经习水向赤水前进。"（《长征日记》，陈虎著，中国长安出版社 2005 年版，第 140 页）当夜二十三时，朱德再将此电文内容发给一军团，一小时之后，朱德再次电示一军团不得依自定路线行军。电文说当日一军团"在东皇殿、图书坝、大烂坝、梅溪之线与军委纵队和其他军团达到同一路上，使纵队长达一百八十里，依此前进，明日我野战军全部将拥挤在土城、东皇殿、图书坝一线"。（《长征日记》，陈虎著，中国长安出版社 2005 年版，第 140 页）当日，朱德还致电各军团首长，要求各军团接近赤水河时，应查明渡河点及其下岸上岸的地形和架桥占领左岸的要点，并规定出各军团执行任务的地段。

24 日，右路的红一军团进占土城，继续向赤水县推进。

27 日，中央军委到达土城。

★毛泽东开玩笑说："土城是一个酒城，能喝酒的快喝，但是不要喝醉了。"没料到，大家的酒还没喝好，便获悉川军刘湘的模范师一部四个团正尾追红军，向土城开来。

土城镇位于赤水河中游，距习水县城 28 公里，是习水到赤水的中心接点，是黔中腹地西出川南的交通要道历来就是兵家必争之地。小城三面临水，被面环山，小镇依山而建，水绕镇而流。山——水——城交相辉映、是"天人合一"、"山水相依"的千年古镇。据上个世纪 70 年代出土的文物考证，早在 2000 多年前，我们的祖先就在这里繁衍生息了。

土城有一条石板铺的长长的小街，同邻近的茅台镇一样，也是一座酒城。四川的盐经过水路也运到这里出售，所以镇子就显得颇为热闹。部队开来的路上，毛泽东开玩笑说，土城是一个酒城，能喝酒的快喝，但是不要喝醉了。部队一到，管理部门买了不少酒分给部队，让战士们过过酒瘾。

没料到，大家的酒还没喝好，便获悉川军刘湘的模范师一部四个团正尾追红军，向土城开来。战士们纷纷痛骂："我×他个祖宗！刚刚痛快一点，他就来了！"战士们一面骂着，一面提起枪上了阵地。

在土城街上一个名叫爱华商店的后院里，毛泽东同周恩来、朱德、博古、王稼祥等人商量了许久，大家觉得这个仗还是要打：一来据得到的消息，敌人只有两个旅共四个团，依靠土城的现有兵力，消灭它不仅是可能的，而且是比较容易的；二来敌人已经逼近赤水河边，如不坚决予以打击，在不利情况下渡河，还会出现相当危险的局面。

于是，毛泽东决定，利用土城以东山谷夹峙的有利地形，歼灭这股敌人，给川军一个迎头痛击。他责成彭德怀统一指挥红三、五军团进行这一战斗，以红九军团及红二师担任预备队，展开了这场战斗。

作为中革军委主席、红军总司令的朱德这一天特别繁忙。

凌晨 3 时 30 分，朱德电令一军团停止向赤水之敌进攻，军团司令部及二师转移元厚集中，第一师继续阻击由赤水南下之敌。

两个小时之后的 5 时 30 分，朱德发布当日行动部署：我野战军主力拟于二十八日晨消灭由大烂坝来追之敌约两个团于枫村坝、石羔嘴地带。集结在元厚地域的一军团部及二师主力，准备参加二十八日战斗。（《长征日记》，陈虎著，中国长安出版社2005年版，第145页）电令明确28日三、五军团及第二师的战场指挥由彭德怀、杨尚昆负责。

半个小时后的6时整，朱德又将川敌的行动情况向各军团首长通报。在通报了川军各部具体方位后，朱德在通报最后说："判断川敌计划，系由赤水、习水、温水三个方向向土城、猿猴地域实行分进合击。"（《长征日记》，陈虎著，中国长安出版社2005年版，第145页）

下午，朱德获悉从温水向我尾追之郭勋祺部四个团约六千人，正向土城方向孤军前进，遂下决心在此打一仗。朱德立即命令一军团二师继续北上，同先头已抵旺隆场之红一师相机夺取赤水城，而以三军团、五军团占领土城镇以东二至四公里处的两侧有利地形，从南北夹击歼灭郭勋祺部。干部团作为预备队驻扎在土城以东两公里之白马山听候命令。

为了打好这一仗，朱德总司令亲自到三军团四师指挥，作战前动员。他说："打好这一仗非常重要，消灭了这股敌人之后，红军就可以过长江，就能打破蒋介石北守南拒的两面作战计划。"

当天晚上20时，朱德就明天的战斗致电各军团、纵队首长，电文说："川敌潘文华二十六日令所属各部速向东皇场猛追，依此判断，今日进占枫林坝、青岗坡地域之敌约四团，或有后续四个团左右兵力于明后天赶到的可能。"鉴此，朱德命令："我三、五军团及干部团应以迅速干脆的手段，消灭进占枫村坝、青岗坡之敌，其具体部署及战场指挥统由彭、杨指挥令行。"（《红军长征文献》，解放军出版社，1995年版，第245页）并对其他部队的行动也做了具体安排。

当晚22时，朱德又发布补充命令："鉴于川敌廖部约四个团，今继续向我五军团攻击前进等敌情，要求三、五军团及干部团明天拂晓前迂回包围川敌廖部并全部消灭之。（《红军长征文献》，解放军出版社，1995年版，第245页）

土城青杠坡是一个狭长的葫芦地形，是大娄山的一条支脉，山势陡峭，矗立云霄，是土城通往东皇殿（今习水县城）的交通要道。位于土城镇上方五公里地，过去是川黔步行大道。坡地两侧较开阔，是个打伏击战的好地方。由于当时红军收集的情况有误，遵义会议后的毛泽东主动求战，欲与数倍于敌之兵力在青杠坡打一个漂亮仗，以振奋军心，为长征之师鼓劲。但敌人早已盘踞在山顶上，依着山势构筑了许多大大小小的临时工事。敌人漫无目标地朝山下放冷枪，从整个地形来看，敌人居高临下，的确对我军不利，红军进入阵地不久，便从身后传来了轰隆隆的三声炮响。顿时，坡上坡下，枪声大作，烟雾弥漫，我军全线与敌人接上了火力。

当时红军进攻的目标是青杠坡半山腰的一座古庙"永安寺"，那里驻守着"郭猫儿"（郭勋祺）教导师第五团的一个营。庙前是一片较为开阔的小田坝，不规则的田块大多种上了小麦。田坝前面有个稍微隆起的小山包，山上长满了杂草、灌木，其间散布着一些大大小小的坟堆。据侦察，那里埋伏着敌军一个连，他们的武器优良，每人配有一杆长枪，一支短枪，还有好几挺轻、重机枪和大量的手榴弹。郭猫儿在川话中，就是狡猾奸诈的含义，他所带的兵，不是王家烈那样不堪一击的黔军，更何况，郭勋祺自己还是共产党人，与共产党领导人陈毅、吴玉章、李筱亭有过交往，对共产党的情况比较熟悉，是川军的"模范师"。

28日晨5时，战斗打响，一时间炮声隆隆，硝烟飞卷，把小小的土城镇搞得鸡犬不安。

经过连续几个小时的激战，没有取得较大战果，这时才发现情报有误：原来以为川军是四个团约六七千人，实际上来的是六个团万余人，而增援部队还在不断涌来：川军的武器装备和战斗力都比黔军强得多，这也是最初估计不足的。战局的发展对红军越来越不利。川军倚仗优势兵力，突破红五军团的阵地，一步步向土城镇压来。

★朱德把帽子一甩，大声说："只要红军胜利，区区一个朱德又何惜！敌人的枪是打不中朱德的！"

土城的地理位置比较特别，说它在赤水河边，还不如说赤水河在它的脚下。因为河岸很高，土城实际上在半山腰里，而赤水河却在深深的谷底。今天的情况所以显得特别紧张，还因为敌人占据的青杠坡，地势很高，竟差不多像是在土城的头顶。红军向敌人出击，一路都是自下而上实行仰攻，何况是兵家最忌讳的背水作战。敌人的气焰相当嚣张，步步进逼，似有将红军通通推入赤水之势，如果不能把敌人顶住，后果难以想象。

在这个紧急时刻，朱德决定亲自到前线直接指挥作战。

那时，毛泽东、周恩来、朱德等几个人又聚集在那个商店的后院里商议，都觉得这仗比较难打。

朱德坐在一个大方桌旁边，正端着他那个旧搪瓷缸子，一小口一小口地喝水，像是在下着某种决心。沉默了一会，他把缸子放在桌上，抬头看着毛泽东，说："这个仗虽然苦了点，但必须打下去，要不，我到第一线去指挥，也许情况会好些！"

毛泽东正在大口大口地吸烟，听到这话蓦然一惊，连忙把烟夹在手里，笑道："总司令，我看还不到时候吧！"

周恩来也连连摆手："不行，不行！我不同意。"

其他人都频频摇头，连说不可。

"怎么不行？"朱德有点急了，"如果今天消灭不了郭猫儿，情况会恶化的！"

毛泽东又吸了口烟，徐徐吐着烟圈，说："老彭、伯承都在前面嘛！"

朱德一向心平气和，平时很少与人剑拔弩张地争论，今天却皱着浓眉反驳说："好几个军团都在那里，我去了还是要方便些嘛！"

这样做，自然十分危险。毛泽东连吸了几支烟，没有答应。

一向以有涵养闻名的朱德，渐渐沉不住气了。他的浓眉皱起来，那张历尽风霜的赤红的农民脸上，出现了压制不住的急躁的表情，他把帽子一脱，说："得了，老伙计，你们就放我去吧！不要光考虑我个人的安全，只要红军胜利，区区一个朱德又何惜！敌人的枪是打不中朱德的！"

毛泽东终于点头了。他知道，他这个老伙计不但有出色的指挥才能，还有一颗福星高照，使他身经百战而身无片伤。他清楚地记得，1930年1月，红军为了保存实力，从永新城撤出，上了七溪岭，敌人以为红军势单力薄，向七溪岭发起猛攻。朱德身先士卒，在望月亭手提机关枪带头冲锋，号召战士们奋勇杀敌，一定要一鼓作气，压倒敌人。只见他举着一面大旗，下命令说："人在阵地在，子弹打光了就上刺刀，用梭镖，坚决把敌人打下去！"然后，一跃而起，冒着雨点儿一样的子弹带头冲向敌人。经过一场激战，红军取得了胜利。这时，大家才发现朱德的军帽上被子弹打了两个窟窿，大家真是后怕。可他却非常乐观地说："有窟窿的帽子，戴在头上正好透点热气呢！"

毛泽东答应了朱德，当即又决定，通知奔袭赤水县的红一军团急速返回增援，并命令陈赓、宋任穷率军委纵队的干部团急赴前线，由总司令亲自指挥，发起反冲锋。

早饭后，毛泽东、周恩来、张闻天、王稼祥、博古等许多人，都出来为朱德送行。总司令要披甲亲征的消息，惊动了总部，参谋和干事们都跑出来了。他们聚集在土城街上一处比较宽敞的地方。朱德身着半新的灰棉军衣，腰束皮带，腿扎绑带，背着从江西带来的竹斗笠，显得特别利索。红星军帽下的那张浓眉方脸，更是显得格外有神。他满身豪气，迈着大步走在前面。

此时，山那边的炮声更激烈了，仿佛一阵阵炸雷从顶空滚过，更使这场面增加了一种壮烈的气氛。

朱德在大家的面前走过，人人都用无限敬爱和感动的神情注视着他。

而他却好像有点不安。毛泽东看见朱德走过来，连忙迎上去用双手将朱德的手紧紧握住。朱德很激动，一连声说："不必兴师动众！不必兴师动众！礼重了！礼重了！"

毛泽东忙接上说："理应如此！总司令！桃花潭水深千尺，不及昆仲手足情呵！"

周恩来、张闻天、王稼祥、博古也都上前与朱德握手，纷纷说："总司令，你多保重吧！"

炮声越发激烈了，有几发炮弹"嗖嗖"越过顶空，在河岸上腾起一团团的浓烟。

"请放心吧！"朱德匆匆说了一句，就毅然离开大家，迎着枪声激烈的地方走去。

朱德到干部团指挥他们抢占有利地形，和指战员们一起投入战斗。

总司令亲自到达前沿阵地指挥战斗，给苦战中的红军指战员以极大鼓舞，终于顶住了川军的一次次冲锋。

从三军团回总部的途中，经过一道山岭，正走着，一个卫士突然发现前面有敌情，朱德用望远镜一看，果然黑压压一片敌军，这时他身边只有一个排，恰好红五师及时赶到，于是展开火力攻击，打到天黑，敌人控制了制高点，把红军压在山脚下，在这紧急万分的形势下，三次反冲锋都被打下来，朱德坚定不移地集中兵力，下决心做最后一次冲击。谁知，敌人由三面压拢，一下又遭受挫折，部队哗地退了下来。这时已经半夜，朱德在一处山坳里，敌人冲到面前，子弹在他头上炸出火花，炮弹在人群中爆炸，火光照亮了他的脸，弹片却丝毫没伤到他。朱德亲自参加指挥战斗，稳定了军心，又夺回敌人占领的制高点。部队守住阵地后他要离开时，敌军的一颗炮弹正好落在朱德的身旁，幸而没有爆炸，他才安全回到总司令部。

到前线指挥战斗，是有生命危险的，正如他自己所说："从前清那时决定了参加革命起，已经把生死问题看得很淡、很清楚了。哪里晓得打了那么多的仗，打来打去却打不死。"这是朱德勇敢加智慧的结晶。"愈是困难，愈要镇静；愈是危险，愈要冷静。"他后来回忆说，只有这样，"才容易把问题处理得恰当。"

★陈赓带领干部团予敌重创，正在土城大垭山上指挥作战的毛泽东赞誉道："陈赓！可以当军长！"

郭勋祺部凭借有利地形，拼死顽抗。为争夺青杠坡银盘顶、寒棚坳等制高点，红军奋力拼搏、往复冲杀。

红军总司令朱德和总参谋长刘伯承分赴三、五军团前线指挥作战，大大鼓舞了广大战士的士气。12时左右，彭德怀、杨尚昆向前线部队发出通告："当面之川敌教导师，除一部本（28）日被我击溃外，主力仍与我对峙中。"（《长征日记》，陈虎著，中国长安出版社 2005 年版，第 146 页）经三小时左右奋战，郭勋祺旅阵地突破。郭旅开始动摇，令其预备队投入战斗。

中午，川敌廖泽旅先头团至郭旅阵地并加入正面作战。双方争战异常激烈，红军五军团阵地被突破，伤亡较大。川军强占制高点后，步步向土城进逼，一直打倒镇东白马川红军军委指挥部前沿。山后即是赤水河，红军如不能阻止敌人的进攻，势必陷入背水作战的危险境地。

战场上出现了暂时的沉寂，只有稀稀落落的枪声。显然，双方都在组织力量，来打破僵持的状态。

中午过后，炊事员送饭来了。大家一看是肉包子，全很高兴。毛泽东、周恩来同大家一边吃一边说笑。人们刚刚吃完，忽然一阵猛烈的炮火盖住了营篷顶，顷刻间，红军的阵地笼在了烟火之中。接着，敌人开始冲击，显然意在夺回失去的阵地。经过半个多小时的搏战，敌人才被打了下去。

战场上再一次沉寂下来。薛枫拿着望远镜聚精会神地观察着战场上的形势。忽然，他低低地叫了一声："周副主席，你看，敌人似乎向我们这个方向运动……"周恩来机警地站起来，一面举起望远镜一面问："哪里？"

"你顺着青杠坡往后看，在那个黑乎乎的山口那里……"

"看见了，看见了，"周恩来连声说，"很可能是敌人要向我们这里迂回。"

毛泽东也举起望远镜细细地看，一面说："很有可能。他们正面攻不动了。"

这时，警卫员们用尖尖的声音喊："通信员送信来了！送信来了！"众人望山下一看，从红军阵地下面的一片青杠林里跃出了两匹红马，正穿越一片开阔地奔驰过来。这片开阔地正遭到敌人侧射火力的射击，马的前后左右不断飞起一股一股的烟尘。他们好容易钻到这面山坡的青杠林里去了。

周恩来接过信一看，原来是总司令来的，主要讲了三个方面的意思。一是对情况侦察有误，原来说敌人是两个旅四个团，据刚才捉到的俘虏供称，敌人实际为两个师八个团。二是从俘虏嘴里知道了一个新情况，敌人又有两个师增援已到。三是从战场观察发现了一个苗头，敌人好像有迂回包围我军意图，请大家注意一点。

周恩来看完，把信交给了毛泽东。毛泽东一边看，一面认真地思考起来。

信还没有看完，敌人的炮已经接连打在前面的山头上，距指挥所越来越近。接着前面响起了机枪声，显然敌人距此不远。警卫员们紧张地望着作战局长薛枫。指挥所笼罩着严肃的气氛。

薛枫冷静地望了望正在向这里运动的敌人，终于鼓起勇气，有些不安地说："毛主席，周副主席，你们看是不是指挥所移动一下？"

毛泽东望望周恩来，又望望大家，笑着说："慌什么！前面还有个警卫连嘛！总司令都在前边，我们跑到哪里去呀！"

说完，又凝望着周恩来说："这个敌人也太不自量了！你看，是不是把干部团拿上去？"

"我也这样想。"周恩来说完，就立刻吩咐薛枫说："命令陈赓！叫他带干部团立刻把敌人打下去！"

命令下达不久，就看见从一个名叫漏风垭的山垭口涌出一支队伍，一个个动作敏捷，简直像小老虎似地向前迅跑。这个干部团原来由江西苏区的红军学校和公略学校合并而成，全是班排连营各级干部。他们军事动作娴熟，觉悟又高，一听是毛主席和周副主席亲自下达的命令，莫不奋勇向前。

陈赓团长和宋任穷政委临危受命，时间不长，他们就占领了前面关键性的山头，很快就把敌人打了下去。接着一个追击，又把敌人追到青杠坡那面去了。其后，在友邻部队的增援下，红军反守为攻。同时，三军团牢固控制道路以南的观音山高地，经干部团浴血奋战，一直坚守至 14 时许。一军团返回增援，配合干部团连续反击，予敌以重创。

电话铃响起了欢快的铃声。前方指挥所报告：干部团已接近了敌人的师部。当时正在土城大埂山上指挥作战的毛泽东赞誉道："陈赓！可以当军长！"

陈赓干部团的冲锋，缓和了紧张局势，朱德、董必武、林伯渠，邓颖超、贺子珍他们得以逃出险境。

聂荣臻元帅回忆说：1月28日，和敌军在土城东北的丰村坝、青杠坡一带打了一场恶仗……一开始我们打得还不错，三军团、五军团和干部团先投入战斗。敌"模范师"被我击溃一部。干部团攻击很猛，硬是攻到了郭勋祺师部附近。敌人已经感到弹药匮乏了，突然三个旅增援上来了，由于得到了子弹、手榴弹的补充，才把我干部团压了下去，反而转守为攻。一军团二师（陈光师）被指定为预备队，是后来参加这一战斗的。到我们一军团上去时，敌人已占领了有利地形。我二师的部队曾经陷在一个葫芦谷的隘口中，来回冲杀，部队无法展开，伤亡较大。（《聂荣臻回忆录》，聂荣臻著，解放军出版社1983年版，第251页）

土城青杠坡与寒棚坳，是对峙的两座山岭。两山之间，有一座规模宏大的古刹永安寺。永安寺背山面水、树封绿映、安谧宁静。战斗结束后，当地的百姓和永安寺里的和尚救护、医治伤员。张震同志当时身负重伤，被众僧救护。老方丈见张震身材魁梧，仪表不俗，便对众僧说："此人不是凡夫俗子，将来必成大器。你们要用心给他治伤，在老百姓家弄点油荤补补！让他早日养好伤，回部队。"在众僧们的细心照料下，张震得以迅速恢复健康，告别众僧追赶红军队伍去了。四五十年之后，张震将军沿着当年走过的长征路，来到土城，去了青杠坡、永安寺。老方丈早已经离开了人世，寺庙已破壁残垣，佛像荡然，多少给了老将军一些惆怅。陪同在一旁的当地土"诗人"，见此情形，在他的记忆中写了这么几句："当年弹雨枪林钻，壮心男儿铠甲坚。血渍战袍心火急，疗伤古刹禅机参。南征北讨半生事，倒将荡倭功接天。此日重游血战地，沧桑巨变忆当年。"

★周恩来说到搭浮桥，毛泽东笑着说："这个恐怕要你亲自布置了。"

土城战役打得非常艰苦，非常残酷，部队伤亡很大。

为此，1 月 28 日晚，政治局几个主要领导人在土城召开了一个紧急会议。

毛泽东开门见山地说："这是个消耗战，不能干了。"接着，他以探询的目光，望了望在座的领导人，进一步申述道："一个是战前了解的情况不准确，把敌人的兵力搞错了；一个是地形很不好，让敌人占据了有利地形；再一个是我们的兵力不集中，一军团到了赤水。再打下去，虽然也可能把敌人打垮，恐怕要蚀老本，这是不合算的！"

周恩来经过慎重考虑，叹了口气，郑重地说："再打下去，确实消耗太大，会影响到我们的战略目标。"

毛泽东也叹了口气，有几分难过地说："这个仗没打好，主要是太轻敌了。不怨天，不怨地，就怨我自己考虑不周！"

"我们大家都有责任。"周恩来连忙接上说，"过去没有打过川军，我们都以为和贵州军队也差不多。"

毛泽东接着说："恩来，我不知道你的意见怎样，我的意见是明天就渡过赤水，先到古蔺地区集结，然后再根据情况研究今后的行动。"

"好，我看就这样决定吧。"周恩来果断地说，"可是主要是搭浮桥呵！"

毛泽东笑着说："这个恐怕要你亲自布置了。"

周恩来笑了笑，表示全部承担。另外在分工上又提出，总司令和刘伯承仍在前线指挥；伤员的运送安顿由陈云负责。一切都要在今晚处理完毕。

毛泽东表示全部同意。最后，会议做出决定，根据当时各路敌军奔集川南围堵红军的新情况，决定改变由赤水北上、从泸州至宜宾之间北渡长江的计划，迅速撤出土城战斗，渡赤水河西进。为打乱敌人追堵计划，变被动为主动，红军决定不与川军恋战，作战部队和军委纵队立即轻装前进，从土城迅速渡过赤水河西进。会议确定朱德、刘伯承仍留在前线指挥，周恩来负责在第二天天亮前架好抢渡赤水河的浮桥，陈云负责安置伤员和处理军委纵队的笨重物资。

周恩来受领了架桥的任务，急匆匆地回到土城。显然，要在一夜之间架起浮桥，在任何材料也没有的情况下，是一件极为繁难的事。

在一个小商店里，他将总部工兵连和各军团工兵连的干部找来，研究架桥办法，随后又同他们一起勘查确定了架桥点。回到作战室的时候，他仍然放不下心去，因为搭桥所需的木船、门板、绳索等等物资都要从民间搜集和购买，哪能一时办得到呢！

在寒气袭人的午夜，他披着大衣坐在作战室里，一面是青杠坡上时断时续的枪炮声,一面是赤水河一阵阵的涛声,他的心越发不能宁静。除了派参谋查看以外,他已经亲自去河边看了两次。工兵们正在全镇搜集门板,你来我往,忙得不亦乐乎。虽然桥开始架了,却时时为缺乏物资而停顿。如果天明以前不能架起来,那可真是全军生死攸关的大事。想到这里,他越发坐不住了。这时,忽然响起急促的电话铃声,他拿起耳机,里面传来毛泽东浓重的湖南口音:

"恩来呀,桥怎么样呀?"

"已经搭成了一半,估计天亮以前是可以搭得起的。"

对方似乎得到很大安慰,轻轻地放下了耳机。然而他却一分钟也坐不住了。他招呼一个参谋说:"小吕,走,咱们再去看看。"

吕参谋拿着一个长长的三节电棒,警卫员魏国禄提着马灯,在前面引路,周恩来一脚高一脚低地走在起伏不平的石板路上。

出了土城街,又下了一个长长的陡坡才到了赤水河边。

夜深风寒,涛声震耳。工兵们有的举着火把,有的提着马灯,正在河面上紧张地忙碌。

周恩来一看,在火把的光照下,两岸大树上拴着两根粗大的绳索,有五六只木船已经固定在绳索上,船与船之间搭上了木板,就差短短的一截没有到达对岸。

工兵连长丁纬看周副主席又来了,赶忙上前,带着哀求的口气说:"周副主席,你快回去休息吧!千万不要来了,我保证天亮以前完成就是。"

一座可容三路纵队通过的浮桥,终于在凌晨四时完成。周恩来兴奋地提着马灯,来到毛泽东住处。

周恩来推门进去。毛泽东见他面带笑容,就高兴地说:"桥搭好了,是吧?"

周恩来笑着点了点头,毛泽东长长地吁了一口气,拉着周恩来坐下来说:"这我就放了心了!恩来,过了河,你好好地睡一觉吧。"

★朱德用从容、风趣的语调说:"急什么?诸葛亮还摆过空城计呢!"

1月29日3时,朱德以红军总司令的名义,发布了《一渡赤水河的行动部署》的命令,命令野战军于29日拂晓前与敌脱离接触,西渡赤水河向古蔺南部西进,并指示各部队分别由猿猴(今元厚)、土城下游、土城上游,至迟于29日12时渡过赤水河。

签署下发完命令，朱德便来到王开湘任团长、杨成武任政委的红四团阵地。

当时，天空正下着细雨，路面泥泞光滑十分难行。蒋介石妄图在赤水和长江之间将红军一网打尽，被调遣的部队从四面八方向红军合围。为掩护红军大部队顺利渡过赤水河，一军团部队坚决顶住迫敌。当时川军占据了有利地势，居高临下向我军进攻，战斗打得十分激烈。

朱德直接来到前沿阵地上，亲自指挥，一次次地打退敌人的进攻。雨水淋湿了他的衣裳，浓密的眉毛挂着水珠，卷起的裤腿沾满了泥浆。

红一军团政治部组织部长肖华担心朱德的安全，一再劝说朱德离开阵地，但都被朱德拒绝了。

打到黄昏，战斗仍然很激烈，阵地上硝烟弥漫。肖华再次劝说："总司令，你年岁大，路不好走，还是先走一步吧。这里有我们顶着，你放心好了！"

朱德抹了抹脸上的雨水，看了肖华一眼，只简单地答了一声"不行"，就继续指挥战斗。

指战员见朱总司令就在他们身边，个个忘了寒冷、危险和伤痛，坚定地顶住了敌人的反复冲击。直到黑夜降临，朱德才随部队赶到赤水河边。这时，红军大队人马已经安全通过浮桥，他们迅速赶上了队伍。

杨成武在回忆录中说：朱总司令在我们阵地前沿，细细观察战斗情况后，当机立断，下令后撤。……我们从前沿撤下来了，突然，又传来命令，说，朱总司令还没有回来。为了掩护朱总司令后撤，团长和我又带了二十多个同志冲上山坡，堵住敌人。敌人像着魔似的一个劲儿往我们阵地压来，我们遥见身穿灰布军装的朱总司令，他还在赤水河边用望远镜看着什么。阵地上的人越来越多，除了我与王开湘同志，

▲朱德：红军时期在长征途中

六团朱水秋、王集成同志都来了，大家都为朱总司令的安全担心，我急得手掌都沁出汗来，但是看看朱总司令，他还是稳稳地站在那里，仿佛近在咫尺的土城仅仅是一座寂然无声的空城，周围的战斗全然没有发生似的。我们在阵地上顶了整整一个钟头，朱总司令终于收拾起地图、望远镜，离开赤水河的北岸，不慌不忙地回到阵地后边来了。我说："总司令，我们在掩护你，你怎么走得这么慢啊？"王开湘和朱水秋也说："我们急得心都快从嘴里跳出来了！"总司令亲切地笑笑，用从容、风趣的语调说："急什么？诸葛亮还摆过空城计呢！"（《杨成武回忆录》，杨成武著，解放军出版社，1987年版，第111、112页）

★ **撤出土城，揭开四渡赤水的序幕。毛泽东客观地总结土城战役的经验教训。**

土城失利，军委采取紧急措施，命令全军立即脱离接触之川军，暂时改变原拟在宜宾、泸州之间北渡长江的战略计划，迅速西渡赤水，向四川古蔺南部进军，使部队免遭更大的损失。

部队从土城的浑溪口、元厚一带渡河后，沿古蔺的摩尼一线转移到古宋、兴文、长宁地域，决定以分水岭、水潦、水田寨、扎西为行动目标，然后再觅机渡江北上。

正是数九腊月天，川南的山地里整天飘着牛毛细雨，寒风一刮，地上便结着一层油亮油亮的冰凌。土城一败，部队的给养变差，行进在川边崎岖、陡峭、泥泞的山路上，天寒地冻，衣单食乏，部队的情况非常不乐观。

这个时候，最高统帅部里的领导者们的思想，也有些紊乱。但感到一致的是，土城战斗没有打好，是个问题。应该如何评价这次遭遇战，作冷静的、客观的、实事求是的认识？大家议论纷纷，莫衷一是。

2月9日，毛泽东一到云南扎西镇，就在扎西老城的江西会馆里，召集了中央负责人会议。会议一开始毛泽东首先总结了土城青杠坡战斗的主要教训，将战斗失利的原因归纳为三条：一、敌情摸的不准，误将六个团当做四个团；二、轻敌，低估了川军的战斗力，以为西南军队都和黔军一样不堪一击；三、分散兵力，一军团北上赤水，使红军没有形成一个强有力的拳头。

第三章

四 渡 赤 水

——毛泽东导演绝妙的运动战

此战，是中国战争史上灵活用兵的著名战役，在中国战争史上占有重要地位。中央红军在毛泽东的指挥下，声东击西、指南打北，以灵活多变的战术，巧妙地穿插于国民党军重兵集团之间，创造战机，各个歼敌，甩开了国民党军的重兵，取得了战略转移中有决定意义的胜利，写下了其军事生涯的得意之笔。1935 年 1 月，遵义会议后，毛泽东率三万红军来到这里，与堵截红军的川军相逢。毛泽东与周恩来、朱德、刘伯承等分析了眼前的形势，感到情况危急；青杠坡一战未能消灭尾追之敌，四周敌军越集越多，战局于我不利。他们决定立即抢占附近的渡口，准备摆脱敌人。红军一渡赤水，进到云南扎西地区。蒋介石以为歼灭红军的时机已到，命督察室主任王道元对红军加紧围剿，并要他加强对云南军阀的控制。王赶到贵阳，召开军事会议，调集 40 万大军围住扎西地区，妄图将红军一举歼灭。毛泽东与总部首长研究了敌情，准备用运动战对付敌人，趁敌人重兵围扎西，黔北空虚，红军东渡赤水，迅速回师。红军主力二渡赤水，夺取渡口，奇袭娄山关，占领遵义城。此时，蒋介石正在重庆大发雷霆，他命令用碉堡战结合重兵进攻来对付红军，企图消灭红军于乌江以北。毛泽东经过慎重考虑，决定红军三渡赤水，造成北渡长江的声势。红军三渡赤水牵动了国民党的追兵，然后突然调头东下，四渡赤水，南涉乌江，把敌人主力甩到了后面。蒋介石怕红军攻占贵阳，急调滇军增援，疲惫不堪的滇军被红军牵向东击，遭沉重打击。红军主力大步开进云南，五月初从容渡过金沙江。至此，红军彻底摆脱了敌人的战略包围，从内线转到了外线，开始了新的伟大征程。

★土城失利，一渡赤水。红军各部在前进途中渡过了一个难忘的除夕之夜。

土城战役打得非常艰苦，非常血腥，部队伤亡很大。根据当时各路敌军奔集川南围堵红军的新情况，中革军委决定改变由赤水北上、从泸州至宜宾之间北渡长江的计划，迅速撤出土城战斗，渡赤水河西进。

1月29日拂晓时分，我军除以少数部队阻击敌人外，主力分三路从猿猴场(今元厚)、土城南北地区轻装出发，以三人齐头并进的队形跨过赤水河上的浮桥，快速西进。

根据中革军委甩掉笨重的包袱的精神，部队将多余的枪支、印刷机、X光机等物资丢入赤水河。三军团也把从江西携带出来的两门山炮推进了河水深处。这两门山炮跟着红军走了三千多里路，经历了生生死死的考验，丢掉它们战士们都有些舍不得。红一军团一师政治部巡视团主任肖锋感慨地说："赤水河啊，赤水河！我们红军在中央苏区缴获的重机枪、大炮、印刷机今天都给你了，暂时寄存在你的河底，请你好生保管，到我们革命取得胜利那天，再来起货和道谢！"

部队甩掉了笨重装备，轻装前进，行动更自由了，渡河的速度也挺快，当日中午12时前，中央红军全部安然地渡过赤水河。

南国春早。二月的贵州，一望无际的群山披青挂绿。爆芽的柳枝，葱茏的小草，团团簇簇的野花，令人心旷神怡。

熟悉的思想，熟悉的战术，熟悉的语言。毛泽东披挂上阵决心打几个胜仗以振奋军心，但是土城之仗，红军遭敌夹击，伤亡惨重。这时舆论对新的中央领导核心十分不利。战士中有骂娘的，有些营团干部也跟着骂。有些了解一点情况的人也说，中央不是在遵义城开了会吗？还是打败仗。这些论调，自然而然地通过各种渠道输送到红军最高统帅部。"军事三人团"中，周恩来、王稼祥忧心忡忡，毛泽东不以为然："土城之役，问题出在情报不准。起初以为只有川军两旅四团，接敌才知数倍于前。这是个意外。大家有意见很自然，有意见怎么办？再打一个胜仗不就平息了吗？"说罢，他一挥手，仿佛把这些烦恼和不快轻烟般地抛至脑后。

西渡赤水河后，红军向古蔺、叙永地区前进。川敌立即以八个旅分路向我追截，以四个旅沿长江两岸布防；薛岳兵团和黔敌也从贵州分路向川南追击；滇敌三个旅正向毕节、镇雄急进，企图截击我军。

2月1日，沿古蔺向西挺进的红一军团二师先头部队进抵三岔河鱼塘坳，与当地民团罗云程部哨兵遭遇，当即击毙团丁数人，其余团丁惊慌溃逃。二师一部乘胜追击，逼近叙永城下。而红一师也在临近叙永地区的火烧岩与川军二十一军周瑞麟团交火。

第二天，一师继续向火烧岩发起攻击。川军居高临下，据守古寨，红军多次强攻冲杀，均因地形不利未能得手，对峙两小时后，红军一部绕道侧攻，一部正面佯攻，同时调炮兵猛轰石寨，终于攻克火烧岩制高点，歼灭和击溃盘守石寨之敌。二师在陈光、刘亚楼的率领下，兵分两路进逼永宁城，一路抢先占领城东五里的营盘山梁子高地，迅速占领山下望城碉；另一路经翻身坝突破敌军壕沟，当即攻占王公祠一带。

由于连日兼程疾进，战士们已经两天多未吃过一顿饱饭。就在这时，他们突然发现了一片橘子林。漫山遍野尽是橘树，枝头挂满了熟透了的橘子，但战士们谁也没有伸手。

2月3日，大年三十，按中国人的传统，这天应是家家户户团圆，准备迎接新年的日子，但是，征战到川滇边的中央红军却没有时间想过节的事。毛泽东、朱德所在军委纵队从风水桥出发，走了一天路，晚上才抵达石厢。

除夕之夜还有一个习俗，就是"达旦不眠，谓之守岁"。红军司令部的指挥官们在这个除夕之夜的确是在守岁，他们连夜研究敌情。鉴于中央红军连日来在三岔河、叙永遭到川军截击，紧急调整行军方向。当晚22时，中革军委向各军团发出电令，要求各军团迅速脱离当前之敌，改向川滇黔三省交界处的分水岭，水潦、水田寨、扎西集结为总行动目标，并继续西进。

红军各部接军委命令后，连夜向西疾进，在前进途中渡过了这个难忘的除夕之夜。

★追兵将至，情况危急。毛泽东从容地点起一支烟，吸了两口，微笑着悄声地说："还是杀个回马枪吧！"朱德不禁抚掌笑道，"妙棋！妙棋！这篇文章完全出敌不意，真是神来之笔！"

我军进入川滇边境后，蒋介石重新调整部署：将湘军改为第一路军，在湘西"围剿"红二、六军团；薛岳兵团和滇黔两省敌军组成第二路军，龙云为总司令，薛岳为前敌总指挥，辖四个纵队，以吴奇伟部四个师为第一纵队，周浑元部四个师为第二纵队，滇军孙渡部四个旅为第三纵队，黔军王家烈部五个师为第四纵队，与川军潘文华部一起，企图围歼中央红军于长江以南、叙永以西、横江以东地区。

2月4日是农历正月初一，蒋介石给中央红军的礼物是又一个四面包围。此时的刘湘沿长江两岸集中布防十多个旅的兵力，同时又派十多个旅尾随红军追击堵截。而王家烈的黔军、龙云的滇军及薛岳率领的中央军也从西南方向蜂拥而至。红军如继续北进，地处沟壑深谷，回旋余地小，在庞大的敌人四面围堵下，形势会极其不利。

为此，朱德于2月6日1时，发出《命令一、三军团向扎西靠近》的命令，说了三个意见："（一）根据日前敌情及渡金沙江、大渡河的困难，军委正在考虑渡江可能问题，如不可能，我野战军应即决心留川滇边境进行战斗与创造新苏区；（二）因此我一、三军团今六日前进地点应向扎西靠近，最适合位置应在长宁通扎西道上，及扎西西北，以便迅速集中便于机动；（三）望将你们意见及今日预定到达地点与距扎西和长宁里程，迅速电告军委。（《红军长征文献》，解放军出版社，1995年版，第252页）

第二天19时，朱德又电告各军团首长："根据日前情况，我野战军原定渡河计划已不可能实现，现党中央及军委决定，我转战军应以川滇黔边境为发展地区，以战斗的胜利来开展局面，并争取由黔西向东的有利发展。"依此方针，军委提出日前作战任务是："（一）迅速并立即脱离四川追敌，向滇境镇雄集中；（二）进行与滇敌作战的一切准备，并争取在该集中地域的休息和缩编；（三）对沿途地主之碉堡，在不妨碍我军行动条件下暂让其存在，如向我开枪阻我前进，应销毁或监视之。"（《红军长征文献》，解放军出版社，1995年

版，第253页）

2月7日，龙云命令第三纵队由镇雄、毕节向扎西以南之大湾子推进；第一、二两纵队主力集中黔西、大定(今大方)，一部向叙永推进；第四纵队留赤水河以东之遵义、桐梓、赤水等地区。川军以一部兵力固守叙永、古宋、兴文、长宁等地和长江、横江沿岸，防止我军北进；主力则由高县、珙县、长宁及其以南地区向扎西推进。

这时，中共中央和中革军委鉴于敌人已经加强了长江沿岸防御，并以优势兵力分路向我进逼，乃于2月7日决定暂缓执行北渡长江的原计划，改取"以川滇黔边境为发展地区，以战斗的胜利来开展局面，并争取由黔西向东的有利发展"（《红军长征文献》，解放军出版社，1995年版，第253页）的方针；并命令各军团迅速脱离四川追敌，改向川滇边的扎西(今威信)地区集中。

2月9日，中央红军在扎西地区集结完毕。红军在扎西进行了整编。全军除干部团，共编为16个团，红一军团缩编为两个师六个团，红三军团缩编为四个团，红五、红九军团各编为三个团。为了加强川南的革命力量，党中央派原红五师政治委员徐策、军委纵队干部团上干队政委余鸿泽等组成中共川南特委，率几百人在扎西东南的石坎予成立了中国工农红军川南游击队，积极活动于川滇黔边地区，策应主力红军作战。川南游击队在红军主力转移后，继续在当地坚持斗争。

这时，滇军孙渡纵队也由镇雄、毕节、南通出发向扎西压过来，川军潘文华率主力由高县、珙县、长宁一带出发从北面向扎西推进，而蒋介石嫡系部队周浑元纵队主力则由黔西、大定地区出发，从西面向扎西围拢过来，企图聚歼中央红军于扎西地区。

鉴此军情，红军总部的朱德同毛泽东、周恩来正一筹莫展，思索着下一步的行动。

这时，一个年轻的译电员送来一份电报，交给了朱德。朱德看到最后情不自禁地笑起来了。他把电报交给毛泽东，笑着说道："这是刚刚破译的薛岳的电报，你们看看！"

原来那电报讲了一大篇红军的动态、位置之外，还有很多吹嘘的东西，说什么"共匪主力被我川滇军截击"，说什么"四处崩窜，已成流寇，短期内决可尽歼"，极力贬低红军。

毛泽东、周恩来看到这里，两人相对哈哈大笑。毛泽东笑得烟灰都抖到灰棉军衣上去了，他边笑边说："我的老天！现在把我包围得水泄不通，真是上天无路，入地无门，我往哪里跑呀！难矣哉！难矣哉！"

朱德用冷峻的口吻说："蒋介石很喜欢听这一类消息，他的下级也就专门给他提供这类新闻。悲夫！"

也许是敌人的电报给了毛泽东灵感，他突然眼前一亮，神色愉快兴奋起来。

周恩来猜到他心中已经有了数了，就笑着问："主席，是不是有了锦囊妙计了？"

毛泽东从容地点起一支烟，吸了两口，才微笑着悄声地说："还是杀个回马枪吧！"

"回马枪？"周恩来眼睛一亮，"是要重回桐梓、遵义？"

"是的。"毛泽东点了点头，"现在形势很明显，敌人要把我们聚歼在这里，这个地方是不能待了；第二，敌人共有三十多个旅封锁长江，北渡长江也使不得；而遵义地区敌人兵力空虚，我们正好狠狠地咬它一口。这样，我们突然调头东向，等这一坨坨敌人摸清我们的行踪，已经望尘莫及了……"

"妙棋！妙棋！"朱德不禁抚掌笑道，"这篇文章完全出敌不意，真是神来之笔！"

▲毛泽东历史照片

"好！好！"周恩来也连声赞叹，接着又补充道，"不过，我们还是要做出北渡长江的架势，充分利用敌人的错觉。比如说，用一部分兵力伪装主力，指向綦江方向。"

毛泽东仰起脸，望了望地图上的綦江，微笑着点了点头，表示很满意周恩来的这个补充。

朱德顺着毛泽东的思路，谈了部队的具体部署。毛泽东说："我完全赞同，总司令，就请你下命令吧！"

为了迅速脱离川、滇两敌之侧击，中革军委决定迅速东渡赤水河，向敌兵力薄弱的黔北地区进攻，以开展战局。当日 20 时，朱德发出命令，规定了各军团的进军方位，让红五军团渡回赤水河，红水田寨开到石坎子附近。强调在行动中加强后卫警戒，以便实行反突击。

★二渡赤水，抢占娄山关。毛泽东即兴赋词，朱德说："好，尤其是后两句，苍山如海，残阳如血，写得苍凉悲壮，意境深远。"

还师黔北，这是一个大胆的决策。蒋介石万万没有想到毛泽东会走这一步棋。红军指战员也不是都能理解，但军令如山，执行还是非常坚决。根据中革军委的指示，二渡赤水的好戏拉开了帷幕。

2 月 10 日的天气格外好。由于下了一场大雪，早晨出发时，漫山遍野一片洁白，战士们的心情也因为这美景变得非常愉悦。大家沿着来扎西的原路返回，经两河隘、冷水河、大河滩到石坎子。行军时，大家边欣赏今年的第一次大雪，边愉快地交谈着，偶尔还有人唱上一首歌，气氛非常活跃。到大河滩时，雪已经化完了，红艳艳的太阳高悬在天空，又是一派春天的景象。

2 月 18 日，由陈光、刘亚楼率领的红一军团二师进抵赤水河西岸的太平渡口，并立即控制了渡口和船只。当天下午 14 时，红二师以一个团迅速渡过赤水河，占领东岸贵州一侧渡口附近高地。当晚，红二师全部渡过赤水河。

当日，三军团从铁厂出发向赤水河挺进，其前卫部队第十二团抢占二郎滩渡口，与前来阻击我军的黔军犹国材部背水作战，将敌人击溃。军团司令部随即来到二郎滩，并于第二天渡过赤水河。

2 月 20 日，军委纵队由太平渡渡过赤水河，完成了二渡赤水的计划。

我军二渡赤水河，回师黔北，完全出敌意外。川敌三个旅慌忙由扎西附近向东追击，黔敌急忙抽调遵义及其附近的部队向娄山关、桐梓增援，第一纵队之第五十九、第九十三师由黔西、贵阳地区向遵义开进，企图阻止并围歼红军于娄山关或遵义以北地区。

中共中央、中革军委决定乘追击之敌大部尚未到达之际，迅速击破黔军的阻拦，占领娄山关及其以南地区，再取遵义，以争取主动。2月24日，红一军团先头团攻占桐梓，迫使桐梓之敌退守娄山关。

2月25日，红军在国民党铁桶合围下绕了一圈，来到云贵高原著名的天险娄山关脚下。娄山关为黔北军事要隘，位于大娄山脉主峰，北接桐梓县，南临遵义城，海拔1400多米。四周崇山峻岭，两侧悬崖峭壁，群峰环立，直削如剑，沟壑纵横，狰狞可怖，只有一条陡险的盘山路贯通南北，为入川的孔道，有"一夫当关，万夫莫开"之势，历来为兵家必争之地。娄山关驻扎着贵州军阀王家烈的数师人马，横亘在国民党包围圈中央，成为红军回师黔北、再占遵义的障碍。

当天下午14时，彭德怀向中革军委主席朱德报告，娄山关仅有黔军三个团，建议我军以迅速动作歼灭此敌。中革军委采纳了彭德怀的意见，决定由彭德怀、杨尚昆指挥中央红军抢占娄山关，重夺遵义城。晚上11点，中革军委主席向红一、三军团下达《关于我军消灭娄山关黔敌夺取遵义的指示》，决定"我一、三军团及干部团统归彭、杨指挥，应于明二十六日迂回攻击娄山关、黑神庙之敌人，坚决消灭之，并乘胜直取遵义，以开赤化黔北的关键。"（《红军长征文献》，解放军出版社，1995年版，第271页）

翌日拂晓，彭、杨命令红三军团跑步向娄山关进发，抢占了有利地形。

红军只有拿下娄山关，才能进占遵义城，指战员认识到此役是红军能否立足黔北的关键，士气很高。

26日上午9时，红军迫近关口，红三军团的四个团同时投入战斗。十二团、十三团与守军争夺关口东侧最险要的点金山制高点，红军冲锋肉搏不克。彭德怀命令十团、十一团从两侧迂回，守军弃关而逃，红军完全控制了天险娄山关，揭开遵义战役序幕。

随后，我军在粉碎敌人向娄山关的多次反扑之后，以一部兵力从正面反击进攻娄山关之敌，而以红一军团主力和红三军团一个团从娄山关东、西两侧向敌后方之板桥地区迂回，经激烈战斗，击溃了进攻娄山关之敌，并相继攻占了娄山关以南之黑神庙、板桥、观音阁等地，残敌向遵义逃跑。

　　我军完全控制了娄山关，朱德闻讯大喜，便与毛泽东、周恩来一起，率精干人员驰往娄山关。

　　毛、朱、周三个人这天都是笑容满面，走在山径上也有了一番悠闲，和敌人追击下的赶路大不相同。

　　大娄山是横亘黔北的一条山系，山势巍峨险峻。当地有一首民谣："巍巍大娄山，离天三尺三，人过要低头，马过要落鞍。"而娄山关，正是这条大山系中从川南进入黔北的一个门户。所谓"万峰插天，中通一线"是也。但是，你在山下又绝看不见关口在哪里，因为这"一线"是个连续不断的"之"字，正像老百姓说的"盘山十八弯，才见娄山关"呢。

　　毛、周、朱三人在曲折的山径上，说说笑笑。不久，终于可以清楚地看到娄山关了。只见"之"字路的尽头，双峰插天，一座大尖山，一座小尖山，像两把尖刀直刺天空，紧紧夹住一座窄窄的隘口。而在关口的左侧，还有一座与双峰不相上下的巍然屹立的孤峰，白云缭绕，直瞰关口，那想必就是点金山了。

　　他们来到点金山下，不断看到一大片一大片殷红的血迹，附近还有不少新坟。那些新刨开的湿土，说明一批红军烈士刚刚掩埋。这种景象虽然他们看过多次，还是不免心中悸动。他们在坟前垂手而立，对这些来自江西、福建、湖南的子弟默默地悼念。

　　这里关口上并没有什么建筑，南侧仅有两三间草房，一通石碑，刻着"娄山关"三个大字。他们站在碑前，往前一望，整整一面山坡上，到处是黔军凌乱的尸体，杂乱的军用物资，扔得到处都是。最惹眼的还有一顶军官乘坐的轿子，也歪倒在山坡上，山风不断吹着灰色的轿帘发出"呼哒呼哒"的声响。

　　毛泽东、周恩来、朱德率各军团军政首长登上关口，这时，天边晚霞正红，火红的亮光透过云朵照射到巍峨的群峰之上，如同威武壮士披上了金色的霞衣，格外壮观。

　　"好一座铁关啊，终于被我们敲开了。"周恩来兴奋地说。

　　"万峰插天，中通一线。这样的雄关隘口，你们能攻下来，不容易！不容易！"朱德顾盼着四周险峻的峰峦严肃地说。

　　山风呼啸，毛泽东蓬松齐耳的长发随风飘扬。他纵目远望，只见苍茫的群山有如大海的波涛，卷着巨浪推向远处；落日姗姗，有如烈士殷红的鲜血一般红艳，将众山染得通红。一种博大的情感，在他胸中翻腾激荡。

朱德见毛泽东久立不动，陷入沉思，似在自语，就笑着说："润之，你是在作诗吧！"

毛泽东回过头来，笑着说："是，我是想哼几句。"

"念给我们听听如何？"周恩来兴致勃勃地说。

这时，正巧有一队雁群从娄山关上空飞过去了。毛泽东更加诗兴盎然，用浓重的湖南乡音念道：

西风烈，

长空雁叫霜晨月。

霜晨月，

马蹄声碎，

喇叭声咽。

雄关漫道真如铁，

而今迈步从头越。

从头越，

苍山如海，

残阳如血。

朱德听完，不断品咂着诗味，点点头说："好，尤其是后两句，苍山如海，残阳如血，写得苍凉悲壮，意境深远。"

"有气概，很有气概！"周恩来也连声称赞。

★遵义大捷，乘胜追击。林彪不客气地说："宁可疲劳死，也不能放走一个敌人，走不动爬过去！"

红军占领娄山关后，乘胜追击，如破竹之势直逼遵义城。

战士们如万马奔腾，从山上冲下来，敌人像池中的鸭子，乱杆打下之后，只有拖泥带水，边飞边跑。走投无路的，索性缴械投降，马路两旁恭恭敬敬地站满了投降的黔军士兵。这个夜晚热闹极了，没有秩序的队伍，摆在马路上，活像发了大水似的，前呼后拥，向遵义行进，胜利的欢喜挂在官兵的脸上，马路两旁的山谷里，不断有歌声、吼声、笑声传来，气氛空前高涨。

由黔西、贵阳地区北开之蒋介石嫡系部队，第一纵队第五十九师进至新站，第九十三师进至忠庆铺地区，一部前出至遵义城南五里之枫落桥。中革军委当即决定集中主力，求歼该敌于遵义以南地区。

2月27日下午，彭德怀下达攻打遵义的命令，红三军团乘胜一路猛追，直逼遵义城下，分别攻打新城、老城。一军团集结主力负责打击增援之敌。

彭德怀在遵义城外山头，正用望远镜观察地形。侦察员跑来报告：从敌人长途电话中听到王家烈向吴奇伟说："共'匪'已逼到城下，我们守不住了，"吴回答说："你必须死守，今晚以后我一定赶到。"彭德怀马上下令，务必在当晚夺下遵义城。遵义新城在东，没有城墙；老城在西，有内外两套城墙。彭德怀命令红一军团攻打新城，红三军团攻打老城。军团参谋长邓萍指挥打老城，在观察地形时，被敌人飞弹射中，当即牺牲。

彭德怀闻讯赶来，邓萍已经流尽鲜血，彭德怀抚着战友的遗体，连声呼唤："邓萍同志，邓萍同志！"泪流满面。三军团指战员在悲痛中奋勇攻城，27日晚，红军一、三军团克遵义新城。28日拂晓，红三军团攻克遵义老城。十一团政委张爱萍在战斗结束后，挥泪赋诗，悼念邓萍，末句曰："遵义城下洒热血，三军征途哭奇男。"

2月28日上午，国民党中央军吴奇伟部两个师从乌江南岸驰援遵义。敌以第五十九师主力及第九十三师的一个团为左路，经桃溪寺向红花岗、老鸦山进攻，黔敌两个团为右路，由忠庄铺向遵义进攻；第九十三师主力和第五十九师一个团控制于忠庄铺为预备队。红三军团主力在老鸦山与敌展开激烈的争夺战，将敌击败，紧追不舍。一军团从左翼出击，一举突进敌人指挥所，两面夹击。吴奇伟慌忙率残部约一个团向滥板凳方向逃窜。敌全线崩溃，逃到乌江北岸，争相渡江，将乌江桥压断，人马纷纷落水，未及过江者，大都被歼。红一军团跟踪猛追，并以一部取捷径先敌占领了滥板凳，残敌逃过乌江。

至此，红军连克桐梓、遵义两城，击溃黔军王家烈八个团，消灭吴奇伟部两个师，俘敌三千余人，取得长征以来第一个重大胜利，给蒋介石的追剿部队以沉重打击，为中央红军西进北上争取了主动。

3月1日0点，中革军委下达命令："一、三军团应不顾一切疲劳马上乘胜南下，坚决猛追薛敌。"（《长征日记》，陈虎著，中国长安出版社2005年版，第187页）

林彪高兴地接受任务，纵马飞驰至指挥所，命令号兵用号音通知各师长、政委、参谋长前来开会。

红一军团指挥所设在五里堡一所木板房内。林彪有个习惯，喜欢研究地图，指挥所整整一面墙挂满了拼接起来的大倍军用地图。一见林彪在地图前转圈，师长们就知道有大仗要打。

"军团长，我们缴获敌人的地图不够用，有些地区还是空白，对图部署任务有困难。"军团参谋长左权说。

林彪皱着眉头"嗯"了一声，又转了几圈，然后说："我们探险去。"

"怎么探险?"左权不解地问。

"弄一些洋学生的服装，背上书包、网袋，还有画夹子，到遵义城下野游。"林彪边说边往外走，对外面牵住马准备跟行的警卫员说，"这次不用你们跟着。"

林彪这一招很灵。遵义城外到处是敌人丢弃的破烂，还有敌人留下的让掉队士兵赶队的路标和道路践踏情况，从这些标记和迹象可以判断出敌人大体去向和兵力情况。

"军委给我们的任务是追歼残敌。现在二师向南追，以乌江为界；一师向西，沿鸭溪、白腊坎方向猛打猛扫。有什么困难吗?"林彪下达命令。

"部队非常疲劳，是不是……"有人如实反映。

林彪不客气地说："宁可疲劳死，也不能放走一个敌人，走不动爬过去!"

"追多深?"有的师长请示。

"可以追出一百里。兵贵神速，就此分手，你们各自回部队组织实施吧!"林彪说完，与左权一先一后悠悠闲闲地回到军团指挥部。

遵义之战，我军在敌军围追堵截的情况下，五日之内，连下桐梓、娄山关、遵义，击溃和歼灭敌人两个师又八个团，俘敌约三千人。这是长征以来最大的一次胜利，充分表现了毛泽东的指挥艺术和红军的英勇善战。这次胜利，鼓舞了全军士气，获得了物资补充，打击了敌人，特别是打击了蒋介石嫡系部队的嚣张气焰，使我军得到了短期休整的机会。

★林彪提出攻打打鼓新场的建议，引发一场争论。他提出疑问："土城之役，是否把我们的胆子弄小了?"毛泽东保留意见，星夜造访周恩来，避免了一次损失。

红军的遵义大捷，使国民党军遭受了前所未有的沉重打击，蒋介石大为震动。3月2日，他由汉口飞往重庆，亲自策划新的围攻，以阻止我军东渡乌江。

为了更好地应对蒋介石，3月4日，中央军委在鸭溪成立前敌司令部，任朱德为司令员，毛泽东为政治委员，以直接加强对红军作战的领导。我军根据中革军委的决定，以红九军团在桐梓、遵义地区吸引川敌向东，主力由遵义地区西进自腊坎、长干山，寻歼敌人第二纵队，未能得手。

3月5日，蒋介石发现我军西移后，又改以堡垒主义和重点进攻相结合的战法，实行南北夹击，企图围歼我军于遵义、鸭溪狭小地区。其部署：川军三个旅由桐梓向遵义地区进攻，新调来的上官云相部两个师由重庆向松坎、新站地区推进，支援川军进攻遵；第二纵队主力三个师进至仁怀、鲁班场地区；第三纵队进至大定、黔西地区防堵；第四纵队一部集结于金沙、土城等地，阻止我军向西发展；第一纵队四个师位于乌江南岸，策应其他纵队作战。此外，蒋介石还命令第五十三师由镇远向石吁推进，湘军三个师沿乌江东岸筑堡，阻止我军东进。

蒋介石命令各路军要不顾一切寻找与红军决战的机会。

3月10日深夜，周恩来送来林彪、聂荣臻联合署名的急电："关于目前的行动，建议野战军应向打鼓新场、三重堰前进，消灭西安寨、新场、三重堰之敌，方法如下：1.以三军团之两个团经安底、儿母洞向三重堰前进，以三日行程赶到，切断三重堰至西安寨地域之敌退黔西之路。2.三军团另两个团及一军团之两个团明日协同消灭西安寨之敌。一军团之两个团明日经洪关坝，13时到达津水，断西安寨退新场之路；三军团之两个团经波罗海到西安寨，于14时到达西安寨(西安寨到泮水十五里)。11日此一、三军团之各两个团到达打鼓新场。3.一军团主力四个团经永安寺、无马口、岩扎于11日到达打鼓新场附近攻击，干部团明日打周(浑元)敌。4.五军团为总预备队，明日由原地出发向打鼓新场前进，限11日到达。5.九军团任务仍旧。"(《长征日记》，陈虎著，中国长安出版社2005年版，第198页)

在油灯下，毛泽东阅完电文，良久不语，他有一种直觉，这场仗不能打，硬打会有危险。

"林彪大概是想乘遵义新胜之威再打一个漂亮仗，这种心情我理解，但是打鼓新场一带敌情不明，还是慎重一点为好。"毛泽东严肃地说。

"嗯，事关重大，是否通知军委委员和几个军团的负责人来研究一下，再作决定。"周恩来建议。

"好，事不宜迟，马上召集会议。"

很快，洛甫、朱德、刘伯承、李富春、林彪、聂荣臻、彭德怀、杨尚昆、叶剑英、刘少奇等十数人齐集总部作战室，讨论林、聂建议。

朱德首先说，"林、聂的建议，我们似可考虑。打鼓新场是通黔西必经之地。如果攻占了这个战略要点，对我们西进极为有利。"

"总司令可明了新场一带敌军情况？"毛泽东反问。

"据侦察报告，滇敌有向新场开进的模样，但现在还没有动，只有黔军一两个团守在那里。"朱德回答。

"我了解的情况与总司令略有出入。驻守新场之敌，除确系黔军之外，滇军主力正朝这一方向运动，如果我冒进，势必与滇军正面对垒，重演土城之役。"毛泽东明确反对林、聂建议。

"土城之役，是否把我们的胆子弄小了？"林彪接过话题，"既然吴奇伟的中央军，我们都较量过了，还怕滇军？"

毛泽东反驳道："我们为什么要去攻那个堡垒呢？我们应该在运动中调动敌人，乘隙歼敌，避实击虚，这才是上策。兵书《管子》上说，攻坚则瑕者坚，乘瑕则坚者瑕……"

"滇军现在还未朝新场运动，我们集中进攻，未尝不可打下来。"彭德怀也表态。

这样，以毛泽东为一方，以与会的大多数同志为一方，展开了激烈的争论，谁也说服不了谁。

"你们硬要打，我就不当这个前敌总指挥了。你们既然要我负这个责，又不听我的，我不干了。"毛泽东不惜辞职。

"不干就不干！"

"少数服从多数！"

激烈之争，下面也有人硬顶。表决的结果仍是攻打新场之敌。

会议最后决定，由周恩来当晚将作战命令拟好，于第二天一早发出。周恩来起草好命令，已经是后半夜了。

毛泽东从来不肯在重大问题上轻易放弃自己的观点，特别当他坚信自己是对的时候。回到住处，毛泽东辗转反侧，烦躁难眠，他索性起身向周恩来住所走去，他要再次动员周恩来取消进攻命令。

三月的夜还是很有些寒意，但步履匆匆的毛泽东丝毫也没有感觉到，他大步流星地来到周恩来住处。

这时，周恩来刚刚睡下来。朦胧间，只听有人在敲自己的窗棂。接着是轻声地呼唤："恩来！恩来！"

周恩来虽一向很警觉，但由于过分困倦，不知不觉间又睡熟了。

过了一会儿，窗棂又响了几声，接着又叫："恩来，你睡了吗？"

周恩来挣扎着睁开眼睛，定神细听，是毛泽东的声音，就一骨碌爬起来。那时，长征中的红军将士们，几乎人人都不脱衣服睡觉，所以起来得很快。

他把煤油灯捻亮，开了门，见毛泽东披着大衣，手里提着马灯，站在夜色里。

"主席，你怎么一个人来了，警卫员呢？"

"他们一个个都困得要死，"毛泽东笑着说，"我没有喊他们。"周恩来把毛泽东让进来，坐下，接过马灯放在桌上，看看手表已经凌晨两点，就笑着问："你怎么还没有睡呢？"

"我睡不着哇！"毛泽东点起一支烟，"关于打鼓新场的命令发出去了吗？"

"还没有。"

"那好。"毛泽东带着庆幸的口吻。"打鼓新场这个仗，我是越想越不放心，也就再也睡不着了。"

说过，他站起来，举着他的马灯，走近地图，用夹着纸烟的黄黄的手指，指了指地图上那个几乎比苍蝇头还要细小的地名，再次陈述他的意见。

他不慌不忙地说："这个打鼓新场，看起来只不过是一个师，而且是黔军的一个师，战斗力并不很强；可是它有城墙，修了碉堡，有比较坚固的工事，弱敌加上工事，就相对地强了。事实上，这个仗是一个攻坚战，一打起来，时间就不一定很短。如果这样，就麻烦了。"

说到这里，他侧过脸望了望周恩来的脸色。周恩来神情严肃，聚精会神地听着，思考着。他看毛泽东一只手举着马灯很累，又搭上了一只手。毛泽东继续指着地图上四面围攻过来的敌人，讲道："我们周围的敌人一共有一百个团，而且相当密集。如果打鼓新场不能很快结束战斗，敌人就会从四面围上来。这样，我们很可能脱身不得，那就晚了。"

他说完，又分别指了指四周的敌人，说："在打鼓新场的北面不远，有黔军的一个旅；西北鲁班场一带有周浑元的三个师；西南的黔西、大方、毕节有滇军孙渡的六个旅另两个团；周浑元和孙渡正好形成对红军的南北夹击；再加上吴奇伟的两个师，已从东面进到了刀把水；川军郭勋祺部已经进占了遵义；

以上都距打鼓新场不远。至于叙永、古蔺、桐梓等地还驻有川军主力，也都会要围攻上来，使红军陷于难以摆脱的重围之中。"

毛泽东有一条长处，就是他善于说服人，善于做说服工作。他有时也急躁，也会大发雷霆，但他有意说服你时，却温文尔雅，不慌不忙，那口湖南话说得铿锵有力。遵义会议的成功当然是由于客观条件的成熟，众多同志的努力，而毛泽东的善于做说服工作，不能不是一个相当重要的因素。今天，为了避免可能出现的危险，他就又来做说服工作了。他把事实和道理说得那么透彻，这里面就包含着动人的力量。马灯被放回到桌案上。毛泽东把道理讲完，就坐下来静静地抽烟。周恩来在灯光下皱着两道浓眉，捻着他的美髯，在认真地思考着。周恩来也有一个明显的长处，他善于汲取人们意见中的合理成分，从不固执己见。他从毛泽东的意见中发现，尽管大家都拥有同样的客观材料，而毛泽东却有更多辩证的思维。他不是只孤立地观察一个条件，而是把这个条件同其他条件联系了起来；他又不是静止地看一个部分，而是从变化中看它的结局。这样他就能通过表面现象更深刻地掌握事物发展。

正在这时，机要员送来了一封电报。周恩来打开一看，惊道："刚才一局破译敌人电文，说蒋介石飞抵贵阳，坐镇指挥。黔军犹旅由西安寨退泮水，向新场推进，滇军鲁旅由黔西火急增援新场，滇军安旅、龚旅亦进。同时川军和中央军周浑元纵队也在集合……"

"果然不出我的所料，新场是个陷阱。立即发电通知各军团停止西进，转头向南猛扑贵阳。"毛泽东因势制变地说，"最近，因为打了胜仗，大家的信心是强多了，可是头脑也有点热了。人们的思想总是这样，一时偏到这边，一时又容易偏到那边，看来不是那么好掌握呀！"说过，他的脸色显得非常明朗，柔和，轻轻地笑起来。

"好，我看这意见很好。天一亮，我就找大家重议一次。"周恩来望着毛泽东点了点头。

毛泽东见周恩来接受了他的意见，心里一块石头落下地了。他的声音有些深沉："恩来，这个棋不好下呀！现在，周围敌人是几十万，我们的战斗部队不过两三万人。只要一步棋走错，就不堪设想！"

毛泽东的深夜来访，使一场可能出现的挫折和损失避免了，这使他感到庆幸。

天一亮，周恩来就召开了一个会议，将毛泽东的意见再次作了说明。

会议意料之外的顺利，大家经过认真考虑，最后同意不打打鼓新场，另觅新的战机。

3月11日，川敌三个旅进占遵义，乌江南岸之敌第一纵队也以一部兵力北渡乌江，向鸭溪、遵义推进。根据当时情况，中共中央决定，中央红军仍以黔北为主要活动地区，控制赤水河上游，以消灭薛岳部和王家烈残部为主要作战目标。3月13日，朱德致电各军团长，指出："依据目前情况党中央政治局决定，我野战军战略方针仍应以黔北为主要活动地区，并应控制赤水河上游以作转移枢纽，以消灭薛岳军团及王家烈部队为主要作战目标。对川、滇敌人须在有利而又急需的条件下，才应与之作战，求得歼灭其一部。""军委以此方针决定：我野战军应向西南转移，求得在转移中与在消灭王家烈部队的战斗中，调动周(浑元)、吴(奇伟)纵队，实行机动，并迅速略取与控制赤水上游的渡河点，以利作战。"(《长征日记》，陈虎著，中国长安出版社2005年版，第202页)

15日，我军主力进攻鲁班场之敌第二纵队，因敌三个师挤在一起、攻击未能奏效，而援敌第一纵队已进至枫香坝地区。我军遂主动撤出战斗，向仁怀以北的茅台地区机动。

★三渡赤水，韩洞庭接受包围叙永的任务。毛泽东说："能打下来就打下来，不能打下来先包围着，不要勉强。"

中国有一条美酒河，那就是赤水。举世闻名的茅台酒，它的产地茅台镇就在赤水河畔。茅台酒酒香清洌，无与伦比，那是人人都知道的。其实，赤水河畔还有一些酒也都不错，它们都是取自这条上天恩赐的流水。赤水河真称得起是一条美酒河了。

不知怎的，中国工农红军与这条河结下了不解之缘，1935年的3月16日，他们来到了茅台镇，又要从这里三渡赤水。

毛泽东、周恩来、朱德和刘伯承在红军行列中步行着，警卫员们牵着马跟在后面。他们由东向西越过一道高高的山梁，向下俯视，已经可以看到赤水河了。红军上次是从二郎滩、太平渡东渡赤水的。那两处多悬崖绝壁，两岸的村庄好似贴在壁上。这里的山势却比较迂缓。他们沿着一条山径下坡，走了许久，才来到有名的茅台镇。也许是春天到来的缘故，在明丽的阳光下，赤水河那湾满当当的流水，显得越发碧绿可爱。对岸一丛一丛的绿竹，也换了新鲜的颜色，倒影在碧波里。只是这数百户人家的茅台镇，太古旧了，多数还是茅草房子，由于风雨的剥蚀，颜色未免显得灰暗。

他们在茅台镇外观望了一回，随后走下陡岸，来到河边。刚要踩上浮桥，从旁边跑过来一个身量不高、戴着近视眼镜的青年军人，向他们打了一个敬礼。毛泽东一看，原来是军委工兵连的连长丁纬，就握着他的手，说："丁纬同志，你这个桥修得好快呀！"

丁纬高兴得嘴都合不拢了。他指指黄桷树上拴着的铁索，解释说："原来这里就有一座浮桥，被飞机炸断了，老百姓听说红军要修，就主动送了几条盐船来，所以很快就修好了。"

"老百姓没有跑吗？"周恩来问。

"没有跑。"丁纬说，"我们一来，他们还放喜铳哩！有人还事先替我们写上标语：'气死滇军，吓死黔军，拖死中央军！'……"

"比我们刚进贵州真是大不相同了！"朱德高兴地说。

丁纬陪着他们踏上浮桥。他看这几位领导人的脸色，一个个都相当严肃，心头像压着什么沉重的东西。走了一截，毛泽东一面走一面端详浮桥，随口问："这些船都给老百姓代价了吗？"

"给了，给了。"丁纬说，"还是和上两次一样，每只船预付损失费三十块白洋，如果没有损失，船仍旧归船户自己。所以他们都很高兴。"

毛泽东显出满意的样子点了点头。

他们越过浮桥，来到赤水西岸。与丁纬分手时，周恩来嘱咐说："这座浮桥修得不错。可是只有一座不行，还要防备被炸断呀。"

"我们还准备在朱沙堡和观音寺两处架桥。"丁纬恭敬地回答。

说过，他们沿着一道斜坡，上了陡岸。毛泽东看见北边不远处有一棵大黄桷树，和沙洲坝他门前那棵樟树不相上下，上面树冠亭亭如盖，下面是一片绿茵茵的草地，周围环境也相当幽静，就用手一指，对大家说："我看不要进房子了，会就在那里开吧。不然飞机一来，又得把我们请出来。"

"好，好，这里便于保密，讨论问题最好。"周恩来说。

说着，大家来到黄桷树下。这里绿草茸茸，还有不少野花点缀其间，大家就随意席地而坐。刘伯承让警卫员铺下一块杏黄色的雨布，又从图囊里取出一张张的军用地图亲手在雨布上拼好。随后吩咐一个参谋说："王柱！你就在那边担任警戒。稼祥同志赶上来，你马上带他到这里，其余的人没有什么要紧就不要来了。"

参谋立刻到路口那边去了。警卫员一看这情形，立刻会意，把茶缸子和水壶解下来，放在首长面前，然后牵着马到附近树林子里隐蔽去了。

长征路上，开会也不算少。总是有那么多重要的事需要集体作出决定。今天的会，似乎不同一些，这从毛泽东、周恩来、朱德、刘伯承几个人脸上少有的严肃而沉重的表情可以看出来。他们聚精会神地凝望着地图，倾听着别人的发言，陷入思考之中。

嗡嗡的飞机声，已经自远而近。时间不大，有两架敌机已经飞到渡口上空。

毛泽东镇定自若，抬起头望了望飞机，仍旧端着他那个旧茶缸子品尝着茅台酒的美味。

"首长们是不是隐蔽一下？"

"这里就很隐蔽嘛！"毛泽东仰起脸望着黄桷树绿伞般的树冠，很香地吃着花生米，"现在蒋介石主要靠飞机侦察，你让飞行员一点也看不到，他回去也不好交账嘛。"

人们笑起来。

正说着，那两架飞机从头顶掠了过去，因为飞得很低，上面国民党的青天白日党徽看得清清楚楚。他们在渡口丢了两颗炸弹，腾起两股黑色的烟柱，都没有炸中浮桥。

毛泽东又呷了一口酒，望着丁纬说："你叫渡口那个连打几下子，吓唬吓唬它！"

"不怕暴露目标吗？"丁纬担心地问。

"不怕。"毛泽东笑着说，"要是蒋介石不知道我们在哪里，他也睡不着觉嘛！"

丁纬立刻去了。

不一时，渡口附近的一处阵地上，响起了哒哒哒的机关枪声。两架敌机不敢恋战，随即遁去。因为飞行员知道，他们在追击红军中已经不止一次地损失过自己的伙伴。

接着，炊事员送了饭来，大家就在树下吃了。饭后，刘伯承请示毛泽东，一军团的先头团已经过来了，是否还要找他们谈谈。毛泽东说："要谈，快把他们团长找来。"

少顷，团长来了。这人生得身高体大，坚实有力，站在那里像半截铁塔似的。周恩来一看，立刻看出他就是过湘江以后在担架上同博古争吵的那个团长，就笑着向大家介绍说："这就是韩洞庭同志，突破乌江的就是他这个团。"

毛泽东笑着说："听说你以前是安源的矿工，来，我这里还有点茅台，你喝一杯。"

说着，就把他的大缸子递过来。韩洞庭不好意思，那张黑脸上微微泛红，连忙推辞说：

"我不会喝！"

"不会喝？我知道，矿工没有不喜欢喝两杯的。"

"叫你喝，你就喝嘛！"朱德也插上说。

韩洞庭双手接过来，一气喝了个底儿朝天，两眼立刻放出明亮的光彩，抹抹嘴，说："首长给任务吧！"

毛泽东示意刘伯承来谈。刘伯承向韩洞庭身边凑了凑，指着地图要他们立即渡河，向古蔺、叙永前进。古蔺由其他部队来打，他们的任务是包围叙永，相机攻占叙永。那里敌人不多，只有一小部分川军。

"能打下来就打下来，不能打下来先包围着，不要勉强。"毛泽东在旁边说。

"打下来以后呢？"韩洞庭问。

"打下来以后么，"毛泽东笑着说，"你就开个群众大会，说我们要坚决打过长江去。打不下来，在城外也可以开个这样的大会。"

韩洞庭眨巴眨巴眼，琢磨着话里的含意，又问："现在就出发吗？"

"对。"刘伯承点点头。

"白天行动？"

"白天行动。"

"好，这个任务好完成。"

韩洞庭临走前打了一个敬礼，笑了。

就这样，针对蒋介石新的部署，毛泽东决定将计就计，故意让红军在遵义地区徘徊，以便吸引更多的敌人前来围攻，当敌军重新逼近时，又掉头西进。

朱德根据集体研究的意见，于3月16日18时下达《三渡赤水河的行动部署》的命令："我野战军决于今16日晚和明17日12时以前，由茅台附近全部渡过赤水河西岸，寻求新的机动。"

3月16日，中央红军在茅台及其附近西渡赤水河，向古蔺、叙永方向前进。接着，攻占镇龙山，击溃川敌一个团，进至大村、铁厂、两河口地区。

在毛泽东、朱德等的指挥下，我野战军按原指定的时间、地点，第三次渡过赤水河，向川南的古蔺、叙永方向前进，摆出北渡长江的姿态。这样，又将各路追敌引向赤水河以西地区。

★四渡赤水，巧渡金沙。毛泽东高兴地说："四川人说刘伯承是一条龙下凡，江水怎会挡得住龙呢？他会把我们带过去的！"

三渡赤水之后，红军再次进入川南。3月19日，红军攻占镇龙山，进至大村、铁厂、两河口地区，摆出北渡长江的姿态。蒋介石估计红军真的要入川了，急忙调整部署，调川、黔、湘三省部队及吴奇伟、周浑元两个纵队向红军进逼，令孙渡纵队集结毕节地区进行堵击。这个自然是企图将红军围歼在长江以南。

红军长长的行列向着古蔺方向走去。此后，他们在古蔺与叙永间一个偏僻的山村里，不折不扣地休息了三四天。

3月20日晨，周恩来拿着一份从空中截获的蒋介石的电报，笑嘻嘻地递给毛泽东说："到底还是来了。"

毛泽东接过一看，"此次朱匪西窜赤水河，麇集古蔺东南地区。我川军各部，在天堂、叙永、站底、赤水河镇防堵于西；周、吴、侯各部沿赤水河流防堵于东与南；黔军现正由此线接防，腾出周、吴两部担任追剿。孙纵队亦向赤水河镇堵剿；郭部由茅台河追击。以如许大兵，包围该匪于狭小地区，此乃聚歼匪之良机。尚望防堵者在封锁线上星夜征集民工，赶筑工事，以筑碉堡为最善，尤须严密坚固，使其无隙可乘。另控制兵力于相当地带，准备迎头痛击，并派多组别动队，遍处游击，阻其行进，眩其耳目。主力应不顾一切，以找匪痛击之决心，或尾匪追击；或派游击队拦击、腰击及堵击；或主力赶出其旁截击。剿匪成功，在此一举。勉之勉之。"（《长征日记》，陈虎著，中国长安出版社2005年版，第210页）

毛泽东看后哈哈大笑，说："他们来了，我们该走了吧！"

周恩来也笑着说："部队经过这几天休息，也差不多了。"

3月20日17时，朱德下达《四渡赤水河的行动部署》的命令："估计尾追我军之郭敌，将配合叙、蔺之川敌及毕节、赤水镇之滇敌等的截击，这使西进不利，我野战军决秘密、迅速、坚决出敌不备折而东向，限二十一日夜由二郎

滩至林雄地段渡过赤水东岸，寻求机动。"(《长征日记》，陈虎著，中国长安出版社2005年版，第211页)

为了进一步造成对方错觉，红军以一支部队继续佯攻古蔺，主力却用神速动作掉头东归，于3月21日晚在太平渡、二郎滩、九溪口四渡赤水。渡河前，党中央、总政治部致电各军团："我再西进不利，决东渡。这是野战军此后行动的发展严重紧急关头。各军团首长要坚决迅速组织渡河，必须做到限时渡毕。"(《长征日记》，陈虎著，中国长安出版社2005年版，第211页)

野战军按照命令，于21至22日，按指定地点四渡赤水，把蒋介石调集的部队置于无用之地。

抢渡赤水后，红军立刻南渡乌江，把国民党军队的重兵全部甩在赤水河西岸和乌江以北，跳出了他们的合击圈。

26日，红军进至遵义、仁怀大道北侧干溪、马鬃岭地区。

27日，红九军团由马鬃岭地区向长干山方向佯攻，引国民党军北向；主力继续南进，于28日突破鸭溪至白腊坎间国民党军封锁线，进至乌江北岸的沙土、安底等地。31日经江口、大塘、梯子岩等处南渡乌江。

至此，中央红军巧妙地跳出了国民党军的合围圈，将蒋介石的几十万军队甩在乌江以北。不仅如此，由于乌江以南国民党军兵力空虚，红军主力突然越过乌江逼近贵阳，着实让此时坐镇贵阳的蒋介石忐忑不安。

4月2日，中央红军以一部兵力佯攻息烽，主力进至狗场、扎佐地域，前锋逼近贵阳。这时，国民党军在贵阳及其周围地区只有第九十九师四个团。正在贵阳督战的蒋介石十分惊恐，一面急令各纵队火速增援贵阳，一面令守城部队死守飞机场，并准备轿子、马匹、向导，准备随时逃跑。

中央红军采取声东击西的战术，进入贵阳东北地区，一方面威胁贵阳，一方面给蒋介石一个错觉，认为红军要向东与二、六军团会合，而主力则在贵阳北通过息烽、扎佐，脱离敌人向东南机动。

蒋介石果然上当，紧急抽调各处兵马随红军后尘也向东疾驰；另一方面调遣军队在瓮安一线布防，防止红军东进。中革军委将计就计，把这场声东击西的戏演得更足。4月5日，红一军团二师六团分别在水尾、中渡等地的清水江上架桥，做出主力即将东渡清水河的姿态，而逼近贵阳附近的一、三军团，则做出准备攻打贵阳的架势。

一军团二师四团占领离贵阳机场不远的霓儿关，到达了贵阳城郊。他们用石灰在墙上刷出"攻打贵阳城，活捉蒋介石！""白军官兵们，不要打抗日的工农红军，掉转枪口，打死压迫士兵们的白军长官！"

此时此刻，贵阳城里只有警备司令王天锡指挥的一个宪兵营、两个消防连及警察四百余人。蒋介石急得如热锅上的蚂蚁，惶惶不可终日。他期待孙渡赶紧率滇军来救。

4月6日，经过一夜煎熬的蒋介石夫妇，终于在早晨从侍从室主任晏道刚的嘴里得知孙渡到了贵阳。蒋介石听到消息，愁容立消，喜上眉梢。而他不知道，滇军为救驾东调，正中了毛泽东"示形于东，意在西进"的计谋。滇军主力离开老巢云南，给红军西进滇境，渡过金沙江打开了通道。

林彪及红一军团顺利完成了佯攻贵阳的任务。随后，军委电告林彪、聂荣臻，要他们马不停蹄地赶到金沙江龙街渡口过江，否则有被敌人隔断的危险。

龙街渡口滩险湍急，两岸山高崖陡。李聚奎指挥红一师折腾了两天还没有进展，桥始终架不起来。第三天，林彪打来电话，李聚奎报告了架桥情况。

"你不要讲情况了，干脆告诉我，队伍什么时候能过江？"林彪问。

李聚奎本来就为这事伤脑筋，一听林彪发问，更着急了："要是干脆回答，那桥架不起来，什么时候也过不了江。"

林彪听罢，顿时火冒三丈，紧训谩骂了半个多小时，然后又问："你说，为什么桥架不起来？"

李聚奎听口气有所缓和，便将龙街渡的水文地理情况作了汇报。林彪这才说："你们再想想办法，我向军委请示。"

不一会儿，军团司令部电告李聚奎："桥不要架了，部队吃饭后休息两个小时，然后出发到皎平渡，在那里渡江。"李聚奎率领一师跟随林聂首长又挥师北上，沿着羊肠小道和乱石滩，一夜急行军六十公里，赶到皎平渡。先期渡江的毛泽东站在渡口北岸的一个崖洞口，等待红一军团。看见林彪、聂荣臻两人走了过来，毛泽东的焦虑之情顿时冰释，眉开眼笑。他高兴地拉着他们的手说："你们过来了，我就放心了。"

其实，中央红军既不想占领贵阳，也不是东去湖南，而是调虎离山，把滇军引出来，以便西进，抢渡金沙江北上。

4月13日，彭德怀和杨尚昆就红军目前行动问题向中革军委提出建议：北盘江两岸石山耸立，居民多为苗族，地形和环境对我作战不利，应乘敌未到，迅速渡过北盘江，向滇急进，扩大机动区域，以便争取主动。这个建议旨在使中央红军跳出敌军重兵包围，迅速渡过北盘江入滇，实现北渡金沙江的意图。

军委接受了彭、杨建议。4月17日，中央红军跨过北盘江，突进云南，连取数城，直逼昆明。而这时，滇军刚被东调入黔，到贵阳为蒋介石保驾，昆明几乎是座空城。云南省主席龙云，生怕红军抄了他的老家，一面向蒋介石呼救求援，要滇军返回，一面急调各地民团前来增援。然而中央红军只在其附近虚晃一枪，跳出重兵包围，即向西北迅速前进。

中央红军分路向金沙江急进。

金沙江穿行在川滇边界的深山峡谷间，江面宽阔，水流湍急，形势非常险要。如果我军不能北渡，则有被敌人压在深谷歼灭的危险。当时，蒋军已发觉红军的行踪，天天派飞机盘旋侦察。

5月2日，军委命令红军分三路向金沙江平行急进：三军团向洪门渡江；一军团经武定、元谋，由龙街渡江；军委纵队由刘伯承率干部团一个营及工兵分队，于4日上午到皎平渡架桥，并侦察其上游各渡河点。

刘伯承接到命令后，率部昼夜兼程赶路一百六十里。他自己化装成国民党中央军军官，指挥干部团闯入敌区公所，全歼当地民团，并缴获两艘木船。随后，刘伯承命令两个排分乘木船，趁夜渡过金沙江，一举歼灭对岸敌厘金局三十多个保安队员，迅速控制了渡口。刘伯承又亲自渡江察看水情、渡口，一面指挥架桥，一面继续寻找船只。后因水流太急，无法架桥。但在当地老百姓帮助下，又找到四艘木船。刘伯承极兴奋地电告军委，称："皎平渡有船六只，每日夜能渡一万人。军委纵队五日可渡河。"（《长征日记》，陈虎著，中国长安出版社2005年版，第266页）军委得知这一情形，即令刘伯承为渡江司令，陈云为政委，在金沙江边山洞里组成渡江司令部，负责指挥部队渡江。

与此同时，原定在龙街渡江的一军团，因江面太宽，架桥不成，又无船只，加上敌机骚扰，未能渡成，在洪门的三军团奋力架起浮桥，仅渡过一个团，桥便被激流冲垮，大队人马滞留北岸。整个金沙江只有皎平渡一处是红军的生路。鉴于上述情况，军委急令一、三军团速到皎平渡渡江。

渡江司令刘伯承一面冷静地指挥和调度部队渡江，一面派出第三营翻山三十里，抢占通安镇，消除敌人对皎平渡的威胁，以保证红军指挥员安全渡江。刘伯承守在江边，亲自指挥部队渡江。5月3日，毛泽东、周恩来和朱德过了江。他们对刘伯承指挥渡江战斗的巧妙和组织渡江工作有方，给予了高度的赞扬。

毛泽东高兴地说："前些天，我们一些同志还担心，怕我们渡不过江去，被人家挤上绝路，当时我就对恩来、朱德同志讲：没关系，四川人说刘伯承是一条龙下凡，江水怎会挡得住龙呢？他会把我们带过去的！"

周恩来也风趣地说："主席的估计是对的，我们不是已经过来了吗?!"

"哈哈哈……"朱德、刘伯承和在场的同志都笑起来，胜利、乐观的笑声在江面上回荡……

经过九天九夜，中央红军的全部人马都渡过了金沙江。刘伯承一直等到最后一班船靠岸，才舒了一口气，下命令说。"把船全部烧掉！让蒋介石望江兴叹罢！"

第二天，当敌军大队人马赶到金沙江边的时候，船只已经烧毁，只见波涛翻滚，烧焦的船板早已随波流走，连红军的影子也看不见了。

飞渡金沙江使我军开始摆脱数十万敌军的围追堵截，尾追之敌被抛在金沙江以南。从此，彻底粉碎了蒋介石企图围歼红军于川、黔、滇边境的狂妄计划，实现了渡江北上的战略意图，取得了战略转移中具有决定意义的胜利。正如聂荣臻后来回忆录中所说，"过了金沙江，我们就真正把长征以来一直尾追我们的蒋介石军队甩掉了，隔了一个多星期的行程，这无疑是长征中的一个巨大胜利。"

★会理风波。林彪抱怨毛泽东："尽走弓背!尽走弓背!不会走弓弦吗？这样会把部队拖垮的，像他这样领导指挥还行?"毛泽东批评林彪说："你懂得什么？你不过是个娃娃。"

抢渡金沙江成功后，为遏阻追敌，争取红军在长期行军作战后，得到必要的休养和补充，中革军委决定红三军团和干部团主攻会理城。会理城有内外两城，城墙高厚，红军没有足够炮火，子弹每人也只有几发，攻城的唯一办法仍是坑道爆破。彭德怀和战士一起奋战五昼夜，于14日晚起爆，却因炸药不足只将城东北角炸塌，城内守军以几挺机枪交叉射击，红军冲不进城，会理未能打下。

红三军团继续围会理，守军龟缩在城内不敢出击。五月上旬红军主力得以在城外休整。

这时，在红军领导层中出现了一场风波。遵义会议后，毛泽东为摆脱敌人的重重包围，指挥中央红军与敌人进行了频繁的战斗和大踏步地回旋转移。红军一些指战员极端疲惫，又对中央战略意图不明，产生了埋怨情绪。红一军团军团长林彪基于这种情绪给中革军委写了一封信，要求改换中央军事领导人。凯丰甚至指着毛泽东的鼻子嘲讽他："你懂什么军事？至多读了几遍《孙子兵法》！"

四渡赤水过程中，林彪虽然忠实地执行了军委命令，但他对毛泽东朝令夕变的指挥作风十分不满，对翻来覆去走路的行军方式尤为恼火。行军途中，他对聂荣臻抱怨道："尽走弓背！尽走弓背！不会走弓弦吗？这样会把部队拖垮的，像他这样领导指挥还行？"

聂荣臻和林彪共事有一条原则：大事不含糊，小事装糊涂。只要涉及原则问题，宽厚随和的政委立即变得严肃认真起来。他对林彪说："我不同意你的看法。我们好比落在敌人的口袋里，如果不声东击西，如何出得去？"

林彪看聂荣臻不同意他的观点，在会理休整期间，便给彭德怀打电话："彭总，现在的领导不成了，你出来指挥吧。再这样下去，就要失败了。我们服从你的领导，你下命令，我们跟你走！"

"遵义会议才改变领导，现在又提出改变前敌指挥是不妥当的。至于我，则更不适当。"彭德怀在电话里拒绝了林彪的要求。

林彪在电话中对彭德怀说："蒋介石和龙云的追兵现在虽然暂时摆脱了，但他们是不会停止追击的。我们前有川军阻截，后面追兵又要赶上，只在这一块狭小地区，是很不利的。我看该由你来指挥，赶紧北进吧！"

"我怎能指挥北进，这是中央的事。"彭德怀回绝了林彪。

林彪有些气馁，他苦笑了一下，对聂荣臻、左权和朱瑞说："彭德怀真倔。"

聂荣臻没想到林彪胆子这么大，竟擅自煽动撤换中央领导。他质问林彪："你是什么地位？你怎么可以指定总司令，撤换统帅？我们红军是党的军队，不是个人的军队，谁要造反，办不到！"聂荣臻警告这位二十九岁的军团长："你不要乱来。如果你擅自下令部队行动，我也可以以政治委员的名义下令部队不执行。"

林彪清楚这话的分量。在红一军团中，政委和军团长的威望一样高，从某种程度上讲，师团级干部和政委在感情上更亲近一些。林彪固然不敢擅动部队，但也没有就此罢休。几天后，他写了一封给中央三人指挥小组的信，要求朱、毛随军主持大计，让彭德怀指挥作战，迅速北进与红四方面军会合。很明显，这封信的中心意思，就是要毛泽东下台。林彪把信交给聂荣臻看后，请他签名。

聂荣臻看完信，拒绝签名。他十分严肃诚恳地对林彪说："革命到了这样的紧急关头，你不要毛主席领导，谁来领导？你刚刚参加了遵义会议，现在又反对遵义会议，这个态度是很错误的，是违反纪律的。况且你跟毛主席最久，现在你应该相信毛主席，只有毛主席才能挽救危局。我不能签这个名，我也坚决反对你签名上送这封信。"

"天马行空，独往独来"的林彪没把聂荣臻的劝告记在心里，他最终还是发出了这封信件。

接到林彪的信件，阅毕全文，毛泽东吃了一惊，但很快便镇定下来。他又一次宽恕了林彪。林彪信的大意是：毛泽东指挥军队作战是不行的，应当解除其指挥权，让彭德怀指挥中央红军北进，与四方面军会合。

毛泽东断定这封信是林彪的语言、彭德怀的思想，认为林彪是在比他年长八岁的彭德怀煽动下写成这封信的。

于是，5月12日，毛泽东在会理城外一个铁匠铺里召开了中央政治局扩大会议。会上，毛泽东严厉批评了彭德怀对中央"不满"的错误："林彪的信就是你鼓动起来的!"

对于会议的批评，彭德怀觉得突如其来，且与实际情况有出入，但大敌当前，他感到应以团结为重，当时在红三军团指战员中也确实存在着一些怀疑、埋怨情绪，遂承担责任，作了自我批评。"坚决拥护新领导，继续北上，与四方面军靠近。"他批评林彪说，"遵义会议才改变领导，这时又提出改变前敌指挥是不妥当的，提出我更不适当。"同时声明，"这封信，事先我不知道。"

林彪对此却缄口不语，俨然是一个受害者。他闷坐在条凳上，斜瞄了毛泽东一眼："我给中央写信，没有其他想法，主要是心里烦躁……"

没等林彪继续讲下去，毛泽东批评林彪说："你懂得什么？你不过是个娃娃。"

毛泽东批评林彪的口气并没有批评彭德怀那么严厉。他对林彪说："这段时间我们的战略方针是对的，毋庸置疑。渡过金沙江后，我们不是摆脱国民党的追兵了吗？不是实现了原定的计划渡江北上了吗？下一步棋，就是研究如何同张国焘、徐向前的部队会合了。为了实现总的战略目标，我们多跑点路，走了一些弓背路，这又有什么关系呢？打仗就是这样，为了进攻而防御，为了前进而后退，为了正面而向侧面，为了走直路而走弯路。这值得发什么牢骚？讲什么怪话？天下的事，有时是不以人的意志为转移的，你想这样做，却偏偏一下子办不到。但转了一个圈，事情又办成了。总之，遵义政治局会议后，中央的领导是正确的，要相信，不能有丝毫的怀疑和动摇。"

第四章

飞夺泸定桥

——杨成武率兵书写传奇

此战，红军行动迅速，作战英勇，仅以 22 人便夺取了泸定桥，堪称奇迹。中央红军主力顺利通过天险大渡河，使国民党军让红军成为第二个石达开的梦想破灭。1935 年 5 月上旬，中央红军长征从云南省皎平巧渡金沙江后，沿会理至西昌大道继续北上，准备渡过大渡河进入川西北。5 月 25 日，红一军团(总指挥林彪、政委聂荣臻)第一师第一团(团长杨得志)十七勇士在冕宁县(今石棉县)安顺场强渡大渡河成功。此处水深流急，难以架桥，加之缺少船只，大部队难以在几天之内全部渡过河。此时蒋介石急调川军两个旅增援泸定桥，在追军迫近的情况下，中央革命军事委员会为迅速渡过大渡河，决定夺取泸定桥，打破国民党军企图围歼红军于大渡河以南的计划。红一军团第二师第四团(团长黄开湘，又名王开湘，政委杨成武)，于 27 日由安顺场出发沿河右岸前进，在猛虎岗、摩西等地先后击破国民党川军的阻击，经两昼夜强行 160 公里，于 29 日晨占领泸定桥西桥头。当日 16时，红四团第二连以连长廖大珠为首的 22 名勇士组成突击队在全团火力掩护下冒着守军的密集火力，攀踏着铁索向对岸勇猛冲击，当接近桥头时，川军突然施放火障，突击队勇敢地穿过火墙，攻占桥头堡，冲进泸定城，同川军展开巷战。红军后续部队紧随渡河，及时投入战斗，占领泸定县城。川军一部被歼，其余向天全溃逃。与此同时，红一师和干部团击溃川军的阻击，胜利到达泸定城，策应了红四团的夺桥战斗。

★刘伯承带领红军先遣队通过大凉山彝族区，与小叶丹彝海结盟，顺利地来到了大渡河边。

1935 年 5 月上旬，中央红军长征从云南省皎平巧渡金沙江后，沿会理至西昌大道继续北上，准备渡过大渡河进入川西北。

红军一路攻占德昌、冕宁等地。现在，在他们前面的是大凉山彝族同胞聚居区和天险大渡河。

尾追的国民党军队进至金沙江一线，川军则迎头向大渡河急进，以堵截红军。红军要摆脱前后夹击，必须迅速抢渡大渡河。为此，中革军委组织了红军先遣队，刘伯承兼任司令员，聂荣臻兼代政治委员，率领第一师第一团、一个工作队、一个工兵排，配备了电台，北上开路，直指安顺场渡口。从冕宁到安顺场中间隔着大凉山彝族区。历代统治者对彝民欺压、盘剥，使彝族、汉族之间形成了尖锐的民族矛盾。如何通过大凉山成了先遣队的第一个难题。

四川是一个少数民族众多的省份，红军经过的地方又多是少数民族聚居的地区。过去，由于国民党欺压少数民族，在民族间挑拨离间，制造仇恨，使民族问题极为严重。当红军到达这些地区时，反动派又派遣特务，收买少数民族中的败类，唆使他们与红军为敌。这样，能否妥善处理同少数民族的关系，对红军长征有着相当大的影响。

当红军先遣队将到西昌时，国民党急调所谓四川"彝务指挥官"邓秀廷的两个正规团和附近彝民武装近万人，拦阻红军。刘伯承调查到这一情况，立即派人送信给邓秀廷，耐心地做说服工作，说明红军路过彝区，目的是北上抗日，不与彝民为敌，不占彝区防地。邓秀廷早年在川中带兵，深知刘伯承善于打仗的底细。再者，他从刘伯承的信中得知，几十万蒋介石正规军尚挡不住红军队伍，自己更不是红军对手。于是，邓秀廷仅仅摆了个迎战架势，旋即撤回原防地，向上司敷衍交差。

5月21日，先遣队在占领冕宁后立即打开监狱，放出了作为国民党统治者的人质而被关押的彝族首领，从而为红军通过彝族区创造了一个良好的气氛。5月22日，先遣队开进大凉山。

山沟越来越窄了。长长的穿着杂色衣服的红军队伍，在窄窄的山径上蜿蜒行进。两侧是高山，密林，奇峰，怪石。山谷幽静得近乎死寂，只有山溪在深谷中低低絮语。山坡上开满了红的、白的、紫的杜鹃花。景色确是美丽非凡，红军将士却无心观赏，而且有些忐忑不安，因为他们已经进入彝族区了。

今天的行动究竟是吉是凶，没有人能说得清楚。山谷和森林间雾气沼沼，就像雨雪霏霏的天气，使人觉得眼前的景象神秘莫测。

战士们在接近彝族区的时候，听到了不少传说，说这是诸葛亮和孟获反复争战之地，至今山里还有孔明寨的遗址。看过《三国演义》小说的人还说，山里面有什么哑泉、灭泉、黑泉、柔泉。这些水都吃不得，喝了哑泉的水，就顿时说不出话，过不了几天就死了；那灭泉滚得像热汤，洗了澡，就会骨肉尽脱；黑泉只要溅到身上，手足都变得乌黑；柔泉冷得厉害，人喝了，就通身冰凉，没一丝暖气。这些神话般的传说，使眼前的景物变得虚幻迷离。

走了不远，来到一个山坳。远远近近仍是翁郁的森林，只有一小片一小片的包谷地。忽然，山头上响起一片威严的、有力的、令人心悸的呐喊声：

"呜嗬——呜嗬——"

这种喊声，充满着敌意，是他们从来没有听到过的。红军将士彷徨四顾，看见西边山头上出现了一片杂乱的人影。这些黑色的小小的身影，在山岭上健步如飞，衬着天幕看得十分清晰。刘伯承取下他的单筒望远镜，正想看个仔细，人影已经隐没在森林里了。瞬息间，东面一带山岭又出现了一片同样的喊声：

"呜嗬——呜嗬——"

刘伯承把望远镜移向东面一带山头，很快健步如飞的身影又隐没到森林里了。

果然，还没有走出这个山坳，队伍就停住，走不动了。不久，从前面跑过一匹马来。一个随同前卫营行动的参谋翻身下马，来到刘伯承、聂荣臻面前打了一个敬礼："报告刘司令员、聂政委，前面过不去了。"

"怎么回事？"刘伯承盯着参谋。

"彝民拿着枪刀棍棒，挡住去路，不让过了。"

刘伯承同聂荣臻交换了一下眼色，意思是"果然出现了这样的事"。随后命值班参谋找肖彬来。不一会，肖彬从前面队列里跑了过来。他是南方人，小个子，腰里带着短枪，人生得聪敏灵活，二十岁刚刚出头，已经当了某师的师政委。这次为了过彝族区，把他调到工作团随同先遣队行动。

"前面过不去啰！"刘伯承用小竹竿敲敲地面，"你带着人去看一看吧，要他们派出代表来谈，语言、行动都要小心谨慎。"

"要耐心，反复宣传我们的政策。"聂荣臻说。

肖彬满有信心的样子，带着几个人随同参谋到前面去了。他们急匆匆地赶到部队的最前面，看见先头营的战士们都坐在路边焦灼地等候。两边山上不时发出"呜嘀——呜嘀——呜嘀——"的喊声。循着喊声看去，山上坐满了人。前面是一片乌森森的丛林，唯一的一条道路，正从丛林中穿过，而那条路上却有好几十个彝民在那里把守着。他们一个个剽悍异常，披着头发，赤着膊，光着脚，手里拿着枪、刀、长矛、弓箭，不断发出威严的喊声。

肖彬等人来到尖兵的位置，距那些手持枪刀棍棒的彝民不过一箭之遥。这里懂彝话的，只有从大桥镇请来的一个"通事"。这通事是名汉族小商人，因为常跑彝区，颇懂得些彝语。人也很热情，肖彬同他讲了一下喊话的事，他也答应了。肖彬就先教了他几句，让他喊起来。通事未发话以前，先学彝人那样"呜嘀——"喊了一阵，果然两边山上和拿枪刀棍棒的人都静了下来。通事接着用彝语喊道："彝族同胞们！彝族同胞们！我们是中国工农红军，今天是借道通过这里，是不会加害你们的……"

肖彬睁大眼睛观察着周围的动静，见那些彝人交头接耳喊喊喳喳了一阵，却没有任何表示。肖彬怕对方没听清楚，叫通事重复喊了一遍，仍然没有反应。他叹了口气，对通事悄声说道："看来得麻烦你走一趟了，你去同他们商量，叫他们派代表来。"

通事还真是不错，立刻点头答应，迎着拿枪刀棍棒的人走了过去。远远看见，通事和彝民站在那里说了好大一阵，才有五六个人跟着他走了过来。可是只走到中间位置便停下来，不走了。通事向这边摆了摆手，肖彬带着几个工作队员走了过去。

肖彬走到彝人面前，满面笑容地同他们挥了挥手，招呼他们随便在草地上坐下。接着向他们解释红军的政策，通事一句句作了翻译。讲了半天，他们眼睛里仍然流露着疑惧的神情。别人都不说话，只有其中一个瘦高个子的长者咕噜了几句。

"他说什么？"肖彬问通事。

"他说，娃娃们要点钱让你们通过。"

肖彬一听，喜上眉梢，就随口问："要多少钱？"

通事刚翻译过去，那瘦高的长者就伸出了两个手指头："要二百块。"

肖彬立刻让工作队员数了二百块大洋，笑嘻嘻地往地上一放。

那瘦高的长者抓了一把，其他四五个人也拥上来一抓一抢，笑嘻嘻地跑回去了。

肖彬见前面拿枪刀棍棒的人仍旧阻住去路，丝毫没有让开的样子，心里十分懊丧。不得不再次央求通事前去找代表谈判。

过了好大一阵，又找来了三个人。肖彬这次又同他们解释了好长时间，其中一个黑汉说："刚才你们的钱给了罗洪家的，我们沽基家的娃娃，也要给他们一点。"

正乱着，忽见谷口扬起烟尘，几匹马飞驰而来，为首的是当地彝民首领小叶丹。工作队向这个头人宣传了中国共产党的民族政策，表明了红军借路北上的意思。

小叶丹很认真地听了，但从他的目光看，却并未全信，只是简单地说："你们的司令员在哪里？我要见他……我们可以讲和不打。"

肖彬高兴地笑了一笑，立刻答应带他去见刘伯承司令员。说着便同小叶丹一起站起来向回路走。

穿过一座长长的森林，来到一座幽谷。这里靠山有一个小湖，名叫袁居海子。湖面水平如镜，清澈见底，周围树木翁郁，映在湖水里，显得格外幽深。湖边还有三五间草房。这里气候清爽宜人。

这时，对面也有一伙人沿着海子边走来。肖彬一看，来的正是刘伯承和指挥部的几个人。在这之前，肖彬已经派人作了报告。待走到面前，肖彬就指着刘伯承说："这就是你要见的刘司令员。"

小叶丹一听是刘司令员，立刻解头上的包头，弯下腰去要行跪拜之礼，刘伯承急忙抢上一步用双手把他搀住，说："都是兄弟，是平等的，不要这样。"

从头人的话里得知，当地的两个大部落沽基家和罗洪族正在"打冤家"。小叶丹便是沽基家的首领。沽基家想要红军帮助他们打罗洪族，表示友好。刘伯承、聂荣臻决定不介入他们的矛盾，宣传彝、汉一家，一起打反动派的思想，然后与小叶丹谈判。

刘伯承是个老四川，在川西也活动过，对当地的地理、风土人情、语言比较熟悉。他操着当地方言，与小叶丹谈得很投机。谈判时，聂荣臻坐在一旁，他虽然也是四川人，却不懂这里的话。小叶丹提出歃血为盟，跟随他的彝民提了一只公鸡来，用刀尖割断鸡脖子，把殷红的血滴在碗里。刘伯承与小叶丹喝了鸡血酒，对天宣誓：谁要是毁盟、背盟就要像这只鸡一样死掉。最后达成协议，沽基家愿意护送红军通过彝族区。这便是被后人所传颂的"彝海结盟"的故事。

先遣队回到大桥镇，当晚大排酒宴。大家都知道彝族兄弟嗜酒，几乎把镇上的酒都买来了。席间又宰了一只白公鸡，再次喝了血酒。这次真是开怀畅饮，越喝兴致越高，越饮友情越浓。小叶丹喝得兴起，大碗的酒，毫不犹豫，端起来一气喝尽。他的性格本色，也祖露了出来。他一只脚蹬着凳子，豪迈地说："明天我一定亲自送你们过去，如果罗洪家的胆敢捣乱，你们打正面，我从山上打过去，打到林子里，把他全村都烧光！"

刘伯承、聂荣臻劝他还是不要动武，他把脑袋一拍，叫道："我小叶丹决不怕他！"

刘、聂二人讲了好多道理，说要想打倒军阀、打倒汉官，自己的民族非团结不可。刘伯承还向小叶丹伸出一个指头说："你看这一个指头有什么力量？它是没有力量的，可是你把十个指头一攥，就有力量了。"说过他还攥起了两个拳头，小叶丹哈哈地笑了。最后刘、聂决定，建立"中国红军沽基支队"，由小叶丹任支队长，并授给他"中国红军沽基支队"一面红旗，还赠送了他一批枪支。小叶丹高兴万分。宴会后，小叶丹和他的娃娃们，呵呵笑着，已经是醉意十足了。

第二天早晨，晨风拂拂，朝阳初露，先遣队浩浩荡荡向大凉山进发。走在最前面的就是小叶丹，他威风凛凛地骑在大黑骡子上，后面跟着他那背梭镖的"娃娃"，显得踌躇满志，意气飞扬。刘、聂二人心头轻松，相顾而笑。由于小叶丹早已派人通知了各个村寨，气氛与昨天大不相同。路两旁站着彝族的老老少少，男男女女，有人手里还拿着红旗。他们差不多全是赤身露体，只围着一块麻布，眼光里却充满真诚和笑意。红军来到面前时，他们就笑嘻嘻地跑上来要东西，要钱，对那些骑马的"官长"，更是跟着你的马走出很远。有人抓着战士们的毛巾一面笑着就跑开了。由于红军总政治部早有通知，在通过大凉山时，要求每人准备一件赠送彝族兄弟的礼物，所以送了彝族群众不少东西。只有野花流水的荒僻的山沟里，充满着欢声笑语。

先遣队在小叶丹四个"娃娃"的带领下，又继续前进了。每过一个村寨的时候，山上就发出"呜嗬——呜嗬——"的喊声，这四个"娃娃"也就"呜嗬——呜嗬——"地回应，对方知道是自己人，也就不再拦阻。后来每经过一个村寨，还交换一个人带路，人们开玩笑说："这简直跟中央根据地差不多了！"这是任何人也不曾预料到的。

由于有小叶丹的护送，红军比较顺利地通过了彝族区，又经过70公里的强行军，接近了安顺场最后一段极其难走的路。天色漆黑，细雨霏霏，指战员的衣服全被打湿了，山风一吹，寒气透骨。部队沿着弯弯曲曲的山路，踏着滑溜溜的石子，快步前进。这时候，人们头脑中盘旋多日的大凉山的神秘感已经消逝。

刘伯承与彝民沽基部首领小叶丹结盟一事，表现了共产党人以抗日大业为重，尊重少数民族习俗，善于团结一切革命力量的气魄和胸怀，是我党我军执行民族政策的光辉典范。

★十七勇士强渡大渡河。刘伯承说："石达开就是在这里全军覆灭的，但红军不是石达开！"

红军先遣队继续向大渡河挺进。

翻过一座大山，行进中的战士们听到前面传来轰隆轰隆的响声。他们知道，自己可能已经来到大渡河畔。战士们看不到河水，但却能看到蒙蒙雨雾中的点点灯光，那便是要夺取的安顺场。

安顺场是个200户人家的场镇，为沿河七个场的头一场。它的北面是吼声如雷的大渡河。大渡河从北向南奔泻，快到安顺场时拐了个弯，掉头向东去了。奔腾的大渡河就处在巍巍的营盘山下。

听到涛声，望见灯光，刘伯承和聂荣臻以及很多红军指战员脑海中都重现了石达开的历史悲剧。那是在翼王石达开与洪秀全分裂后，率部挺进浙江、福建、江西，转入湖南，声势震荡，威慑清廷。然后，他南下广西，驰骋于川黔之交，奔突万里，连下百城，飘然若风雨，声势如霹雳，涉奇险，蹑幽径，使官军震眩失措，防不胜防。同治二年（公元一八六三年）三月，他率众由云南进入四川边界，派其先锋赖裕新率众四万，自宁远日夜兼行，引官军追击北上，俾南路空虚，亲率四万人马渡过金沙江，抵达大渡河畔。当时，大渡河北岸（大渡河从安顺场起，由原来的北南走向转为西东走向），尚无官军，石达开组织部队扎营造船，指挥前锋抢渡，至天黑，已经渡过一半人马。但石达开担心前锋遭到背水作战的局面，于是下令，把渡过河的一万余人又撤回来了。石达开的决心未能如愿，大渡河水陡高数丈，四万人马被阻于南岸，营盘山上扎满了军营。待水势下落时，官军由四面八方蜂拥而至。他进退两难，粮食断绝，乃决一死战，向将士慷慨陈词："吾起兵以来十四年矣，越险岭，济江湖，如履平地，虽遭难，亦常嘘而复奋，转退为攻，若有天佑，今不幸陷入绝境，重烦诸君血战出险，毋徒束手受缚，为天下笑，则诸君之赐厚矣！"他泣涕稽首，激励军心，誓于死中求生，乘夜强渡，但失败了。在全军覆没之前，他自沉五个妻妾、两个幼子于大渡河的水流中，写下"大江横我前，临流易能渡"的诗句，发出无可奈何的悲叹。就这样，石达开和他的四万太平军勇士，全都壮烈牺牲。

石达开和他的农民革命军从地球上被抹掉了！巍巍的营盘山，留下漫山遍野的荒冢。民间传说，大渡河畔，营盘山坳，太平军的怨魂常在黑夜哭泣，高叫复仇。辛亥革命的先驱者们，在河畔一座陡峻的石山顶，为他们树立起一块花岗石纪念碑，碑文慷慨悲愤。高高的纪念碑，年复一年地听着大渡河水永远唱不完的悲歌。

每一位到过大渡河的人，都不能不为之所动。因为，就是这一条河，曾经阻拦过一支声势浩大的农民造反队伍，使太平天国的一支劲旅全军覆没。

1984 年春夏，有一位年近八旬的美国老作家索尔兹伯里偕同妻子，满怀兴致地沿着当年红军走过的路线踏勘了长征路。他还未看到大渡河的时候，远远地就听到了大渡河水的咆哮。当他走近大渡河的时候，看到了如下令人惊骇的景观：红军走过的路，是绝壁上硬凿出来的栈道。还有那蜿蜒缠绕、高低起伏的羊肠小道。河的左边是刀劈一样高入云端的峭崖陡壁，山腰以上堆满了银光耀眼的积雪。这里的积雪终年不化，走在中间，寒气逼人。再往右看，大渡河水汹涌澎湃，像一条的白色巨龙，盘桓在数丈深的峡谷里，闪着寒光，吐着白浪，令人心惊目眩，稍一失足，就有落入这万丈深渊的危险。

看到这些，美国老先生发出了感慨："大渡河水流湍急，几乎是从正北流向正南，然后东折，泻入成都南边长江的一大支流岷江。大渡河两岸峭壁耸立。五月里，黑色的崖壁上开满了杜鹃、玫瑰和种种蓝色和黄色的花朵……这里美得出奇。但对一支军队来说，又是出奇的艰险——渡江艰险，登攀陡峭山崖上的小路也很艰险。河并不宽，但其流速和多变的流向以及水中的漩涡和礁石令人望而生畏，这是个危险的去处。"（《长征》，[美]哈里森·索尔兹伯里著，解放军出版社，1986年版，第272、273页）

追昔抚今，刘伯承想到的是红军怎样避免历史悲剧的重演。

刘伯承跳下马，站在江边的高石块上，面对着滔滔江水，深沉地说："同志们，石达开就是在这里全军覆灭的。这是我们红军的又一个生死关头。但是，红军不是石达开！同志们，历史是有许多相似的东西。我们红军也是造反的队伍，七十多年后我们也被逼入困境，来到这个鬼地方。大家看看，我们红军经过万里征战，抢渡金沙，越过彝区，差不多也是沿着石达开行军的路线来到古战场营盘山扎了营。从时令上说，红军到达大渡河畔比石达开要晚半个月，已进入洪水期，水高浪险，更加危急。我们这几万大军，隐蔽在沟沟岔岔里。和石达开相比，我们所面临的形势却要严峻得多。"

聂荣臻接着说："同志们，我们要重视历史，要看到困难。在军情方面，蒋介石师法清代将领骆秉璋对付石达开的战役部署，命令薛岳指挥周浑元、吴奇伟等三个纵队，追击红军；电令刘文辉加强大渡河北岸的防御；电令杨森率全军经乐山、雅安直赴大渡河；又恐增援不及，并令刘湘先派第二十一军第二师第六旅赴汉源、富林加强防御。这样，下到富林、上至泸定桥沿河陈兵，真似铁桶一般。此外，并叫河防部队搜集船只、粮食及一切可供红军利用的物资器材，还利用特务唆使少数民族阻挠红军前进。蒋介石一切部署就绪，他的口号是：'让共产党做石达开第二！'但是，他高兴得过早了。"

然而，摆在红军面前的任务还是十分艰巨的。此时，尾追红军的国民党"中央军"薛岳部队已进至金沙江南岸，而前头截击的国民党四川军阀刘文辉、刘湘、杨森的部队，则在向大渡河急进。红军如果不能迅速渡过大渡河，势必被迫向西转入更为艰苦、困难的川康地区。

刘伯承和聂荣臻一起，前往担任前卫任务的一团一营。路十分难走，刘伯承视力又差，聂荣臻握着前不久缴来的法国手电筒为战友照路，一路滑滑跌跌来到前卫营所在地的一幢小草房，派人叫来一营营长孙继先。

这间草房很小，原来是老百姓挖煤的小棚子，四壁乌黑，一支洋烛忽闪忽闪地跳着。刘伯承和聂荣臻见孙继先进来，招呼他坐下。聂荣臻说："前几天看到敌人飞机扔下的传单，说我们毛主席要成为石达开第二了。石达开是什么人？是太平天国起义军的名将，官封翼王，七十多年前率起义军转战到这里，就是因为没能渡过大渡河，全军覆没，石达开本人也被清军杀害。现在我们前面是川军重兵扼守的大渡河，后面是金沙江和薛岳、周浑元、吴奇伟等几十万追兵，往西南是八百里荒凉地区，与当年石达开的处境极为相似。但是，我们不是石达开，我们是中国共产党领导的工农红军，我们一定要渡过河去！"

刘伯承接着严肃而又简短地交待了任务："第一，消灭安顺场的守敌；第二，迅速找到船；第三，在黎明前完成渡河准备。"刘伯承最后说："孙继先，记住，每个任务完成以后，点一堆火。"

聂荣臻和刘伯承在小煤棚里焦急地等待胜利的信号。可是，一直等到凌晨两点多，也没见点起的火光，两人便到河边找到孙继先。刘伯承责问道："怎么搞的，为什么不发信号？"孙继先没有吭声。聂荣臻便问："到底情况怎么样？"孙继先这才说："慌了，忘了点火。"接着便把战斗和搞船的情形作了简要报告。

原来，部队开始行动后，敌人没有发觉，一直插到安顺场街心，敌人正在屋里拉胡琴唱戏，红军冲到跟前，敌人的哨兵才惊慌地喊："哪一部分的？"

只20分钟就把两个连的敌人解决了。孙继先赶快派出一支小分队找船。好不容易在离镇子一里远的下游，发现有一条船，停在岸边。那条船上的敌人一见不好，正要划走，战士们跳进水里，用机枪兜空一扫，把敌人唬住了，这才夺得了唯一的一条小船。

刘伯承听完报告，点头说："好吧，一营睡觉，明天一早强渡！"

拂晓，聂荣臻和刘伯承来到河边，对大渡河实地勘察。大渡河不算宽，不过百米，但白浪滚滚，流速惊人，每秒四到五米，水深30米。南岸平缓，但对岸陡峭，有一处石壁被劈开，用石块砌成四十多级的台阶，那便是渡船靠岸的去处。阶梯的顶端是敌人的工事：三个独立家屋，有半人高的围墙，四个碉堡俯视着整个河面和台阶，周围布满散兵壕，由一营放军据守。要夺下这个渡口，必须组织一支精悍的部队，乘坐唯一的小船，强渡过去，夺取敌人工事。

七点多钟，一营集合，由带领工作队的萧华作战斗动员。他讲了渡河的意义，然后提高了嗓子问："同志们，谁愿意坐第一船过去？"话音未落，会场沸腾起来，所有的人都高喊着坐第一船，嗓门一个比一个高，一片喊声，把大渡河水的响声都给压住了。这一来，萧华不好办了。他扬着手叫大家静一静，但哪里静得下来。一营二连一个十六七岁的小通信员尤其争得厉害。

聂荣臻见部队斗志如此昂扬，心里十分高兴，站起来，向大家做了个手势，一片声浪戛然而止。他说道："算了，由你们营长下命令吧，叫谁去谁就去！"

突击队这才成立起来。整个突击队由17名勇士组成。他们以二连一、二班为主，加上连长、排长和几个班长，还有那个争得最厉害的小通信员。他们的姓名被镌刻在了大渡河畔的纪念碑上：连长熊尚林；排长罗会明；班长、副班长刘长发、郭世苍、张表克、张成球；战士张桂成、萧汉尧、王华停、廖洪山、赖秋发、曾先吉、萧桂兰、朱祥云、谢良明、丁流民、陈万清。

突击队每人一支驳壳枪，一挺花机枪，一把马刀，六七个手榴弹。在连长熊尚林带领下，跨上了小船。

刘伯承、聂荣臻站在河边工事里，先用望远镜观察了一下对岸敌军的阵容：敌人都缩在工事里，四个大碉堡露出黑黢黢的射口。他们又看看自己的阵容：离河边几十米的一条稻田田埂上，机枪一字形排开。在机枪阵地旁边，神炮手赵章成在一块坑洼地里架起了他的迫击炮。

5月25日9点整，刘伯承下令开始强渡。

冲锋号声、机关枪声在大渡河的河谷中形成强大的声浪。"轰！轰！"两发炮弹在敌人的阵地爆炸了。

二连连长一招手，锚绳解开了，小船在水面上一颠一颠地冲向河心。

所有的目光都集中在小船上了。

小船的行速显得那样慢，而敌人的枪弹又是那样密。一会儿小船被浪花遮住，一会儿又被浪花推出。所有人的心都随着小船的起伏剧烈跳动。大家忘掉了自己，陆续爬出壕沟，站到岸上。聂荣臻和刘伯承也走出工事，挤到前面。号声突然停住，萧华几步跑到号位，夺过号角，挺起胸膛吹起来。

小船终于驶过中流，接近岸边死角。

可是，当地人叫做"爆花水"的回浪把小船打回激流。船无法利用死角对准敌人的碉堡冲过去。碉堡的机枪向小船疯狂扫射。

赵章成是个神炮手，他手托炮弹，眼望碉堡，定好了射击诸元，接着炮弹便向敌人的碉堡飞去，硝烟把碉堡和机枪的扫射声一起吞没了。

小船靠上了古老的码头。突击队员跳下来。聂荣臻心里数着：一个，两个……"一船勇士全活着！"他止不住心头的高兴，大声地对刘伯承说着。

小船返回。突击队发起众寡悬殊的仰攻。敌人的滚雷、手榴弹从战士的身边滚过，在岸边爆炸。突击队要接近碉堡了，两百多敌人发起反冲锋。

一团团长杨得志命令赵章成："给我轰！"

赵章成并不回答，立起身，右腿迈出半步，闭着一只眼像木匠吊线一样瞄了瞄，把手里托着的那枚炮弹呼啦装到炮膛里，接着"嘭"的一声就飞上了大渡河的上空。这枚炮弹还没有落下，第二枚炮弹又"嘭"地飞上去了。

赵章成技艺高超，他伴随步兵冲锋时，胳肢窝里夹着炮筒，能够接连使五六发炮弹同时升在空中，然后在敌群中像连珠炮似的爆炸，这样一来，阵地没有夺取不了的。今天只有这两发炮弹也只好如此了。在这危急的时刻，整个大渡河南岸的人们，仰头望着这两只飞上空中的"小黑老鸹"，一个接一个地不偏不倚地落到了敌群。一群乱哄哄的敌人立时被两团浓烟淹没。烟雾消散时，已有一大片敌人倒在地上，剩下的爹呀妈呀地叫着四散逃命。这无疑给轻重机枪提供了一个最好的射击机会。尤其是脸色黑黑的土佬，紧紧抱着他那挺重机枪，像多日不吃东西的饿汉，用标准的点射，把那些家伙一个一个打得东倒西歪，不一时全削倒了。

"好哇！打得好哇！"阵地上一片喝彩声，人们简直像看什么竞技表演一样鼓起掌来。

"这两个龟儿子硬是打得好！"刘伯承连声称赞着。聂荣臻哈哈大笑，像他这样放声大笑也是很少见的。人们清楚地看到，攀上石级顶端的十七名勇士，正在山坡上散开，亮起大刀飞步而上。在接近围墙时，他们纷纷把手榴弹投到围墙里，顷刻间三座家屋周围，全是蓝色与绛红色的烟尘，紧接着，十七名勇士又纷纷跳到围墙里去了……

刘伯承与聂荣臻相继放下望远镜，长长地吁了口气，相视而笑。

"总算一块石头落了地了！"刘伯承说。

聂荣臻点点头，掏出手绢，擦了擦额头上亮晶晶的汗水。那是刚才敌人反扑时急出来的。

这时，那只满身披着光荣的船只，已经回到南岸，第二批勇士正纷纷上船。等到这只船再度回来的时候，杨得志已经蹲不住了，走到刘、聂面前，说："报告刘司令员，聂政委，我得要上去了。"

"再等一等吧！"刘、聂都笑着说。

"不，敌人还有可能反扑，没有指挥不行！"说着，他向木船跑去，不一时，就看见他那短小精悍的身影挺立在船头上。在明灿的阳光里，可以看见他背上那把斜插着的大刀，刀把上垂着一条长长的红绸子，显得格外鲜红。

杨得志随部队渡过激流。聂荣臻做了一个深呼吸，与刘伯承交换了一下喜悦的目光。

5月25日，红一师第一团在安顺场胜利地渡过了大渡河。

26日，朱德和毛泽东、周恩来等到达安顺场。林彪率一师二团、三团也来了。

朱德对到村头来迎接他们的刘伯承说："先遣队逢山开路，遇水搭桥，功劳不小。"

刘伯承笑着说："总司令先别论功行赏，我正为这大渡河架不起桥来发愁呢。"

大渡河水深流急，无法架桥，附近又找不到其他渡船，数万大军如果只靠现有的一只小船，即使昼夜不停，也需要一个多月才能全部通过，而迫敌正气势汹汹地向大渡河扑来，时间决不允许那样做。此时，传来消息，刘湘、刘文辉、杨森的部队已离大渡河不远，薛岳、周浑元的部队也在日夜兼程追击进逼。

毛泽东主持在大渡河畔开了个小会，召集聂荣臻、刘伯承、林彪开紧急会议，指出船少人多，大部队短时难以渡完，必须迅速夺取大渡河上游的泸定桥，红军主力才能跨过大渡河。毛泽东沉重地说："情况十分危急。抢占泸定桥，这是一个战略措施。只有夺取泸定桥，我军才能渡过大渡河，才能避免石达开全军覆灭的命运，才能到川西与四方面军会合。各级军政首长务必重视问题的严重性。一着不慎，满盘皆输。"

会议决定以急行军抢占大渡河上游另一个渡河点泸定桥。会后，朱德向各军团发出《关于控制泸定桥渡河点取得战略胜利的部署》，指出：安顺场渡口水深流急，在只有四只小船而架桥又不可能的情况下，必须夺取由四川通往康藏的咽喉泸定桥。命令红一军团第一师及干部团为右纵队，沿大渡河东岸北上；红一军团指挥部、第二师主力和红五军团为左纵队，沿大渡河西岸北上，

两路都向泸定桥急进，夺取泸定桥。(《红军长征文献》，解放军出版社，1995年版，第355页)

★红军和国民党军队隔河赛跑，一天行军二百四十里。二十二勇士飞夺泸定桥。林彪自言自语地说："如果说安顺场是刘伯承的，这泸定桥该是我一军团的，我林彪的！"

从安顺场到泸定桥，直线距离为160公里。林彪决定派二师四团，即威名远扬的王开湘、杨成武团为全军前卫团，于三天之内夺下泸定桥。

27日清晨，四团政委杨成武接到军团通信员飞马送来的林彪的命令："军委来电，限左路军于29日以前夺取泸定桥。你们要用最高速度的行军力和坚决机动的手段，去完成这一光荣伟大的任务。我们预祝你们胜利。"(《长征》，[美]哈里森·索尔兹伯里著，解放军出版社，1986年版，第277页)

看罢命令，杨成武差一点惊懵了。这意味着两天的路程要作一天赶。杨成武怀疑军团长林彪的命令把日子算错了。但是，"军令如山"，不能有一分一秒的拖延。

从安顺场出发，沿大渡河西岸，奔向泸定桥。全程320里，命令规定三天赶到，路，是蜿蜒曲折、高低起伏的羊肠小路，左边是高入云霄刀劈一样的峭壁，山腰是终年不化的积雪，银光耀眼，寒气袭人；右边是深达数丈、波涛汹涌的大渡河，稍不小心就有掉下去的危险。但大家不畏艰难，心里只有一个想法：加速前进，快些拿下泸定桥。

一般来说，三天长途跋涉没有多大问题，但是，如今部队连日行军，已经十分疲劳，速度很可能上不去。为了鼓舞士气，杨成武让政工人员展开鼓动："红四团有光荣的战斗历史，坚决完成这一光荣任务，保持光荣传统！""向夺取安顺场的红一团学习，和红一团比赛，坚决拿下泸定桥！""任务是光荣的，又是十分艰巨的，我们要经得起考验！""急奔泸定桥，拿下三百二十里！"战士们一路行军，一路高呼口号，谁也不把危险放在心上。

杨成武亲自飞跑到行军队伍的最前头，站在一个小土墩上，向急行军的队伍进行政治鼓动。队伍像一阵风一样迎面卷来，又像一阵风一样从身边刮过去。在走过的队伍中，"坚决完成任务，拿下泸定桥"的口号声，此伏彼起。这声音压倒了大渡河的怒涛，震撼山岳。队伍前进的速度更快了。

大概走了30里路的光景，忽然河对岸传来"乒乒乓乓"的枪声，大概敌人发现红军踪迹了。为了避免无谓的伤亡，争取时间，早点赶到泸定桥。团首长命令部队爬山插近路。谁知这山真高，好不容易找到了一条路，却一绕一弯，转了个圈，足足多走了十里，而这十里，不像走平地，花去了一个多钟头。

走了大约60里路，前面又遇到隆起的一座大山。先头连忽然和敌人接上了火，一打听敌人只有一个连，部队也就像猛虎扑进了羊群似的，一个猛冲，把敌人全打垮了。上这山要爬十多里地，翻过了山，又是一条小河，木桥已被敌人毁掉了，于是红军立刻架桥。

打了胜仗，赶路更有劲了。迎着零零落落的枪声，部队继续爬山。突然，侦察员报告，说是左前方的一个大山上，约有一个营的敌人守着，堵住了前卫部队的去路。

打，还是不打？原路前进，势必要敲掉这只"拦路虎"，绕道走，又要花时间，真急人，为了掌握第一手材料，作出正确的判断，团首长带领一些干部跑步到前面，侦察了一番。果断地决定通过左面悬崖，包抄敌人侧背，从敌人的屁股后袭取隘口！

经过40分钟的激战，前后夹击，敌人很快被打下去了。接着，一个猛打猛冲，敌人三个连完全被消灭，红军除活捉了一名营长、一名连长外，还俘虏了两百多人，缴获步枪一百余支，机枪一二十挺，以及许多其他军用品。打了胜仗，部队像长了翅膀一样飞速行军："坚决完成任务，拿下泸定桥"的口号此起彼伏，前呼后应，如铜钟声声，飞向蓝天，在群山中回旋，似惊雷阵阵，穿过云雾，在峡谷与河面上激荡。

红军在和时间赛跑，谁也没有睡觉。大渡河东岸原来有杨森的四个旅和刘文辉的四个团守着，现在听说红军在往泸定桥进军，他们急急忙忙地抽调两个旅的兵力，沿着大渡河东岸火速向泸定桥进发增援。

红军、国军几乎是在隔河赛跑。

为了保证任务的坚决完成，一路行军，红军还一路举行"飞行集会"，你看，一簇簇、一堆堆的人临时凑到一起，只那么几分钟，就散了；这群人刚散，接着出现了更多的人群，他们一面跑，一面激动地说着什么。原来，这是连队党支部委员会和党小组在一边行军，一边开会动员，时间不允许他们坐下来静静开会，只能进行这样紧张的"飞行集会"。

紧急任务的动员工作刚做完，部队已接近猛虎岗。

猛虎岗是一座上下约三四十里的高山，右傍大渡河，左倚更高的山峰，山半腰以上白雪皑皑，整个山在云雾中，中间只有一条羊肠小道。这是安顺场通往泸定桥的必经之路，山顶的隘口上有一个营的敌人扼守。

这时候，正是浓雾弥天，四野白茫茫一片，五步以外什么也看不见，敌人凭着耳朵听到的声音，躲在工事里，恐慌而又忙乱地射击。

团首长决定将计就计，利用老天给布下的天然屏障——大雾，摸到敌人扼守的垭口上，来他个神兵天降。

上山的部队已经集合好了。规定一律不许放枪，要利用大雾作掩护，接近敌人后，用刺刀，手榴弹解决问题。

部队出发了。五分钟，十分钟过去了。人们紧张得几乎屏住了呼吸。谁也没有说话，只是两眼大睁着盯住前方，静静地，默默地等待着。

"轰隆！"期待的声音终于响起了。它仿佛节日的礼炮，揭开了这场特殊战斗的序幕；它仿佛胜利的号角，振奋着每名红军战士的心。

随着"轰隆、轰隆"的响声，山头上升起震天的喊杀声，号声吹响了，雄壮而激昂，随着号声，部队排山倒海般往前压去，敌人根本无法招架。此时，先头营穷追猛打溃散之敌，一直追到三十多里远的山脚下，到了一个叫作摩西面的大山边。

困难一个接一个地来了。天不由人，突然大雨倾盆，电闪雷鸣，天黑得伸手不见五指。部队一天没有吃上饭，肚子饿得实难支持。道路泥泞，更是走不快，牲口、行李都跟不上。

困难越是严重，越需要加强政治工作。杨成武向党支部，向所有共产党员、共青团员和积极分子说明了摆在我们面前的一切困难，也说明了必须争取天明六时前赶到泸定桥。号召每人准备一个拐杖，走不动的扶着拐杖走；来不及做饭了，要大家嚼生米、喝凉水充饥。这号召，像一把火点燃起部队炽烈的战斗情绪。看样子，哪怕前面尽是刀山，他们都可以闯过去。然而，在这伸手不见五指的黑夜里，怎能走完这泥泞油滑的 110 里路呢？

忽然，对岸出现了几点火光，刹那间变成了一长串的火炬。是敌人在点着火把赶路。敌人的火把给了红军启示。我们也点火把走，但敌我仅一河之隔，如果敌人向我们联络，暴露了我们是红军，跟我们干起来，如何是好？

"事到万难须放胆"，团首长决定利用今昨两天被消灭和打垮的三个营敌人的番号伪装自己，欺骗敌人。立即命令部队将全村老乡家的篱笆全部买下，每人绑一个火把，一班点一个，不许浪费，争取每小时走十里以上；并布置司号员先熟悉缴获的敌人的联络信号，准备在必要时同敌人"联络"；敌人的部队都是四川人，红军也选出四川籍的同志和刚捉来的俘虏，准备来回答敌人的问话。为了加快行军速度，把所有牲口、行李、重武器连同团长的乘马在内，一律留下，由管理处长何敬之、副官邓光汉带一个排掩护，随后跟进。

部队虽然和敌人沿大渡河两岸平行前进，虽然也作了迎战的准备，但为了坚决执行命令——安全、准时到达目的地，不到万一，不开枪射击。

部队兴高采烈地高举火把向前挺进。两岸敌我的火把，交相辉映，远远望去，像两条飞舞的火龙把大渡河的河水映得通红。透过大渡河的波涛声，从对岸传来了清脆的军号声和微弱的喊声。"啥子部队啊！"敌人在向我们联络了。我们的司号员按敌人的联络信号，吹起了嘹亮的军号；四川籍的同志和俘虏也吊起嗓子大声作答。蠢猪似的敌人万想不到，大摇大摆地跟他们并排走的，就是他们所日夜梦想着要消灭的英雄红军，糊里糊涂地同我们一道走了二三十里。后来，雨下得更大，到深夜 12 点钟，对岸的那条火龙不见了，他们大概是怕苦不走了。这一情况立刻传遍全团，同志们纷纷议论着：抓紧好机会啊！快走，快走啊！一个跟着一个拼命地向前赶路。

暴雨冲打着战士，山洪从峰顶倾泻大渡河，本来已经难走的羊肠小道，此刻被雨水冲洗得像浇上了一层油，滑得实在厉害。拐杖也不灵了，一不留神就来个倒栽葱，真说得上是三步一摔，五步一跌，队伍简直是在滚进。就是在这样的情况下，还是不断有人打瞌睡。有的人走着走着就站住了，后面的推他："走呀！前面的走远了！"这才恍然惊醒，又赶快跟上去。后来，大家干脆解下了绑腿，一条一条的接起来，前后拉着走。

经过整夜的急行军，在天明六点多钟顺利赶到了泸定桥，并占领了西岸及西桥头。这一天，除了打仗、架桥外整整赶了240里路。按照军委预定的时间赶到了目的地——泸定桥。

一昼夜高速行军240里，不是红军的真正目的。红军的真正目的是为了完成中央军委交给的光荣任务：抢占泸定桥，占领泸定城，掩护党中央和红军主力渡过天险大渡河。

一到泸定桥，王开湘就和杨成武去看地形。

泸定桥果真是地形险要，就连经过长途跋涉、征战万里、逢山开路、遇水架桥、攻关夺隘的人，看了都不禁倒抽了一口冷气。泸定桥，流水湍急，巨浪拍岸，徒涉和船渡根本不可能。

泸定桥飞架于大渡河上，这里古称"泸水"，诸葛亮所谓"五月渡泸，深入不毛"就是指这一带。河的西岸连着中国第二高峰的贡嘎山，雪峰皑皑耸入碧空，如一把巍峨的冰刀王剑。河的东岸，是二郎山，壁陡崖高。贡嘎山一二郎山，两山夹峙，大渡河水在陡峭狭窄的缝隙中奔腾，从高处俯瞰，只见恶浪滔滔，浓雾升腾，满河满谷都是银色的浪花，如瀑布，如山洪，冲击着河底参差耸立的礁石，溅起丈多高的水柱，发出雷鸣般的轰然巨响，令人耳聋目眩。显然，在这样的河里，就是一条小鱼，也休想停留片刻，徒涉、船渡都是不可能的。这样凌厉的水势，早把两岸冲刷成两壁高墙，纵目远眺，两岸之间真是一道无法逾越的天堑。

悬于十丈高空中的便是泸定桥！它没有从河床上立起的桥墩。大概是由于这样的水势，无法建筑桥墩吧，只有十三根铁索，从河东岸拉到河西岸，共有八十丈长，八尺宽。每根铁索都有碗口粗，九根作为桥面，四根作为扶手。铁索用铁环扣成，每根铁环一尺多长。听说桥面原来铺有三尺宽的木板，眼下，敌人已经把桥板全部抽掉，只剩下寒光闪闪的十三根铁链子了，不要说上去，看着都令人头晕目眩！

看得出，铁索桥的两端，分别固定在两根铁桩上。听说那桩上刻有"康熙四十四年岁次西九月造汉中府金火匠马之常铸椿重一千八百斤"的字样。相传，那是一位名叫戈达的藏族大力士，为了架这座桥，一只胳膊挟着一根铁桩翻山越岭来到这里，又费了九牛二虎之力渡过河去，等桥刚一架起，他也就累死了。为了纪念这位藏族兄弟，人们在西岸修了一座小庙，取名叫戈达庙。庙里塑着这位大力士威严站立的形象，就好像他守在河边，昼夜听着河水的咆哮，随时随地都在关心着桥上行人的安全。

铁索两端还筑有桥楼。如今在东岸的桥楼上，敌人垒起了沙袋，搭成一个牢固的桥头堡。黑黝黝的射孔里露着机关枪口。显而易见，那个桥头堡，紧紧联结着泸定城。而我们占领的西岸，桥楼后面，是一栋观音阁，红窗金瓦，画凤雕龙，在这偏僻之地，真可算是蔚然大观了。观音阁前面有一道弧形石栏，它的两侧向河岸延伸，在石栏后面，都可以架轻重机枪。

团首长分头到连队进行夺桥的战斗动员。部队掀起了争取当夺桥突击队的热潮。各连都送来了突击队的名单，要求批准他们担任突击任务。

中午，四团在天主教堂召开了全团干部会议，研究、批准突击队。会议刚开始，对岸打过来一排迫击炮弹，天主堂的屋顶被炸开了一个大窟窿，弹片、瓦片倾泻而下。大家却一动不动。杨成武乘机进行动员："敌人来给我们动员了，我们必须立即打过桥去。现在大家说说让哪个连担任突击。"

杨成武刚说完，平时不爱说话的二连长廖大珠"刷"地站起来，他那矮而结实的身子激动得有点发抖，黝黑的脸一下子红到耳根，吃力地说："一连过乌江立了功，成为渡乌江模范连，我们要向一连学习，争取当夺取泸定桥的英雄连。"

"夺桥任务非给我们三连不可，"急性子的三连长王有才没等廖大珠说完，就站了起来，他站在那里像座小铁塔，嘴巴像打机关枪，"我们三连哪一次战斗都没落后过，这次保证把桥拿下来。"最后，他又说："不叫我们当突击队，我这个连长没法向战士们交代。"

王开湘和杨成武政委交换意见后，王开湘向干部们交代了夺桥的任务并指定二连任突击队。杨成武站起来补充说："要打仗有的是，咱们轮着干，上次接乌江是一连打头，这次轮到二连，由二连的二十二个共产党员和积极分子组成突击队，廖大珠同志任突击队长，我看很好，看大家有没有意见？"

会场上响起了一片掌声，廖大珠高兴地跳起来。只有王有才垂着头，嘴里在叨咕着什么。

"三连的任务也不轻，"杨成武指着王有才说，"你连担任二梯队，跟着突击队冲，还要担任铺桥面的任务，让后续部队迅速冲进城去，看你还有什么意见？"

这时候王有才才露出笑容。

最后，王开湘进行了部署：用两个主力营组成严密的火网掩护，防止两侧增援之敌，其余的分成三个梯队，正面突击，以二十二个突击队员为先锋。为了加强四团力量，军团首长把军团的教导营拨归他们指挥。教导营部署在打箭泸方向，监视、警戒该方向的敌人。

在经过紧张的准备之后，总攻开始了。

当事先准备的全团数十名司号员组成的司号队同时吹响冲锋号时，红军所有的武器一齐向对岸开火，枪弹像旋风般地刮向敌人阵地，一片喊杀之声犹如惊涛裂岸，山摇地动。这时，二十二名经过精选的突击队员，他们手持冲锋枪，背括马刀，腰缠十来颗手榴弹，在队长廖大珠同志的率领下，如飞箭离弦，冒着对岸射来的枪弹，扶着桥边的栏杆，踩着摇晃的铁索，向敌人冲击。

紧紧地跟在突击队后面的是三连长王友才。此刻，他率领三连组成的一梯队，背着枪，腋下挟着木板，一手抓着铁索链，边爬、边铺桥板、边冲锋。

敌人本想负隅顽抗，用各种轻重武器组成的火力网阻拦红军。但是，敌人的火舌很快就被红军的火龙吞掉了。红军突击队员精神抖擞，越战越勇，踩着铁索稳步前进。敌人被突击队吓呆了，像丢了魂一样，纷纷从桥头工事里钻出来，掉头就跑。突击队加快了前进速度。他们迎着敌人的枪林弹雨，在激流奔腾的江面之上，攀援铁索，奋勇前进……

突击队爬完最后一节铁索，几乎就要接近敌人的桥头了。突然，西城门燃起熊熊烈火，火光冲天。

原来，这是敌人的预谋。他们为了防止红军攻进城去，用桥上抽下来的木板，集中在城外，浇上煤油，一旦用水挡不住，就用火来拦阻。

火借风势，风助火威，顿时火光照红高峡之间的天空。

"这是怎么回事呢？"冲到敌人桥头的突击队员瞅着这突如其来的熊熊烈焰，顿时愣住了。

杨成武远远看见他们犹豫了，正在铁索上爬行的人们停住了。真是一发系于千钧，成败决于一旦，这时，杨成武高高地挥着驳壳枪，以他那年轻的尖亮的声音喊道："同志们！这是胜利的关头呀！犹豫不得呀！冲过去！冲过去！冲过去就是胜利……"

桥头上的人们也跟着大声喊道：

"廖大珠！不要慌，冲过去！"

"不怕火，冲过去！冲过去！"

远远看见，接近桥头的人们，镇定了。廖大珠回过头，向后面喊了一句什么，接着从背上抽出大刀，在阳光里闪了一下，第一个扑到烟火中去了。当他的身影再度从烟火中出现的时候，只见他把帽子一摘，一挥手，一顶冒着火苗的帽子就落到大渡河中去了。其他人也纷纷跃到火里，不一刻桥头周围就响起了一阵滚雷似的手榴弹爆炸声。

随着突击队的进展，三连很快将收集来的板子铺到了桥头。杨成武随即带领第二梯队冲上去了。廖大珠他们，刚才在桥头的惊恐、不安、拘束，这时化做一团无名怒火，抡起大刀砍杀起来。贴近桥头就是一条古老而破旧的市街，街上满是店铺，双方就在这条小街上厮杀起来。敌人见他们人少，正在全力反扑时，杨成武率领的第二梯队赶到了，又经过一阵激战，终于将守敌大部歼灭，残敌弃城向北逃窜。

当滔滔的大渡河水映着初升的一轮明月时，红军已全部占领了泸定城。一清点人数，突击队伤亡三个人。战士们登上巍峨的城楼鸣枪欢呼胜利。

深夜12点多了，刘伯承总参谋长、聂荣臻政委踏着浓霜进了泸定城。他们顾不上休息，一边视察部队，一边听取汇报。

夜，一片沉寂，一牙新月镶嵌在二郎山顶的夜空，稀疏的星星闪烁着微弱的光芒，银霜遍地，寒气袭人。悬空的铁索隐在朦胧的夜色中，上面稀稀拉拉的桥板，像一条灰色的带子，连同山势陡峻的二郎山的山影映在水面上。整个河面，翻卷着沸腾的浪花，呜呜的一片声响。刘伯承、聂荣臻踏上桥面，铁索晃动，可他们连栏杆也不扶，大步走着。他们有时停下脚步，远眺暗夜里黑黝黝的群山；有时俯首垂视桥下雾气弥漫的流水。他们仔细地审视着每一根铁索，每一个铁环，还伸手摸摸冰凉的铁索链，像要在这里搜索什么，有时停下脚步，看刻有碑文的石碑，询问着天主教堂的情况，当人们从桥西再折回桥中央时，刘伯承突然停住脚步，扶住铁索，再次俯视大渡河里奔腾的急流，随后用脚重重地在桥板上连跺三脚，感慨万千地说：

"泸定桥，泸定桥！我们为你花了多少精力，费了多少心血！现在我们胜利了，我们胜利了！"

"对，我们胜利了！"聂荣臻也十分激动地说，"是的，中国革命又可以继续前进了!"

回到东岸桥头,他们在一块高高的石碑前停下。杨成武告诉他们,这通碑是记述诸葛亮"五月渡泸,深入不毛"的事。

刘伯承说:"我们也该立一通碑,来记载我们的英雄!"

聂荣臻点了点头。

夜已深,大渡河的奔腾声显得更激越了。

随后赶到泸定桥的林彪向红四团表示了祝贺。他决定发给每位参加飞夺泸定桥的英雄一套列宁服、一本笔记本、一支钢笔、一个搪瓷碗、一个搪瓷盘和一双筷子。在当时,这是红军战士能够得到的最高奖赏。

当年轻的军团长林彪站在桥西头坍塌的碉楼前,望着滔滔大渡河上横空飞过的铁索桥,一腔感慨,脱口而出:"如果说安顺场是刘伯承的,这泸定桥该是我一军团的,我林彪的!"机敏过人的军团长接着想了许多。他悟到了泸定桥在中国革命战争史上将具有怎样重大的意义,他像是重新发现了毛泽东在军事战略上的远见卓识和无比的勇气,他悔恨地想起了自己三渡赤水后的骂娘和会理会议前的那封信,他觉得他的确是个"娃娃"。他不能再是个"娃娃"了。机不可失,他要表白一下自己。他这么想着,眼前的铁索桥在他心目中变得越发高大雄伟,乃至神圣起来。他暗自在心里说:"不能随便过这座桥,得把上桥的第一步留给他……"

正午,当刘伯承得知林彪已到了桥西,打过电话来要他过河进城有事相商时,他说:"你们看着办吧,我得陪毛泽东他们一起过,让他走最前头!"

刘伯承在电话里愣了愣,没想别的,倒觉得林彪的话是一个提醒,说:"好吧,到时候也通知我一声,我和老聂到桥头接他们。"

★中央首长走过泸定桥,蒋介石"要朱德、毛泽东成为石达开第二"的妄想破灭了。朱德握着杨成武的手,欣慰地说:"你们打得好啊!我们取得的胜利是战略性的胜利!"

红军攻占泸定桥后,林彪致电朱德,报告红四团已攻占泸定桥的消息。林彪在电报中说:"我四团于今晨六时赶到泸定桥附近,于十七时攻占泸定桥,敌向天全退去。余另告。"

当时朱德冒雨走在奔赴泸定桥的路上,接到林彪电报后,异常高兴。朱德的警卫员后来回忆说："我们走在朱总司令身旁，雨水从他的脸上不断流下，长途跋涉，他的眼窝已经深深的陷下去了。但从他那浓眉下两道奕奕有神的眼光中，可以看出，他的内心是非常高兴的。"当天，朱德致电各军团领导，做出中央红军迅速通过大渡河向天全地域集中的行动部署。他在电报中说："我一军团先头部队昨已攻占泸定桥，敌向天全退，我野战军以迅速过渡集中天全地域，寻找作战机动之目的。"（《长征日记》，陈虎著，中国长安出版社2005年版，第298页）

5月30日上午10时，军委纵队赶到了。这时，战斗早已结束，但被敌人焚烧的房屋和桥板，还冒着青灰色的浓烟。

林彪率军团参谋长、主任等在桥西迎着毛泽东、张闻天、周恩来、朱德等中央负责人。

毛泽东一见林彪便说："林彪呀，你们一军团的'二杨'得好好表扬表扬喽，夺取泸定桥他们立了大功！"

林彪高兴得眼睛都笑眯了，说："是呀，一个杨矮子在东岸，一个杨高子在西岸，都有功劳！不过，功劳最大的还是夺桥突击队。我们已经准备了，突击队员给大奖，每人一支钢笔，一个日记本，一个搪瓷碗，一双筷子。"

周恩来说："少了，少了。再加一套衣服吧，写上'中央军委奖'！"

朱德说："这个奖法好，他们冲桥头火海时，衣服恐怕都烧得差不多了。"

毛泽东挥挥手说："总司令也是个小气鬼。奖是奖，发是发，一人两套！"

林彪说："没有那么多呀。"

毛泽东说："找叶季壮要！"

林彪点着头。

毛泽东又问林彪："噫，林彪呐，你怎么还没有过桥呀？"

林彪略一踌躇，脸一红，说："我一来到这桥西，原本想一口气从这桥上跑过去的；当我来到桥头的时候，我忽然发现，这是怎样的一座桥啊！泸定桥，一座来之不易的桥，一座伟大的桥，一座有可能为将来的历史学家们大加称颂的桥，一座神圣的桥！我不能随便就这么走过去，我把踏上去的一只脚又收了回来，我得等我们的中央领导同志到了以后，我跟着走过桥去……"

谁也没有想到林彪竟激动地说出这么一番话来。历经战火的军团长，从不多愁善感，也从不读什么诗词作品。连毛泽东也怔住了。好久，毛泽东才"嘿"地笑了一声，说："都听到没有？我们的林彪同志，不光是会打仗，也还有些诗情嘞。"

朱德却听出了林彪的另一层意思，他似乎是在作自我批评，只是不想直说，便帮林彪挑明说："说诗情也可，说是有些政治头脑也是不错的。我们的军团长已经不是个娃娃了。"

果然，林彪的脸更红了，低头道："跟了这么些年，还能老当娃娃吗，总会一步一步有些长进的。"

一会儿，他抬起头来，爽朗说道："请过桥吧，伯承和荣臻在桥那头等着哩！"毛泽东伸出指头指了指林彪的鼻梁，想说什么没有说，便迈步向桥头走去。

朱德握着杨成武的手，欣慰地说："你们打得好啊！我们取得的胜利是战略性的胜利！"

朱德来到泸定桥头，仔细地观察着部队过桥的情况。由十三根铁索组成的铁索桥悬在波涛汹涌的大渡河上，一些临时找来的木板铺在铁索上连成桥面，桥下急浪滚滚，令人目眩眼花。虽然桥面离河水有好几丈高，但河水翻滚撞击起来的浪花还不时溅到桥上。临时铺上去的木板被雨水一浇，又滑又不牢靠，人一走上去，左右摇晃，一不小心，就可能翻到激流里去。

朱德很不放心，立即把一位指挥部队过桥的参谋叫到跟前，仔细询问前面的部队过桥时的情况。

参谋报告说："有些马匹不敢上桥，部队过得太慢，有一匹马还掉下江去了！"

朱德问："怎么掉下去的？伤人没有？"

"起初只掉下去一条腿，牲口急得乱蹬乱踢，结果又踢翻了一些木板，就翻下河去了。没有伤人！"

朱德惋惜地说："即使丢掉一匹马也是很可惜的，更不要说人了。你马上通知部队，过桥时，干部要切实掌握渡河的秩序，务必使部队尽快通过，把马匹拉开。有些马不敢过桥，就把马眼睛蒙上拉过去，以免影响别人过桥，每隔十分钟派人检查一次桥板，踩开的桥板要及时更换。一个人在前面走，后面的人在后面就要及时把桥板弄好。哪个部队过完桥，就要负责把踩开的桥板重新摆好。"

轮到司令部的队伍过桥了。在林彪的引导下，毛泽东走在最前头。他昂首走上桥头，走出十来步，便感觉到了桥的摇晃，他用双脚抖着桥面，桥身明显的摇晃起来。朱德连忙招呼道："莫晃莫晃，看桥面，别看河！"毛泽东压根没有顾及朱德的招呼，他迈开方步走着，想起了自己的诗句："胜似闲庭信步。"陈昌奉朝前挤着，想搀他一把，他不让陈昌奉靠近他。毛泽东走出几步，俯身看看桥面的木板，又摸摸一旁粗大的铁链。一会儿，他转着身子，望望前后左右直冲云霄的高山，又低头看看脚下波浪翻滚的大渡河。来到桥中心，他停下脚步，一只手习惯地插在了腰际，嘴里喃喃道："大渡河，泸定桥……大渡桥横铁索寒……"

朱德的警卫员姚国民想扶朱德过桥，没料刚一上桥，自己先头晕目眩了。他急忙闭上眼睛，两手牢牢地抓住铁索，连半步也不敢迈了。朱德倒很从容，他看警卫员这个样子，便抓住他的左臂，往自己的身边拉。一边拉，一边鼓励他说："沉住气，不要怕，别看水，看桥板。"

在总司令的搀扶和鼓励下，姚国民没走多远，就习惯了。他这时才意识到自己有照顾总司令安全的责任，急忙挣脱朱德的手，反过来搀扶总司令。朱德安详地笑了："你这小鬼，还来照顾我呢！管好自己就行了！"

正走着，朱德突然停下来，仔细观察一处桥板。那块桥板和另一块桥板已经脱离开，露出一个大缝。朱德弯下身去，把这两块桥板合拢起来。把桥板铺好后，朱德没有再往前走。他站在桥中间最危险的地方，怜爱地注视着战士们一个接一个地从他面前走过去，并且不断地嘱咐他们："沉住气，不要怕，别看水，看桥板。"

战士们看到总司令那样镇定自若地站在桥上，心里都觉得稳当起来。有人说："总司令都不怕，我们还怕什么？"

踏上东岸的土地，朱德回过头又看了看泸定桥，激动地说："泸定桥啊泸定桥，我们终于征服你了！胜利永远是我们的！"

飞夺泸定桥和抢渡大渡河，是红军长征中非常艰险也是非常精彩的一次战斗。

半个多世纪过去了。聂荣臻后来回想起来，仍是心有余悸，他说："如果不是有一师渡江，与二师四团夹江而上，飞夺泸定桥是否能够那样得手，也很难预料。固然四团动作神速勇猛确有独到之处，如果我们当时夺不到泸定桥，我军又是一个怎样的处境呢？"（《聂荣臻回忆录》，聂荣臻著，解放军出版社1983年版，第271页）

在中国人看来，长征也许是听了许多遍的故事。然而，在"老外"的眼中却是"闻所未闻的故事"。还是那位索尔兹伯里老人，用他那深沉的笔调，评价了大渡河和长征的意义："也许，在长征途中发生的一切有点像犹太人出埃及，汉尼拔翻越阿尔卑斯山，或拿破仑进军莫斯科，而且我惊奇地发现，还有些像美国人征服西部：大队人马翻越大山，跨越草原。(《长征》，[美]哈里森·索尔兹伯里著，解放军出版社，1986 年版，第 5 页)

抢渡大渡河的胜利，使蒋介石要红军重演 72 年前太平军石达开部失败的历史悲剧，要"朱德、毛泽东成为石达开第二"的妄想破灭了。

过了大渡河，红军便开创了继续北上的新局面。

第五章

激 战 腊 子 口

——王开湘攀岩破险关

　　腊子口战役，是党中央和红军长征进入甘肃境内的第一场战役。与长征中的大仗相比，不算是大仗恶仗，却仍然是一场险仗。由于这场战斗发生在党内出现严重分裂的紧要关头，事关毛泽东、周恩来、王稼祥和红一方面军安危存亡的关键时刻、在狭关险隘的关键地点，腊子口就注定要成为党史军史不能不书写的浓重一笔。

　　腊子口位于迭部县东北部的腊子乡，其间两山对峙如刀辟斧剁一般，峡宽约八米，峡长三十余米，在崖壁上穿孔凿石搭起一座小木桥，峡底腊子河汹涌奔流，军团首长没想到腊子口竟这般险要，称为天险是名副其实。当地民谣说："人过腊子口，像过老虎口。"甘肃军阀、国民党新编十四师师长鲁大昌率部在腊子口层层构筑工事，安排部署两个整营的兵力，一个连守桥头堡，四挺重机枪排列碉堡内，重重防守阻挡红军，并囤积了大批粮食弹药，要与红军决一死战。阻断红军北上之途。林彪对杨成武、王开湘说，事关全军命运，腊子口就是刀山也要拿下来！入夜时分，攻击开始，主攻连猛打猛冲，组成党员敢死队分兵两路夺取木桥。同时，团长王开湘在腊子河上游悄悄地带两个连渡过腊子河，由一名自告奋勇善于攀爬的苗族战士打头，用裹脚带牵着，攀上了右岸高地的后坡。从天而降的红军战士，突然出现在敌人阵地的侧面，掩护正面的红军开始第六次攻击，两路攻击部队同时动手，守敌一下被打蒙了，晕头转向狼狈不堪的新编十四师的主力第一团，丢盔卸甲，被红二师追击七十余里。1935 年 9 月 17 日清晨，红四团的勇士们簇拥着被硝烟战火熏染的红旗，站在了腊子口上。

★张国焘欲强迫毛泽东南下，毛泽东巧施"脱身之计"，带领"陕甘支队"单独北上，来到天险腊子口。毛泽东说："腊子口是通往甘南的咽喉，要是拿不下来，我们就得重回草地去！"

一、四方面军在两河口会师之后，张国焘很快掌握了中央红军的所有"家底"：一方面军人数不足两万，衣衫褴褛，无粮无药，而他的四方面军九万余人，且人强马壮。看到力量的悬殊，张国焘的个人野心和权力欲望急剧膨胀，完全不把毛泽东、周恩来等人放在眼里，想当"霸王"了。

6月26日，党中央在两河口举行政治局扩大会议，毛泽东提出迅速北上，建立川陕甘根据地的建议。张国焘则极力主张南下川康，与毛泽东就红军行动方针展开了激烈争论。最终，政治局以优势通过了毛泽东的提议，决定红军继续北上，并做出了决议。然而，张国焘想方设法拖延时间，红军北上方针迟迟不能实施。

8月初，党中央在毛尔盖再次召开政治局扩大会议，重申北上的既定方针。张国焘却依然故我，在党中央到达巴西（现四川省阿坝藏族羌族自治州若尔盖县巴西乡）后，事态的发展愈加严重，已经是箭在弦上、千钧一发。

1935年9月10日这一天，被毛泽东视为是他"一生中最黑暗的时刻"，是关系到党的命运的'千钧一发'的时刻。——这一切来自张国焘的威胁，他的那份拍给陈昌浩的"密电"是这种威胁的引发点。

这天，右路军机要室突然接到一份从左路军总司令部发来的密码电报——是拍给陈昌浩的，电文本应由陈昌浩本人亲自译出，但他正在会上讲话，值班机要组长陈茂生刚抄完密码，就觉得电报有点奇怪，正在犯疑，前敌指挥部作战科副科长吕黎平走了进来，听陈茂生这么一说，机要员出身的吕黎平迅速将电文译了出来。二人看了，不禁大吃一惊！原来这是张国焘给陈昌浩的复电："X日电悉。余经长期考虑，目前北进时机不成熟，在川康边境建立根据地最为适宜，俟革命来潮时再向东北方向发展，望劝毛、周、张放弃毛儿盖方案，同右路军回头南下。如他们不听劝告，应立即监视其行动，若执迷不悟，坚持北进，则以武力解决之。执行情况，望及时电告……"（《长征日记》，陈虎著，中国长安出版社，2005年版，第430页）

吕黎平和陈茂生马上去会场把叶剑英叫了出来，当面把电报交给了他。叶剑英随便瞥一眼电文，他的心一下子提到了喉咙口！但他表现得相当机警和镇定。稍停了一会儿，见陈昌浩还在台上没完没了地讲话，他便借上厕所之际，走开了。

叶剑英大步流星地来到毛泽东住处，焦急地说："主席，这是张国焘刚发来的电报，是打给陈昌浩的。"

毛泽东看完电报，立即抄了一份，然后将原文又交给叶剑英，叮嘱说："不要让别人知道你已经了解电报内容，你马上回去，把电报交给陈昌浩，看他如何处理。"

叶剑英急切地问："那我们该如何行动？"

毛泽东说："迅速北上，你最好搞到一份地图带上，我们路上用。"

叶剑英又问："何时行动？"

毛泽东说："今晚即行动。"

夜幕"哗啦"一下子降落了，一抹血样的余晖，从云块裂开的一道缝隙里涌溢而出。瞬间将苍白的云霞染得殷红，但又迅即隐没了。遥远的沉默的雪山，也随之失去了它明晃晃亮灿灿的光泽，留下一重重巍峨的剪影。

在毛泽东眼前的一线曙光，也仿佛是这血样的一抹余晖，倏忽消失了。

毛泽东亲自去了一趟前敌总指挥部，竭力争取陈昌浩和徐向前。

"昌浩同志，根据国焘同志的来电，中央即复电，恳切希望他能率左路军前来和我们一道北上。"毛泽东平静的说。

"嗯——"陈昌浩咳了一声，口气变得有点涩硬，"国焘同志一再电催南下，我看也很有道理。蒋介石发现红军北上意图后，正调集重兵向甘、陕、宁集结，此时南下正好杀他个'回马枪'。我看南下比北上更有利！"

毛泽东点上一支烟吸着，没有立刻发话。

陈昌浩见状，以为毛泽东心有所动，又说："两军没有会合之前，四方面军就有这个打算，以川康为依托，在四川盆地建立苏区伺机攻取成都，在那里打出中华苏维埃共和国的旗帜。就目前情况看，中央与张总政委之间虽然有些分歧，只要合力南下后，召开会议，通过民主的方式是可以消除分歧的。"

毛泽东听着，觉得此公已无法"争取"过来了，再劝也无用，于是问："向前同志呢？"

陈昌浩说："他总是如此，每到晚上就去查查哨。噢，向前同志的意见是不愿再将四方面军分开。"

毛泽东沉默了片刻，说："既然要南下嘛，政治局要开个常委会统一一下思想。恩来同志和稼祥同志病在三军团部，我和张闻天、博古去找他们开个会吧。"

"好，就这么办。"陈昌浩同意了。

但陈昌浩没想到，这是毛泽东巧施的"金蝉脱壳"之计。

借着月色，毛泽东来到徐向前下榻的地方，见徐向前正在院里散步便走过去问："向前同志，张总政委要南下。你的意见如何？"

徐向前看到毛泽东亲自来找他商量，感到事关重大，不然不会夜晚登门，他慎思片刻后说："两军既然已经会师，就不宜再分开，四方面军如分成两半，恐不妥。"

毛泽东听出了徐向前所说的意思，就只好嘱咐他早点休息，即告辞而归。

毛泽东火速赶到巴西附近三军团驻地。张闻天、博古见毛泽东来到，如释重负地长出了一口气。此刻，王稼祥已被用担架抬到周恩来的房屋里。于是中央常委们召开紧急会议。

大家一致同意不改变北上路线，并一致认为再继续说服、等待张国焘率部北上，不仅没有可能，而且会招致不堪设想的后果：事态危急，事不宜迟，必须采取果断措施——因为三军（原三军团）只有四千余人，一军（原一军团）的兵力也大致如此，张国焘的人马占绝对优势。

毛泽东说："自古以来，自己人打自己人，这是个大教训。张国焘倚仗自己人多枪多，与中央分庭抗礼，欲凌驾中央之上，那就由他去吧！天作孽犹可违，自作孽不可活哟！怎么办？三十六计，走为上策。我们赶快走掉，走晚了，张国焘就要强迫我们服从他的意志喽！"

周恩来说："中央完全有权决定自己的行动。但我们单独北上，张国焘肯定会说我们搞分裂，我看最好改变一下名称，叫'抗日陕甘支队'如何？"

"好，"毛泽东表示赞同，并补充说，"还应起草一个《中共中央为执行北上方针告同志书》及时发出。"

博古说："对对，以防张国焘钻空子，攻击我们。"

"不能再耽搁时间了。"毛泽东随即作出部署，"通知红三军凌晨两点出发。为了给即将进行的行动打掩护，由叶剑英去通知陈昌浩，就说部队要南下重返草地，需要多准备些粮食，动员部队在天亮时去地里收割青稞。你们看这样如何？"

大家一致表示同意，决定率红一军（原红一军团）、红三军（原红三军团）迅速脱离险区，立即北上，并且通知已经北上俄界的林彪、聂荣臻，行动方针有变化，要他们在原地待命。同时，以中央名义致电张国焘，严肃地指出："陈谈右路军南下电令，中央认为完全不适宜的。中央现恳切地指出，目前方针只有向北是出路，向南则敌情、地形、居民、给养都对我极端不利，将要使红军受空前未有之困难环境。中央认为北上方针绝对不应改变。左路军应速即北上"。（《红军长征文献》，解放军出版社，1995年版，第672页）

北上红军凌晨二时出发，毛泽东率部在前，彭德怀率部在后掩护中央机关北上。

陈昌浩派了红军大学的一个学生团和四方面军的一部分人来阻拦，其中有四方面军参谋长李特。年轻的红大学员们举着写有"反对毛泽东逃跑"的字样的标语旗，拦住了毛泽东。

毛泽东对他们说，想南下的，请便；愿北上的，也请便，绝不强迫。然后，他请六七十名四方面军的干部来见他，其中也包括李特。他对干部们说，南下是没有出路的。他说，至于不愿意和党中央一起北上的人，可以等一等。"我们可以作为先头部队先走一步。我们先走，去开辟新的根据地，完成我们的任务。我们欢迎你们来参加我们的队伍。我相信，一年之后，你们会来的。"（《长征》，[美]哈里森·索尔兹伯里著，解放军出版社，1986年版，第342、343页）

在出发北上后，中央发布了毛泽东写的《共产党中央为执行北上方针告同志书》。指出：南下是草地、雪山、老林，人口稀少，粮食缺乏，敌人在那里的堡垒线已经完成，我们无法通过。"对于红军，南下是没有出路的。南下是绝路。……你们应该坚决拥护中央的战略方针，迅速北上，创造川陕甘新苏区去。"（《红军长征文献》，解放军出版社，1995年版，第690页）

9月12日，毛泽东、周恩来、王稼祥率中央政治局、中央军委直属纵队和彭德怀、李富春的红三军（原红三军团）从四川的牙弄进入甘南迭部境内的俄界村，此前，林彪、聂荣臻已率红一军（原红一军团）先期到达俄界。由于连日大雨，达拉沟栈道、桥梁破坏严重，决定在俄界休整。

9月12日，北上红军到达俄界的第二天，毛泽东在中央政治局扩大会议上作报告说："我们现在背靠一个可靠的地区是对的，但不应靠前面没有出路、后面没有战略退路、没有粮食、没有群众的地方。所以，我们应到甘肃才对，张国焘抵抗中央决议是不对的。"会议同意毛泽东的意见，通过《关于张国焘同志的错误的决定》，指出张国焘反对中央北上的战略方针，坚持向川康藏边境退却方针是错误的。中央同张国焘的争论，其实质是由于对政治形势的分析与敌我力量估量上存在着原则的分歧。中央号召红四方面军的同志团结在中央周围，同张国焘的错误倾向作坚决的斗争。

俄界会议决定，把红一军（原红一军团）、红三军（原红三军团）、军委纵队合编为中国工农红军陕甘支队，彭德怀为司令员，毛泽东为政治委员；以毛泽东、周恩来、王稼祥、彭德怀、林彪成立五人团领导军事工作。

俄界会议后，部队第二天就出发了。

此时，甘南岷县一带有敌两个师，一是国民党第十二师唐淮源部，一是新编十四师鲁大昌部。毛泽东率一军团走在前面，沿着白龙江向东挺进。这条江水不算很宽，宽处三十几公尺，窄处不过丈余，但水流湍急，声如雷鸣，激起的水花倒真像是一条白龙。两岸多是悬崖峭壁，岸上仅有羊肠小道。在羊肠小道消失的地方，就是古书上所说的栈道。这种栈道在红军路过宝兴的时候，曾经遇到过，现在却不断有栈道出现，有的竟长达百多公尺。它们高高悬在危岩峭壁之上，仅一尺来宽，下面就是激流，人行其上，不禁头晕目眩。

这天的行动不算顺利，走了不远，他们又受到藏兵的狙击。这些藏兵三五成群地藏在对岸的山林中向红军放着冷枪。在这样狭窄的路上，无处可躲，只可跑步通过，尽量减少损失。这一天，整个行进的队伍，竟伤亡了一百余人。谁也没有想到，在这样荒僻的地方又伤亡了这么多同志。

第二天，经过莫牙寺继续前进。这天路上没有狙击的藏兵，前面又传来新的情况：鲁大昌的部队踞守着一个奇险的山口，名叫腊子口，把通岷县唯一的道路阻遏住了。

★林彪将攻打腊子口的任务交给杨成武、王开湘率领的突击团，规定两天内必须攻下腊子口。杨成武立军令状说："拿不下腊子口，就取我的人头来见！"林彪说："我不要你的头，我要腊子口！"

腊子口，位于迭部县东北部的腊子乡，其间两山对峙如刀辟斧剁一般，峡宽约八米，峡长三十余米，在崖壁上穿孔凿石搭起一座小木桥，峡底腊子河汹涌奔流，军团首长没想到腊子口竟这般险要，称为天险是名副其实。长征途中他们经过的险关不算少了，但像这样险恶之地还没见过。小小的口子，不过30米宽，两面都是绝壁，形成一个长达百米的甬道。湍急的腊子河从这道缝隙里奔流而下，河上架着一座木桥，成了两山间唯一的连接点。桥头筑有坚固的碉堡，桥西是纵深阵地，桥东山坡上筑满了三角形碉堡。腊子口后面没有仓库，囤积着大批粮食，敌人做了长期死守的准备。桥头守军两个营，整个腊子山梯次配备了一个旅。在岷县城内，还驻扎着鲁大昌四个团的主力部队，随时可以增援。

当地民谣说："人过腊子口，像过老虎口。"

甘肃军阀、国民党新编十四师师长鲁大昌早已接到甘肃绥靖公署主任朱绍良电报："据空军侦察报告，红军先头部队已由松潘以北毛尔盖进入草地，有经甘南藏区向洮（临潭县）岷（岷县）北上企图。除夏河、洮岷地区部队严密警戒外，由贵师速调集兵力进驻腊子口附近构筑工事固守，并相机截击。另派唐淮源第十二师前来岷县支援。"鲁大昌即率部在腊子口层层构筑工事，安排部署两个整营的兵力，一个连守桥头堡，四挺重机枪排列碉堡内，重重防守阻挡红军，并囤积了大批粮食弹药，要与红军决一死战。阻断红军北上之途。

腊子口山后，鲁大昌纵深配置四个团兵力，岷县城里的国民党部队还可随时增援腊子口守军。洋洋得意的鲁大昌在岷县城里花天酒地，等着"前方捷报"。

9月15日，毛泽东随林彪、聂荣臻第一纵队沿着波涛汹涌的白龙江峡谷东进到达黑拉。一座依山傍水、气势雄伟的庙宇似神话般出现在人们眼前——它叫黑朵寺。庙前竖起一杆杆白色的经幡，上百名喇嘛恭敬地排列在门前迎接红军的到来。庙院里清净雅致，一尘不染。每处殿前和厢房外种植着各种鲜花，五颜六色，争奇斗艳，还有大串大串的熟透的葡萄……人们简直不敢相信，是否走进了《西游记》里所描写的那种光怪离陆、妖孽四伏的魔幻世界。

毛泽东说："我等无忌，乃同孙泼猴也！盛食厉兵，不妨住下一晚。"

毛泽东住进一所古色古香的经房里，同林彪、聂荣臻等研究部署夺取天险腊子口的作战方案。他说："腊子口是通往甘南的咽喉，要是拿不下来，我们就得重回草地去！"

聂荣臻和林彪从黑朵寺毛泽东的住处出来，天正在下毛毛细雨，前面高峻的腊子山正锁在云雾里。白龙江的支流石沙河从栈道底下奔腾而过。一尺多宽的小小栈道，被荒草和枝条掩着。他们顺着这条小径一直前进到原二师师部，与左权一起实地勘察了地形，对原二师师长陈光和政治委员萧华布置了攻打腊子口的任务。

林彪将这个任务交给杨成武、王开湘率领的突击团，规定两天内必须攻下腊子口。

杨成武立军令状说："拿不下腊子口。就取我的人头来见！"

林彪说："我不要你的头，我要腊子口！"

9月16日，毛泽东、林彪、聂荣臻将夺取天险腊子口的决定电告彭德怀：顷据原二师报告，腊子口之敌约一营据守未退，该处是隘路，非消灭该敌不能前进。令第二纵队及军委纵队快速到达黑朵寺，一旦腊子口被打下，全军须以较短时间通过，以防援敌拦堵。

随后，毛泽东与林彪、聂荣臻率部紧随突击团向腊子口进发，毛泽东要亲自指挥这场战役。

原四团很快拿出了作战计划，交给林彪。

林彪批准了四团的作战计划，即杨成武率一连人直攻木桥、隘口，王开湘带一连人迂回敌后，策应杨成武进攻腊子口。林彪对杨成武说，"事关全军命运，腊子口是座刀山，你们也要给我上。不然，我们还得退回去。"

深夜11时，静静的村庄响起了嘹亮的集合号声。杨成武站在队前，用简短的语言，向部队做了一次战斗动员："同志们，时间不等人啊！我们马上就出发，先头团，要在两天之内夺取腊子口，为大部队扫清前进的障碍，以便迅速到达抗日最前线，执行抗日救国的光荣任务。"在直冲云霄的口号声中，在雄壮的进军号声中，部队浩浩荡荡向腊子口进发了。

突击团沿白龙江疾进，穿过一片片黑森森的原始森林，翻过座座危崖陡峭的山峰……天刚蒙蒙亮，先头部队突然与敌后鲁大昌十四师派来堵截红军的两个营遭遇，双方展开激战。

林彪获悉后，即电示杨成武："坚决吃掉它！"

战斗进行到下午四时歼敌大部，残敌向腊子口溃逃。

突击团刚一结束战斗，即以强行军速度向腊子口奔袭。

傍晚时分，突击团抵近腊子河畔。这里景色宜人，一片亚热带风光，茂密的原始森林，数不清的蕨类植物，壮观的瀑布和满山遍野盛开的杜鹃花……然而，山口窄得出奇，只有三十多米宽，仿佛被一把巨斧劈成两半似的，两侧断崖对峙，怪石嶙峋，人是爬不上去的。甚至连山羊也无处插足。狭窄而湍急的腊子河就在这峭壁下咆哮着流过。一座架在两山间的木桥连接着两端用人工开凿的高悬的栈道。只要有人企图过桥进入隘口，就会遭到倾盆大雨般的猛烈射击，如果有人想爬上峭壁，那么他一抬头就会看到枪口正对着他的脑袋。趁着愈来愈浓的暮色，突击团向隘口守敌发起进攻，但几次猛攻都没有成功。敌人死守着桥头堡负隅顽抗。从右岸石壁暗堡里，敌人倾泻下来的手榴弹，在桥头堡一线构成一片火网，爆炸过的甚至没有爆炸的手榴弹柄，在地上铺了满满一层。攻桥的部队始终接近不了桥头，一批又一批突击队员在枪林弹雨中倒下了……

此时，毛泽东就在林彪的指挥所里，离隘口仅有四五百米之遥，他密切关注着战斗场景，眼前是千篇一律而又绝不相同的搏杀与格斗、冲锋与反冲锋。燃烧的峡谷里，飞溅着泥尘、沙石、碎尸、血肉，一股股灼热的带着焦煳腥味的气浪扑面而来。

林彪听到火线损失惨重的报告，不动声色，命令继续投入部队。但他有一种类似"大象和老虎捉迷藏"的感受。这里搏杀的空间小得可怜。

攻势更加猛烈。亘古洪荒的山谷似乎第一次经历了战神的洗礼，崩溃的岩石在炮火的巨浪里呜咽，爆炸的火光与生命的雷电不断撕裂着黑夜的雾障，幻化出烂漫的战云；浓重的血腥味和焦烟味，饱含着混浊的水气，在咆哮的河面上升腾飘散……林彪感到呼吸困难，TNT炸药的强烈刺激，呛得他连连打喷嚏、咳嗽不止。

然而，他望着激战的景象，似乎分不清这是人与人的搏斗还是大自然的互相绞杀。他想到的不是战争多么残酷，而是人类原始野性的复归。"双方都打红眼了……敌人要孤注一掷啰……看来他们并非懦夫和笨伯，草包和饭桶……要有几门重炮该多好，可惜在过草地时都扔掉了……"他低吟着，像是在梦中呓语。

此刻，毛泽东面对眼前的战争景观，则与林彪的所思所想有所不同，他把眼前的战斗完全抽象化了：那不仅仅是红军突击团与腊子口守敌的拼杀，而是阶级与阶级的大冲突，光明与黑暗的大搏斗，是两种命运两种前途的生死决战！——他亲自审问过俘虏；囤驻在岷县的国民党增援部队已经上路，正向腊子口一带围堵，形势越来越令人担忧。

午夜时分，突击团发起的第六次进攻仍未成功。

毛泽东命令停止下面强攻，因为六次进攻未遂，伤亡惨重。

★山重水复疑无路，柳暗花明又一村。王开湘率领两个连沿右岸的峭壁迂回到敌人的侧后进行奇袭，终于攻占了天险腊子口。

腊子口的两边，仿佛是一座大山被一把巨斧劈开，两边的山头高耸入云，悬崖峭壁随处可见，要想绕道通过腊子口是不可能的。从下往上看，腊子口只有三四十米宽，像是一条弯弯曲曲的长廊，直通云天。两边绝壁峭立，异常险峻。腊子河就从这"口"里流出，水流湍急，浪花激荡，汇成飞速转动的漩涡。听说，这里水深虽不没顶，但不能徒涉。尤其是山洪暴发时，水位猛升，流速加快，非常危险。在腊子口的入口处，也就是腊子河上，横架着一座小木桥。要进入腊子口，除了登上这座小桥往里走，别无他路。靠近里面的桥头通山口，那是敌人的纵深阵地。它的顶端是丈把高的悬崖，上面筑着好几个碉堡。外面的桥头有敌人一个连把守，附近的山坡上也筑有明碉暗堡。

经过反复缜密的侦察，和一营攻击时敌人暴露的火力，杨成武和王开湘发现，敌人在天险腊子口的防御十分严密，火力交叉配置，而且是有纵深的，但是有两个弱点：一是敌人的炮楼没有顶盖；二是口子上敌人的兵力集中在正面，两侧高山设防薄弱。

杨威武和王开湘又把望远镜对着敌人的炮楼和它旁边的悬崖峭壁：这一面石壁，从山脚到山顶，约有七八十米高，成仰角八九十度，连猴子也难爬上去。石缝里零零星星地歪出几株弯弯扭扭的古松。唯有此处，敌人好像没有设防，可能是因为它太陡太险。

杨成武和王开湘边观察边说，倘若能组织一支队伍从这里爬上去，居高临下用手榴弹轰击敌人炮楼，不仅可以配合主力正面进攻，还可以从不同方向往口子里面出击。可是这面看着都叫人头晕的绝壁，如何上得去呢？

就在指战员们讨论那悬崖峭壁能不能上去时，一个小战士来了个"毛遂自荐"，说他能够爬上去。

外号叫"云贵川"的战士小刘口出"大话"，令在座的所有人一愣。班长瞪着眼睛问："爬？这又不是铁索桥，上面还有根铁索抓着，你总不能翻个跟斗就能过去吧！"

小刘在众目睽睽之下有点不好意思："对，有根铁索就好了。"

战士们哄然大笑，七嘴八舌地取笑小刘："哎，我说你'云贵川'，这可不比你们贵州的那种兔子尾巴高的山。尽说孩儿话，有根铁索就好了，要是有架通天梯那更好了。哈哈。"

一个战士学着小刘的腔调"有根铁索就好了"，笑得前仰后合。

小刘有些急眼了，拍着胸脯站起来："我'云贵川'说的都是正经话，说到做到。"

杨成武示意大家安静下来，让小刘讲下去。

"我在家时，经常上山采药、打柴，爬大山，攀陡壁。眼下这个悬崖绝壁，只要用一根长竿子，竿头绑上结实的钩子，用它钩住悬崖上的树根、崖缝、石嘴，一段一段地往上爬，就能爬到山顶上去。"

小刘边说边借助手势比划着，攀着卢班长的肩做了一个腾空飞上绝壁的动作。班长蹲在地上任凭小刘摆布，听呆了。

"团长，政委，你们说这样行不行。"小刘看到了站在人圈外的王开湘和杨成武，腼腆地问道。

"好，好。没想到你'云贵川'还有这两下子！"王团长高兴地走进人圈，把小刘从卢班长的肩上抱下来。

"我看可以试一试。"杨成武说："我们就把希望寄托在你这个小战士身上，决心做一次大胆的试验。怎么样？"

小刘高兴地接受了任务。

"机枪掩护，吸引敌人的注意力。小刘，上！"王团长下达命令。

腊子河水很急，难以徒涉。王团长把自己的坐骑牵过来，把小刘送过岸去。

绝壁紧贴着腊子河，红军指战员们紧张地站在小树林里，看着小刘用一根临时制作的长竹竿绑上铁钩攀缘陡壁。这里距离山口上的国民党守军虽然只有三百余米，但向外突出的山包，形成了死角，他们看不到这边的行动。加之红军正面攻击部队时紧时歇的机枪射击声，口子上心情紧张的国民党守军根本没有考虑到这个连猴子也爬不上来的石壁会爬上人来。小刘赤着脚，拿着长竿，用竿头的铁钩搭住一根胳膊粗细的歪脖子树根，拉了拉，觉得比较牢固后，两手开始使劲地握住竿子，依靠臂力，顺竿用力引体向上，紧贴石壁一点一点往上爬。他双脚轮换着用脚趾抠住石缝或稍微突出的石块。很顺利，小刘"噌噌噌"没几步，爬到了竿头的顶点。在完成这第一竿后，他像猴子似的伏在那根似乎承受不住他身体重量的树根上，稍微喘了口气，又向上寻找可以搭钩的石缝……山岩下，红军指挥员们都屏住气息仰视着山顶，生怕惊动了"云贵川"，好像是谁要咳嗽一声，他就会掉下来似的。夕照中，只见小刘的身体比猿猴还要灵活，轻盈的身体，忽而攀登，忽而停下。再往上，小刘瘦小的身影显得越来越小了。崖下的指挥员们高仰着脑袋，小刘的一举一动都牵动着他们的心，真是一发系千钧，这一个人的成败，关系着整个战斗的胜负啊！

小刘终于攀登上了石壁，他向崖下摆着手。

眼睛都盯直了的王开湘这才长吁了一口气，摸了摸仰得发僵的脖子，兴奋异常地说："我的妈呀！总算有办法了。"

小刘又沿着原来的路线返回到石壁下。

山重水复疑无路，柳暗花明又一村。王开湘和杨成武决定，由杨成武指挥一个连仍从正面进攻，钳制敌人火力，另派两个连由团长王开湘率领，沿右岸的峭壁迂回到敌人的侧后进行奇袭。

一个小时后，担负攀登石壁迂回任务的红军指战员一个个背挂冲锋枪，腰携十多颗手榴弹，列队立正站在团首长面前，等待出击命令。

杨成武政委作战前动员报告："同志们，大家都看到了，我们正面冲锋道路狭窄，敌人已经组成严密的火力网，我们的兵力展不开，英雄无用武之地。我们必须坚决从侧面爬上去，迂回到敌人侧后，打它个突然袭击。这是攻占腊子口决定性的一着，要打得狠，奏效快。迂回部队由团长亲自率领，我在正面负责指挥。毛主席和军团首长派来了炮兵支援我们，我们一定能突破天险腊子口！"

迂回部队开始徒涉腊子河。先下去的两名排长，还没走到河心，便被急流冲得倒在水中，喝了几口水，才被救上来。部队只好用几头骡子来回骑渡。王开湘焦急地望着往返的骡子，头上沁出汗珠。他看了看河边的两棵大树，急中生智，要过一个战士手中的柴刀，向大树奔去。那个战士莫名其妙地望着王开湘的背影。

王开湘猛挥柴刀，向大树砍去。原来拿柴刀的那个战士明白了王开湘的用意，跑过去接过柴刀，砍了起来。大树倒下了，向着河对岸的方向。又一棵大树也被另一个战士砍倒，歪向对岸。两根圆木形成了简易的桥梁，担负迂回任务的四百余名红军指战员迅速跑步而过。

迂回部队渡过腊子河后，太阳已经落山。王开湘握住杨成武的手，说："政委，等着我们迂回成功的信号弹。"

杨成武满怀信心地紧紧握着王开湘的手。

王团长大步跨过腊子河。

红军正面攻击部队的掩护枪声又不紧不慢地响起来。

暮色中，"云贵川"小刘身背长绳飞足勇登。

长绳顺着石壁向上延伸，小刘的"尾巴"越来越长。

"好一个云贵川的长尾猿！"河两岸的杨成武和王开湘都在为小刘娴熟的攀岩技艺喝彩。

小刘登上石壁顶端后，将随身带的长绳一头固定在一棵大松树上，向着岩石下挥动着双手。

"上！"王开湘说着，自己首先攀登而上。

天色已经暗下来。石壁下的红军指战员一个接一个顺着长绳爬上去。他们不停地向上爬着，渐渐地看不到人影，只是偶尔传来几块小石子滚落入河的响声，引起石壁那边的国民党守军的几声枪响，衬托出几分喧闹。

在迂回部队渡河攀登同时，杨成武政委开始向担负正面攻击任务的部队作紧急动员："同志们，我们的前边是胡宗南的主力部队，北上抗日的道路只有腊子口这一条。这里过不去，我们就不能尽快地到达抗日前线。在这之前，乌江、金沙江、大渡河都没能挡住我们红军前进，雪山、草地我们也走过来了，难道我们能让腊子口挡住吗？"

"坚决拿下腊子口！"红军指战员喊出同一个声音。"把主攻任务交给我们连吧。刀山火海也挡不住我们！"红六连的队列中站出了连长杨信义和指导员胡炳云。他们的背后又站出了十多个人，齐声喊道："政委，我们是共产党员，请考验我们！"

杨成武下定了决心，命令道："好，主攻腊子口的任务就交给你们六连。在团长他们没有迂回到位前，我们当前的主要任务是保护住口子上的独木桥，绝不能让敌人破坏掉。你们连先抢占独木桥桥头一侧高地，控制住独木桥!"

红六连的指战员们欢呼雀跃。

"团里再抽出一部分轻、重机枪，由你们指挥使用。"杨成武向身边的杨连长胡指导员交代道:"开始准备吧，怎么样? 先选二十名突击队员。"

"是!"

部队解散各自准备去了。红六连的战士们接受了主攻腊子口的任务，都像小孩儿要过年除夕一样高兴，忙着抓紧时间作战前准备。有的把刺刀、大刀擦了又擦; 有的把手榴弹三个绑成一捆，两个捆成一束，挂满全身。

原红一军团的宣传鼓动队上来了。

胡指导员高喊着:"让这位同志给咱们说一段快板，好不好?"

大家齐声道:"好!"

"就说段从乌江到腊子口吧。"一位宣传队员说着，竹板在他手中随声而起:

"乌江渡，千山护，红军到来齐放路。

金沙江，万马腾，红军面前坦途平。

大渡河，悬铁索，躬身等待红军过。

大雪山，齐天高，见了红军就哈腰。

水草地，无人烟，红军走过喜开颜。

腊子口，险又陡，一见红军就低头，就低头!"

杨成武站在战士中间，猛烈地鼓掌。

下一个节目又开始了。杨成武来到右边的陡壁下，参谋长李英华正在这里指挥迂回部队有条不紊地攀登石壁。

哗哗的水声，急骤的枪声掩护着他们的行动。侦察连上去了，红一连上去了，红二连上去了……杨成武仰视山顶，黑乎乎的什么也看不见。

到晚上九时，迂回部队全部顺利登上石壁顶端。

参谋长李英华对杨成武说道:"团长他们全部上去了。我们这边开始动手吧。"

"命令六连发起攻击! 抢占独木桥桥头一侧高地。"

红六连从正面向腊子口上的国民党守军展开猛烈进攻。

二十名突击队员在杨连长、胡指导员的指挥下，以密集的火力作掩护，手持大刀和手榴弹，悄悄向隘口独木桥边运动。狡猾的国民党守军，凭着险要的地形和坚固的碉堡，有恃无恐地躲在工事里一枪不发，只等到红军接近桥边时，就投下一大堆手榴弹，一团团的火光在隘口上爆炸。

突击队员们见此情景，急得两眼直喷怒火。待国民党守军的手榴弹一停投，又冲了上去。窄而险的山道有很长一段只容一个人通过，国民党守军的重机枪火力正对向这里。红军突击队的几次冲锋，都没有成功，却先后伤亡了几人。

"打，不能让兔崽子抬起头来！"杨连长见冲不上去，命令机枪手狠狠射击。机枪喷出的火舌吐出很长，映红了半边河水。子弹打在国民党守军阵地的岩石上，火星四窜。但是，这密集的火力仍然压制不住占据有利地形的国民党守军。就在突击队前进的山道上，国民党守军投下的手榴弹一个接一个地爆炸。

军团的炮兵在山下死角中也发挥不出应有的作用。

杨成武对胡指导员说道："换一种方式试试，用政治攻势。"

胡指导员走近崖边隐蔽处，身后跟着几个带着纸糊话筒的红军战士，开始喊话：

"我们是北上抗日的红军，从你们这里借路通过，你们别受长官的欺骗，让路给我们过去吧！"

"赶快缴枪，缴枪不杀，还要发大洋给你们回家。"

腊子口上的碉堡内，几个国民党士兵，正各持一挺重机枪，严密注视着山下，翘首细听，但仍不时打出一串串子弹。

由于红军的政治攻势，枪声远远不如刚才激烈。

碉堡门口，国民党军马副团长正神情紧张地向旅部报告，请求增派援兵。

红军的喊话声由山下传来。马副团长走到一个士兵面前，抓过机枪把柄，朝着山下就是一阵猛打，并骂道："你们就是打到明年今天，也别想通过我们鲁师长的防区腊子口。"

山下随之响起激烈的枪声和冲杀声。红军又开始进攻了。

狭窄的山道上几个突击队员正攀缘而上，一个红军战士被击中，掉入滚滚的腊子河。几个突击队员奋力向碉堡上扔出手榴弹。由于碉堡太高，加之投掷角度不合适，红军突击队员们扔出的手榴弹根本不可能投入碉堡，反而碰上碉堡的石头弹回后，滚落到突击队员的身边爆炸，引得碉堡内的国民党军一阵阵狂笑。

杨成武和各营连干部趴在山下边，焦急地望着。最后不得不下令暂时停止进攻。

碉堡中又传来国民党守军的嘲笑和谩骂声。

红军战士们纷纷要求再次冲锋："让我们上吧！""为牺牲的同志们报仇！""天明前我们一定拿下腊子口！"

原红一军团的通信员跑步上来："报告。毛主席和军团首长要求汇报战况。问四团部队现在在什么位置，有什么困难，需要不需要增援？"

杨成武额头上不知何时已被弹片擦破，流出了血。满头的汗水和血混杂在一起，愈加显露出他内心的焦急。他知道再多的兵力在腊子口前也没用。他抬头望了望迂回部队攀登的石壁山峰，自言自语但很肯定地说："王团长他们那边什么动静也没有，一定是遇到了困难。该是发起总攻的时候了。请你告诉毛主席和军团首长，我们现在不需要增援。红四团一定能完成任务，一定能战胜各种困难。"

原军团通信员返身奔去。树林深处响起"咯噔咯噔"的马蹄声。

腊子口上高高的山峰下。王开湘团长正带领红四团迂回部队奋力向上攀登。

毛连长第一个爬上了山坡顶，却找不到向前下去的道路，只觉得到处是悬崖陡壁。黑黝黝的夜晚，有电筒也不能用来照明，大家只好摸着黑到处寻路。

王开湘伏在坡顶一块岩石下面，急切地问身旁刚爬过来的小刘："毛连长找到下山的路没有？"

"还没有。这里到处是悬崖。"小刘轻声说道。

"继续找。上得来，就应该下得去。"王开湘说。

腊子口上传来急骤的枪声，在夜空中显得格外响亮。

"这是政委他们在掩护我们的行动。我们早一点找到通向口子上敌碉堡的路，政委他们就能尽快减少一点伤亡。"王开湘焦急地说。

毛连长这个突破乌江的英雄，冒着粉身碎骨的危险，摸索着在前探路。随后跟着的一名战士，突然一脚踩空，掉下深渊。沟底只传来几块乱石的碰撞声。一会儿，一切又恢复了寂静。

"让我们记下他的名字吧！"毛连长悲愤地说道，接着问旁边的战士："他是谁？"

"不知道。"一个战士悄声回答。

毛连长凝视了一下黑洞洞的深渊，继续在前探路。

又过了一个小时，毛连长终于找到一条由此出击口子上碉堡的道路。他高兴地转身对一个战士命令道："快去告诉团长，从这里下山。"

此时已是深夜两点整。王开湘带领迂回部队以急促的速度向前冲去。

腊子口前，激烈的枪声震荡着每个人的心。为了防止国民党守军破坏独木桥，并牵制其注意力，掩护王团长所带领迂回部队的行动，杨成武命令红四团的重火力配合已经冲到桥一侧的红六连突击队员，坚决压制住国民党守军向独木桥桥头的运动。

为了减少伤亡，杨成武对红六连连长说："不要再猛攻，只进行牵制性战斗，等待迂回部队到达预定位置发出信号后，再一齐给敌人来个总攻击。"

受伤的突击队员被抬下来，救护人员赶紧忙着料理。树林中传出一片嘈杂声，也间杂着埋怨声和发誓声。

炊事员把做好的饭菜送来了。香喷喷的饭菜，可谁也吃不下去。杨成武看着眼前的一切，自己端起碗来，先猛吃了几口，对着六连连长和指导员命令似的说道："你们两个先带头，吃，不吃怎么能拿下腊子口！"

杨连长和胡指导员勉强吃了一点。

杨成武端起了碗，在沉思着，他心里更是沉甸甸的，端着碗，向一边走去。

等待发起总攻的战士们都做好了一切准备，在离前沿稍远一点的地方靠着石崖一个个坐着。四周黑乎乎的，不见一点光亮，只有河水翻起的浪花偶尔反射出星星的微光。

杨成武走到杨连长和胡指导员身边，说道："杨连长，我们换一下打法。我们现在就是整个六连从正面扑上去，也很难达到占领腊子口的目的，倒不如抽出部分同志组成突击组，以小分队的形式接二连三地向敌人轮番进攻，疲劳和消耗敌人，等待迂回部队成功到达后，我们再伺机进击敌人，争取夺桥。"

"对，这是一个好主意。"杨连长说着扔下饭碗，奔向小树林。

一会，前沿又响起了激烈的枪声和喊杀声。

腊子口下，杨成武一边看着突击队勇敢冲杀，一边望着对岸山顶。参谋长李英华走了过来，说："王团长他们一定遇到了困难。"

"是啊，天都快亮了，要是天明前，王团长他们完不成迂回任务，我们和他们不能在腊子口上联合起来给敌人最后的一击，那么，我们整个战斗部署就会暴露，六连突击队就是冲过这一道口子，也难以立即攻击敌人第二道防线。"

通信员向杨成武这边跑来："报告政委，六连的突击队冲到桥根下了！"

口子上的独木桥桥头，指导员胡炳云正带着突击队员向对面进攻。这时，前面山峰上突然一道红光闪现，一颗红色信号弹跃上天空。

"信号弹！红色信号弹！"杨成武喊出声来。

紧接着，山峰上又升起一颗绿色信号弹。

一红一绿那正是红四团规定的总攻信号。鲜红色的抛物线一侧，翠绿色的弧线划过大半个天空，如两道拱门，搭在腊子口山巅。耀眼的光芒透过拂晓的薄雾，照亮了腊子口。

"王团长的信号！"

"迂回部队胜利到达预定地点。"

腊子口下，红军指战员们一片欢腾。

"发信号弹！"杨成武命令通信员。

"嗵！嗵！嗵！"接连三发黄色信号弹射向天空。

这三颗信号弹仿佛三颗金黄色的天星，在拂晓前的茫茫晨雾中闪耀着光辉。与那一红一绿的信号弹在天幕上交相辉映。

"发起总攻！"杨成武命令。

"最后的一击终于盼到了！"参谋长李英华舒了一口气。

山上山下同时响起了嘹亮的冲锋号声。红六连的英雄们爬过了独木桥。

王开湘带领的迂回部队突破几处国民党守军的封锁，已经从后面攻击到口子附近。他们居高临下，看准下面几个没有顶盖的碉堡和国民党军刚设置的迫击炮阵地，扔下一个接一个的手榴弹。

口子上碉堡中的国民党守军经不住来自头顶上的轰击，没有被炸死的只好弃守而逃。碉堡底下的红六连的指战员抢着大刀，端起步枪，冲过独木桥，奋勇追杀。

晨曦中，原红四团正面攻击部队登上腊子口。指战员们身背步枪，抢起雪亮的大刀，向着国民党军群中左砍右杀。

红军控制了独木桥，并抢占了隘口上的两个碉堡。

杨成武对参谋长李英华命令道："快，兵分两路，沿腊子口向峡谷纵深扩大战果。"

参谋长李英华跑步离去。从腊子口下冲上的红军分为两路，向国民党军纵深扑去。

腊子口上飘扬起红旗。红四团部队会合了，王开湘和杨成武紧紧地握着手。

9月17日清晨，霞光驱散了峡谷的雾气，把柔和的金色洒满了山峦崖壁，腊子河欢快地唱着山歌顺峡而去。红四团的勇士们簇拥着被硝烟战火熏染的红旗，站在腊子口上，沐浴着血色般的朝霞，是那样的威武雄壮。尽管他们衣衫褴褛、饥寒交迫，但他们钢铁般的革命意志却丝毫没有动摇，面对强敌他们无坚不摧，面对困苦他们无往不胜。

腊子口下，一片激战后的景象。这里的树木差不多每株都体无完肤，断枝落叶，原来青青的绿草地到处是被炸翻的黄土，有的地方已成焦土。谷地上，手榴弹木柄和没有爆炸的手榴弹，在地上铺了厚厚一层，红军大队人马从上面踏行而过。指战员们面对眼前的一切，不由肃然起敬，默默地向前奔去。

腊子口上，红军大队正在拥挤地通过。道路两边到处是国民党军的死尸和丢下的枪支、弹药、被服等各种军用物资。红一军团宣传队员站在独木桥桥头，正打着竹板鼓动部队。道旁的石壁上贴着红红绿绿的标语："不怕肚子饿，就怕敌人跑。""追到岷州（即今岷县）去，活捉鲁大昌！"

腊子口一战，中央红军赢得了决定性的胜利。这正是：峭峰插云一线天，陇蜀千障峡道连。秋风夜雨腊河吼，关险防固敌凶顽。绝壁险岩挡不住，神兵飞下万重山。横扫白云葬深谷，征师高歌进甘陕。

聂荣臻来到腊子口桥头，面对半尺深的手榴弹破片层，伫立良久，慨然长叹。他想，关非不险，路非不难，倘使我们的部队有一营之众纵深防守，纵有十万之师又焉能扣关而入？是我们的部队太勇猛、太机智了！

腊子口战斗，是红军长征途中少见的硬仗之一，也是出奇制胜的一仗。这一仗打出了红军的威风，显示了红军战士智勇双全，一不怕苦，二不怕死的硬骨头精神，彻底粉碎了国民党军企图把红军困死、饿死在雪山草地的计划。红军大队长长的队伍，正从腊子口跨向北方，这股铁流一直向前延伸。

感慨万千的杨成武政委即兴赋诗《突破天险腊子口》一首：

腊子天下险，

勇士猛攻关。

为开北上路，

何惜鲜血染。

★一张偶得的报纸，成了决定历史进程的关键，中央红军由此决定了自己的落脚点和归宿。毛泽东轻松赋《长征》，他说："我们的长征快结束了。"

腊子口打开了。部队于日出时通过腊子口继续北进。当人们越过那座极其平常的小桥，来到方形碉堡的下面，差不多每个人都停下脚步，发出一声声惊叹。因为在那不大的一块地面上，鲜血斑斑，手榴弹的木把儿堆了很厚一层。整个地面熏得乌黑。显然在战斗最激烈的时候，这些手榴弹是成束成捆丢下来的。人们带着惊讶、赞佩和自豪的神情穿越过长征路上的最后一道天险，脚步走得更有力了。

毛泽东从这里经过时，也停下来了。他巡视着那险峻的地形和残酷搏战的遗迹，显出深深感动的神情。

腊子口一打开，毛泽东遂又命令第一纵队乘胜追敌，翻越白雪皑皑的岷山（又名大刺山），于9月18日占领了敌人据守的鹿原里（又名大草滩），缴获粮食数十万斤，盐两千多斤。这些物资，对于刚走出草地不久的红军来说，简直是无价之宝。

次日，杨成武突然接到军委的命令，挥兵东去，乘胜占领哈达铺。至此，腊子口一战结束。

腊子口得手以后，林彪立即将战况报告尚在黑朵寺等候消息的毛泽东和党中央。他自己即和聂荣臻一起赶往哈达铺，准备迎接毛泽东等人。

9月19日，林彪一行抵达哈达铺。这天，一位名叫曹德连的连指导员奉命去邮局寻找敌人的报纸。在邮局，他找到了一大摞国民党《山西日报》。报上，有一则阎锡山进攻陕北红军的消息。

曹德连把报纸送到了军团部。林彪和聂荣臻看到这则消息，大喜过望。他们深知这则消息在红军统帅部中的价值。聂荣臻看后对身边的参谋说："赶快派骑兵通信员把这份报纸给毛主席送去！陕北还有个苏区呢，这真是天大的喜讯！"

穿过腊子口，部队就进入那窄窄的深井般的山谷逶迤而行，不远处就是岷山。岷山，是长征途中最后的一座高山，上二十里下三十里，飞机不断前来滋扰。但是一听前面部队占领了哈达铺，人人情绪昂扬，也就不觉得吃力了。

毛泽东披着他那件旧大衣骑在马上，随队缓缓而行。山谷越来越开阔了，漫山遍野的谷子已经黄了，正待开镰收割。山坡上出现了一片一片的羊群。路边不远几个儿童骑在牛背上，正在嬉耍。远远一座村舍，正升起几股蓝色的炊烟。这些亲切熟悉的景物，都告诉人们，已经回到汉族区域来了。

气候也和暖了许多，路旁的柳叶才刚刚发黄。毛泽东望望周围的景物，不禁心旷神怡，若有所思。他身前身后的警卫员们，也都笑吟吟地望着下地归来的农夫农妇指指划划。这时，正好从旁边金黄的谷子地里走来一对农民夫妇，红军战士们从心里感到亲热，没话找话地纷纷问道："老大哥，前面是什么村子呵？"

"大草滩。"那个农民和气地笑着说。

"离哈达铺还有多远哪？"

"还有二十五里。"

"好极了，快到了！"人们纷纷兴奋地叫。

"大嫂，你们这个大草滩，欢迎我们住吗？"有人调皮地问。

"看你说的，怎么会不欢迎？"那位妇女也笑着说。

"你们为什么欢迎？"

"你们把鲁大昌的队伍打跑了么！那些东西可糟害人了。"

红军战士们轰地笑起来。笑声里，那种长期不见老百姓的可怕的孤寂之感消融了，人们感到无限的快意。

毛泽东在马上也笑了。警卫员小沈看见路边山坡下有几棵大柳树，下面是平坦坦的一块草地，就指着说："主席，我们也该大休息了，你看在这里休息一下好吗？"

"好，好。"毛泽东仰起脸看了看太阳，笑着点了点头，就下了马；一面回过头去望望博古、洛甫，还有坐担架的王稼祥，说："反正离哈达铺不远了，咱们都歇歇吧！"

博古、洛甫都欣然同意，下了马，王稼祥下了担架，一起来到几棵大柳树下。有的铺上大衣，有的铺上雨布，休息起来。

警卫员们纷纷摘下水壶，打开饭盒。饭盒里还是从俄界等地带来的炒青稞麦。人们正待要吃，一个警卫员喊道：

"看，周副主席来了！"

大家仰起脸一看，见周恩来拄着一根小棍儿在大路上缓缓走来。他的脚步还不是太稳，后面跟着警卫员魏国禄和一副担架。

"恩来，这边来！"毛泽东招着手。

"来，歇歇吧！"博古、洛甫和稼祥也纷纷喊道。

周恩来停住步子，望着这边笑了笑，就走过来了。来到近处，才看清楚他仍然颜色憔悴，满脸病容。

"快坐下来吧！"毛泽东拍拍他身边的大衣，关切地问，"你走得动吗？"

"觉得好了些，就想试试。"周恩来笑着说，"不然就成废人了。"

说着，他坐在毛泽东身边的大衣上。

"要依着他，早就要下来走了。"魏国禄说。

毛泽东侧过脸，望着周恩来面容清瘦的样子，说：

"恩来，你这一病，可真苦了我了！"

周恩来叹了口气：

"我平生以来，没有害过这样大病，要不是同志们，我早完了。"

"也怪你平时总是不肯休息，结果来了个大休息。"

大家都笑了起来。

▲长征时期的周恩来

　　这时，有两个骑兵通信员从北面大路上奔驰过来。他们看见领导人都在这里休息，就下了马，跑过来打了一个敬礼。

　　"报告主席，聂政委说有张报纸很重要，叫我们赶快送来。"通信员说着，递过来一张报纸。

　　毛泽东接过来一看，是张国民党的《山西日报》。他翻了翻，就在一个消息上停留住了。不一时就笑逐颜开，满脸喜色地对大家说："我们快到家了！"

　　"什么？"大家惊问，"你说的是什么家呀？"

　　"一个真正的家。"毛泽东笑着说，"我们的长征快结束了。"

　　他把报纸递给了周恩来。其他人也都跑过来围在后面观看。原来这是一则国民党部队的"剿赤"消息，从中透露出，陕北有一个颇大的赤区。刘志丹和徐海东领导的红军都在那里。过去在江西就听说有一个陕北苏区，长征以后就不知道它是否存在了。今天，这个地地道道现成的家就在眼前，再不要伤透脑筋地讨论在什么地方建立根据地了。

　　"太好了！太好了！"人人眉开眼笑，乱纷纷地说。

　　就这样，一张偶得的报纸，成了决定历史进程的关键。中央红军由此决定了自己的落脚点和归宿。

　　这时，另一名通信员走上来，从背上解下一个沉甸甸的白包袱，笑嘻嘻地说："还有这个！也是聂政委叫我们送来的。"说着，打开一看，警卫员们都惊讶地欢叫起来。原来这是一种谁也没见过的雪白的大饼，每张足有半寸厚像小车轮似的。他们乱纷纷地嚷道："这是什么？"

　　"这叫锅盔！"周恩来笑着解释道，"我以前在天津、北平都吃过，很好吃，用它做羊肉泡馍更好吃了。"

　　毛泽东伸手拿起一个，想掰开来给大家吃，掰了掰没掰动，就叫："警卫员！快拿刀子来割！不要吃那个青稞麦了。"

　　警卫员像分割月饼似地一牙牙割开，大家纷纷拿起大嚼起来，都大叫好吃。毛泽东一面吃，一面招呼那两个通信员："你们也来吃呀！"

　　"我们都吃过了。"背大饼的通信员说。

　　毛泽东笑着问："哈达铺大不大？"

　　"从懋功以后，没见过这样大的镇子。"

　　"老百姓欢迎你们吗？"

　　"昨天，我们一到，老百姓就可街筒地围着我们看，把我们都看腺了……

那里的东西蛮便宜的。"

"猪肉多少钱一斤？"

"一百多斤的大猪才五块光洋，一只肥羊才两块钱，花一块就能买五只鸡，一毛钱就能买十几个鸡蛋。另外，鲁大昌还丢下了很多大米、白面……"

那个通信员简直把哈达铺说得像天国，毛泽东又笑着问："你们改善了一下没有？"

"给我们每个人发了一块光洋。聂政委还提出，每个连都要吃得好。我们一天三顿饭，顿顿三荤两素，吃得嘴里流油，每个人都心满意足了。"

"长期挨饿，也不能一下吃坏了。"毛泽东提醒说。

"可不是么！我们通信连就有几个撑得不能动了。"

人们哄然大笑起来。

两个通信员打了敬礼，然后骑上马返回去了。

大家正在谈笑，警卫员又叫，说徐老他们过来了。人们抬起头一看，果然几个老人走了过来。徐特立还是穿着那身过于宽大的古铜色长袍，下面露出极扎眼的红裤子，挂着的棍子上挂着一双草鞋。谢老（谢觉哉）的脚步仍然十分疲惫，一手拄着棍子，一只手提着马灯。林老（林伯渠）的眼镜在太阳下反着光，那身军服显得过于长大，几乎达到膝盖上了。只有董老（董必武）武装整齐，身披大衣，挎着手枪，绑腿打得很标准，很像一个精神奕奕的军人。

毛泽东见他们走近了，连忙站起来，笑着打招呼道："徐老、董老、谢老、林老，你们都过来歇一歇吧！"

其他人都纷纷站起来。

几位老人刚刚坐下，毛泽东就捧过来一个车轮式的锅盔，随后又把那张《山西日报》递给他们，笑着说："你们几位老人走过来多不容易呀，现在真的有希望了！"

几位老人对这天外飞来的喜讯感到意外，笑得连嘴都合不拢了。谢老摘下他那只断了腿儿的只用一根线勉强系着的眼镜，擦着眼泪，说："确实的，我真没想到能活着走过来！"

大家沉浸在一片深深的欢乐之中。董老感慨地说："今天这样的喜事，岂可无诗！主席，我知道你是写了诗的，你就把它拿出来念念吧！"

毛泽东粲然一笑，说："诗倒是有几首，不过随写随丢。今天在马背上哼了一首七律，也不甚好。"

"好！快念一念！"大家纷纷叫道。

毛泽东不慌不忙地念道：

"红军不怕远征难，

万水千山只等闲。

五岭逶迤腾细浪，

乌蒙磅礴走泥丸。

金沙水拍云崖暖，

大渡桥横铁索寒。

更喜岷山千里雪，

三军过后尽开颜。"

毛泽东念过，大家不禁鼓起掌来，似乎沉浸到深深的回忆之中。

1935年9月21日，晨雾裹着袅袅炊烟结成一缕缕洁白纱幔，在山坳的上空升腾、飘散，给这个古朴而恬静的小镇哈达铺平添了几分生动明快的色彩。这天上午，哈达铺的群众倾城出动，热烈欢迎跋涉万水千山到达这里的红军。

这里是汉族地区。指战员们都觉得，到了哈达镇，就像到了自己的家，尽管这里的汉民大都信奉伊斯兰教，但语言上并没有隔阂。并且这里有共产党的地下武装一直在活动。

毛泽东要部队在此休整两天。

▲哈达铺红军长征纪念馆

官兵们都洗了澡，理了发——这是过草地以来第一次理发和洗热水澡。并开展了一场清除虱子的"歼灭战"。大家都感到特别轻松、愉快。他们知道前面还要翻越许多的山，涉过许多的河，还要进行许多的战斗，但是他们相信以后再也不会忍饥挨饿了。

在这里，每个指战员都领到了两块闪闪发光的银元——这些银元是由他们背着，经过了雪山、草地和老虎嘴似的腊子口保存下来的。毛泽东在一次讲话中说："大家都要吃好！"

大家确实吃得不错。这里猪、羊、鸡、鸭价格非常便宜。部队从鲁大昌部缴获了大米、白面数百担，食盐数千斤，使得自爬雪山、过草地以来没吃过大米白面的战士们人人眉开眼笑。各个连队都杀猪宰羊，每顿饭三荤两素，战士们吃得满嘴是油，喜气洋洋，相互逗乐子说："嗳唷，过新年喽！——这真比过年吃得还好！——这里简直是天堂！"

为联络地方群众，部队通令各伙食单位，邀请驻地村民前来会餐。回民不吃猪肉，还单独设清真宴。来会餐的老老少少，男男女女，请了一拨又一拨。有个老汉笑咧着跑风漏气的嘴说："我活了这么大年纪，没见过红军这样好的队伍。鲁大昌在这里住了几年，咱们不但吃不到他的东西，还要咱们给他进贡哩！"一个老太太抢过话茬说："交不出粮，还要抓人吊起来打哩！你们不走就好了！"

最让哈达铺的妇女们惊奇的是那些留短发、穿军装、皮带上挂着手枪的女红军。她们甚至问："你们真的是女的吗？"她们有的把女兵请到家中，仔细端详，摸摸她们的胸脯，跟着她们去茅房——这才消除了疑虑，确信她们真是女的，于是便高兴地让女兵们讲端枪打仗的故事。

还有一个更让哈达铺的男女老少惊奇不已的事——这就是人高马大，金发碧眼的李德。在他们眼里，他简直就是一个魔鬼！他们不知道世界上还有这样一副长相的怪人，他们更不知道，这样一个怪人曾主宰过中国工农红军的命运！而李德倒是极友好地向围着他看的孩子们打着手势，用生硬的中国话说："噢喽，噢喽，我是你们的朋友！"但那些孩子"哇——"地一哄而散。

哈达铺沉浸在从未有过的太平盛日的欢乐之中。

周恩来的病情已大有好转，他住进清真寺一所幽雅的房子里，受到虔诚的老阿訇优越的款待。毛泽东则住进了一所漂亮的商人的庭院，因为他要吃两顿红烧肉很好地解解馋。

毛泽东到了哈达铺，立刻就去被占领的一个小邮政局收集国民党的报纸。他兴致勃勃地查看了这些报纸，证明前几天看到的《山西日报》上的消息是真的：陕北不但有一支共产党的队伍和一片苏维埃根据地，而且著名的群众领袖、原红二十六军军长刘志丹仍然活着，还有红二十五军的程子华、徐海东也在那里。

啊！真是天大的喜讯！毛泽东和他的战友们兴奋不已。今天，在距江西的出发地已有二万四千余里之遥的哈达铺，红军长征的确切目标终于解决了！

9 月 22 日，毛泽东召集团以上干部在哈达铺一座关帝庙里开会，作行动方针与任务的报告。

毛泽东在会上兴奋不已，他激动地高声说：

"我们要北上，张国焘要南下，好么，那就分道扬镳。张国焘说，我们是机会主义，究竟哪个是机会主义？目前，日本帝国主义侵略中国，我们就是要北上抗日，首先要到陕北去，那里有刘志丹的红军！

感谢国民党的报纸，为我们提供了陕北红军详细的消息。那里不但有刘志丹的红军，还有徐海东的红军，还有根据地。现在，我们的任务，就是向陕北进军。

事实证明，中央北上抗日的战略方针是正确的，我们的路线是正确的，现在我们陕甘支队的人数是少一点，但是目标也就小一点，不张扬。我们现在改称陕甘支队，由彭德怀同志任司令员，我兼政委……

从这里到刘志丹同志创建的陕北苏区只有四百多公里路程了，大家要振奋精神，早日与刘志丹领导的红军会合！"

长时间的热烈鼓掌。发自人们肺腑的充溢着甘苦与悲喜的掌声，将毛泽东的讲话一次次中断，又一次次地推向高潮。

是的，他们就要到家了。他们已踏上了家乡的土地，正朝着自己的同志和根据地迈进。面前只剩下不到一千里的路程了。

诚然，在同四方面军的领导人张国焘发生冲突之前，他们也曾有过这样的希望，但是那个希望化作了泡影。眼下，他们虽然只剩下六七千人了，可这是一支组织严密、上下团结、能征善战、有共同的精神和目标的有生力量。并将成为中国共产党的核心力量。他们不再是一群在蒋介石的精锐队伍面前衣衫褴褛、争吵不休和狼狈逃命的"流寇"。他们将把长征转变为胜利，长征已不再是战略退却，不再是连下步走向何方都不知道的东躲西藏。这一切变化都发生在他们抢渡乌江、金沙江、大渡河以及翻越大雪山、走过草地、夺取腊子口之后，战斗的主动权已不在蒋介石的掌玩里，而在毛泽东的弹指间。

这一切，都在毛泽东那激越铿锵、极富感召力的讲话里已见端倪："我相信所有的指挥员们、战斗员们，在经过了两万多里的长征的洗礼和战火的考验之后，在困难面前无所畏惧，将会以你们的勇敢无畏和丰富的战斗经验，克服一切艰难险阻，实现我们的目标——完成长征北上，打击日本侵略者！"

第六章

直 罗 镇 大 捷

——陈赓、徐海东联手举行"奠基礼"

此战，是中央红军到达陕北的第一仗，对立足陕北至关重要，给党中央把全国革命大本营放在西北的任务，举行了一个奠基礼。

1935 年 10 月，中央红军陕甘支队胜利到达陕甘根据地的保安县吴起镇，胜利地结束了长征。中央红军胜利到达陕北，蒋介石极为不安，其调集东北军五个师的兵力，企图东西对进，围歼我军于葫芦河、洛河之间地区。为粉碎敌人新的进攻，毛泽东、彭德怀决定，集中兵力，向南作战，首先在直罗镇一带歼灭沿葫芦河东进之敌一部，尔后转移兵力，各个歼敌。11 月 20 日，在飞机的掩护下，敌先头部队第一〇九师兵分三路沿葫芦河谷及南北山地向直罗镇进攻，红军以一部兵力节节抵抗，逐渐将敌诱入直罗镇，进入了红军预设的战场之内。11 月 21 日子夜，红一方面军主力分别由待机位置向敌展开，并于拂晓时突然向敌发起进攻。第一军团从正北和西北方向，进攻直罗镇北山，断敌退路；第 15 军团从西南、正南和东南三个方向，进攻直罗镇南山及东南地区，阻敌东逃。激战至 14 时，敌第一〇九师大部被歼，其残部五百余人退入直罗镇东南土寨负隅顽抗。此时，敌东西两路援军已迫近直罗镇。为继续歼敌，红一方面军以少数兵力围困敌第一〇九师残部和阻击西援之敌第一一七师，主力则向西迎击东援之敌第一〇六、一一一师。该两师遭我阻击后，因害怕被歼，于 23 日纷纷沿葫芦河西撤。红一方面军乘胜追击，在张家湾地区歼敌第一〇六师一个团。被我军包围在直罗镇东南土寨的敌第一〇九师残部待援无望，于 23 日午夜分路突围，24 日上午被我军全歼，击毙敌第一〇九师师长牛元峰。至此，直罗镇战役胜利结束。

★中央率陕甘支队到达陕北。徐海东想打直罗镇以东的张村驿，毛泽东表示赞成："先把张村驿拿下来，咱们再共同考虑下一步行动！

1935年10月19日，中共中央和毛泽东、周恩来、彭德怀率领中国工农红军陕甘支队到达陕北吴起镇。至此，中央红军完成了历时一年，纵横十一省，行程二万五千里的长征。

自夺了天险腊子口，毛泽东一直随林彪和聂荣臻的第一纵队在前面指挥行动与作战。

第一纵队先遣队在向吴起镇进发时，只见一小股马队直朝他们奔驰而来，杨成武从望远镜里看到，这小股马队也就七八个人，个个头缠白头巾，身挎驳壳枪，看上去剽悍健壮。他想，必是马家军的骑兵无疑，遂令部队作好迎战准备。

小股马队分明发现了他们，朝这边跑得更快了，边跑边喊，"喂，我们是陕北红军——"

杨成武一听，异常惊喜，马上令号兵吹响了军号，接着喊："我们是中央红军——"

对方也马上扬起一块红绸布，喊："我们军团长特派我们前来迎接你们！"

杨成武率先迎了上去。对方到了眼前，急忙翻身下马，开口便问："毛主席在哪里？老刘给毛主席写了一封信，叫我们速速交给毛主席。"

杨成武派人领他们速见林、聂和毛泽东。

毛泽东接见了这几位代表，然后走到一些正在休息的队伍里，欣喜地告诉大家："陕北的红军代表来迎接我们了！我们就要进入陕北苏区了！"

到了吴起镇，毛泽东立即致电彭德怀，告之第一纵队已进抵吴起镇，要求第二、第三纵队明日向吴起镇靠近，并指出："吴起镇已是苏区边境，此地以东即有红色政权。"并要彭德怀速来吴起镇商讨行动方针，第二、第三纵队交叶剑英、邓发指挥。

这时，道佐铺红十五军团指挥部里，徐海东主持团以上干部的军事会议，讨论下一个打击目标。

徐海东看着地图说："一一○师搞掉了，一○七师垮了他五个营，米脂方面的高桂滋，井岳秀两支部队放弃了瓦窑堡向北逃走了，附近敌人不多了！我们现在应该收拾张村驿！扩大根据地区域！它是我们南下的绊脚石，位置重要。而且敌人不多，周围四个围子只有三百多民团。先得发外围，留下后方……"

"报告！"警卫员闯进屋来说，"中央、毛主席来信了！"

中共中央派人送来《陕甘支队告红二十五、二十六军全体指战员书》，带来了中共中央对他们热情慰问和鼓励，表达了对胜利会师的祝贺。信中写道：

徐海东、程子华、刘志丹同志：

你们辛苦啦！感谢你们的帮助和支援。我们久日听到了二十六军同志在陕甘边长期斗争的历史，二十五军同志在鄂豫皖等英勇斗争的历史，和在河南、陕西、甘肃的远征，听到了群众对你们优良纪律和英勇战斗的称赞。最近又听到你们会合后不断取得消灭白军、地主武装的胜利，这使我们非常喜欢。现在中央红军、二十五军和陕北红军这三支部队会合了。我们的会合，是中国苏维埃运动的一个伟大的胜利，是西北革命运动大开展的导炮！我们表示热烈祝贺！

此致

敬礼

中国工农红军北上抗日陕甘支队

司 令 员：彭德怀

政治委员：毛泽东

程子华念信的时候，所有红十五军团的高级指挥官们都静静地聆听着，好像毛泽东、彭德怀就在眼前，感到无比的亲切和温暖，一股股热流涌上心头，个个增添了无穷的力量，使不完的劲……

"打个大胜仗，迎接党中央！"

"打下张村驿，迎接毛主席！"

"打胜仗庆祝会师！"

……

这一个个发自内心的口号，从红十五军团指挥部传到每个战士营房，传到全体指战员的心坎中，立时化作无穷的力量。

红十五军团的临时指挥所进驻张村驿北边的一个小村。张村驿是个小镇，虽民团不多，但他们和四周民团相联合，地形又熟，可凭借围寨驻守。徐海东想，硬攻不行，要智取，要分别夜袭。

下达了作战计划后，徐海东按连队检查情况。

红十五军团前线临时指挥所门前，突然跑来了七匹战马。军团政委程子华派人送来了信：毛主席今天下午到军团指挥部。

这是多么激动人心的消息啊！天天盼，夜夜盼，毛主席到底来了！

"停止攻击！"徐海东向门口走时留下这么句话。他跨上大白马，直奔道佐铺。

徐海东最喜欢好兵、好马。他常说："战士，要打仗不怕死的；战马，要能上刀山下火海的。"每次打完仗，他总是从俘虏中选出一批出身苦，会打仗的人，动员他们参加红军。他骑的这匹大白马，是在陕南一次战斗中缴获的。当时有人不让徐海东骑，因为目标太大。徐海东一看马的腿和蹄，认定是匹跑得快的马，就留下了。有人说："徐海东是伯乐，能识千里马，只要他看中的马，只有跑死才停蹄。"如今真是心急只嫌马慢。大白马已经是四蹄奔腾，徐海东还是不停挥动他的马鞭，几名骑兵通信员被远远地甩在后边。

临时指挥所到军团部相距一百三十五里，还要翻两座山，他们只花了三个小时，就赶到了。徐海东这才发现：大白马浑身流汗，像雨淋水洗似的，他自己也是汗流浃背，衣衫湿透。

徐海东刚洗了把脸，毛泽东他们就到了。

随毛泽东来的还有三个人，他们是彭德怀、费拓夫、李一氓，都穿着朴素的灰棉衣，一个都不认识，哪一个是毛主席？

程子华刚作介绍，毛泽东就紧紧握住徐海东的手，亲切地说："海东同志，你们辛苦了！"

徐海东双手紧握，久久地望着毛泽东那可亲的面孔，激动得一时不知说什么好，哽咽地说："还是毛主席你们辛苦了！总算把你们盼来了！"

同志之间，上下之间，见了面，互道"辛苦"，这本习以为常。在和毛主席的会见中，这"辛苦"一词，对徐海东来说不是普通的客套话式相互寒暄，而是他对毛主席的真情流露，胜过千言万语。

毛泽东，中华苏维埃共和国主席，身材修长，一头浓密的黑发留得很长，双眼炯炯有神，鼻梁很高，颧骨突出。给徐海东的第一印象是，一个非常精明的知识分子形象。这就是蒋介石悬赏二十五万元要他首级的毛泽东！

毛泽东非常关心红十五军团的情况，问吃的和穿的怎么样？徐海东一一做了回答。

毛泽东拿出一份旧地图问道："陕北的第三次反围攻怎么样了？"

徐海东和程子华分别作了汇报。毛泽东又看着地图说："你们准备下一步怎么打？"

徐海东把打张村驿的重要性又重述了一遍，毛泽东折好地图说："你们选择张村驿是对的！先把张村驿拿下来，咱们再共同考虑下一步行动！"

谈话中，徐海东才知道，朱德总司令、中央红军的一部分、红四方面军至今还在长征途中。至于党中央其他一些同志的情况，长征经历的千山万水，雪山草地，党内斗争的复杂……在初次会面和短短的交谈中，是不可能一下全知道的。但是，徐海东从毛泽东、彭德怀等人破旧的衣着和消瘦的面孔中，可以推测到：中央红军太辛苦了！他马上意识到：该给中央领导同志做身衣服，送些吃的。

徐海东，这位窑工出身的将领，朴实、爽朗的性格，使毛泽东、彭德怀他们很喜欢他，一见如故。毛泽东称赞徐海东率领的红军人好，纪律也好。徐海东却说："我从小读书少，是个粗人！"毛泽东却一口浓重的湖南口音笑着说："革命，不是绣花，粗人会打仗啊！"

"我们都是粗人嘛！"彭德怀接这话头说。

警卫员送上饭菜，大家边吃边谈。毛泽东风趣幽默，彭德怀笑声豪放，都使徐海东感到亲切。毛泽东问："海东，你那边有电台吗？"

"没有！"徐海东摇摇头。这些年，他指挥打仗，连部电话都没有，哪里弄得电台，全靠他的两条腿和一双眼睛。他嘿嘿一笑接着说，"我们要有电台，早就和中央联系上了！哪能还像没娘的孩子，孤苦伶仃呢？"

"给你带来一部电台，我们好随时联络！"毛泽东说。

徐海东惭愧地说："我不会用啊！"

毛泽东和在场的人都笑了。毛泽东说："不用你自己动手嘛！有报务人员，他们会用!"

彭德怀补充说:"只要你一说,他们就把电报发出来了!"

当天黑夜,徐海东骑着他那匹大白马,冒着凉风向前线奔去。大白马像颗流星,穿过树林、飞上山冈,徐海东好像也有无穷的力量,转眼间,到达了张村驿临时指挥所。

徐海东立刻将毛主席和中央领导同志到来的消息传达下去,转告了毛主席对大家的问候,部队的情绪立时沸腾了。这个问:"毛主席长得什么样?"那个问:"哪天能看见毛主席?"徐海东咧着嘴说:"咱们把张村驿打下来,一块去见毛主席!"

这几句话,比任何口号都有鼓动力。战士喊着口号:"打下张村驿,去见毛主席!"

第二天拂晓,红军指战员一鼓作气,爬上了张村驿两丈多高的围墙,一举将张村驿及其周围的围子全部都拿下来了,缴获了大批粮食、布匹和军用物资。

战斗一结束,徐海东就回到了指挥所。报务员架好了天线,支起了手摇马达,向徐海东请示,"要发报吗?"

"你那玩意儿可好用?"徐海东有些疑虑。

"好用!好用!"电台台长命令摇动马达,把耳机递给徐海东,要他亲自听听。

徐海东套上耳机,听到"嘀嘀嗒嗒"的悦耳声音。他不懂这东西怎么会说话,孩子似的感到新鲜,笑着说:"向中央发电报!向毛主席、彭司令员报告!张村驿打下来了!"

一阵"嘀嘀嗒嗒"的声响,战报发出了。

★陕北天气严寒,需要士气和棉衣来御寒,毛泽东决定在直罗镇打一仗。他说:"打一个胜仗,解决士气和棉衣、给养问题。"

1935年的11月,陕北高原早已是雪花飘飘了。雪花似乎是紧跟着秋风一同到来,白色的鹅毛大雪裹卷着深黄色的落叶一同铺向大地。

北上红军刚到陕北,冬天就好像是为了故意考验毛泽东所率这支铁军的吃苦能力似的,早早地降临了。

红军指战员把能穿的都披挂在身上御寒。新任红十三团团长陈赓的办法最简单，却也较为实用，大家都争相效仿。他把两块羊皮连在一起，胸前背后各一块。形如一个口袋，在袋底割出了一个稍大一点的圆洞，用来伸出头；在伸出胳膊处的羊皮上又用刀子割了个圆洞。

陈赓穿上这如古代盔甲一样的"皮衣"，笑着问道："怎么样，像不像个大富翁？"

"我看倒像个叫花子。"

"真的像个叫花子？"跛着脚的陈赓拄着拐棍走了几步，引得大家哈哈大笑。

"乍一看，外表真像个讨饭的叫花子。可仔细一瞧，你这彪形大汉，讨饭有谁能相信？"

"倒也是真的。刚才听你们一说我像个叫花子，我还真高兴呢！因为我在上海搞地下工作时，什么都敢化装，就是不敢化装这讨饭的乞丐。"陈赓乐观地欣赏着这羊皮"袄"。一阵寒风吹过，他打了一个寒战，但仍幽默地说："这无袖羊皮袄打起仗来倒是很方便的。最起码扔手榴弹方便，这是一大优点。再一个优点是可以前后反正一样穿，不怕晚上紧急行动时穿反了衣服。"

陈赓挥动着双臂，其实在这两张羊皮下他仅仅穿了一件破旧的单衣，裸露出他那病弱的身体。

严寒的天气里，刚刚到达陕北的红一军团总计缺少两千多套棉衣。几乎是一夜之间，有一千多人在刺骨的寒风中被冻病冻伤，许多人卧床不起，重者送进了医院。

"怎么的？病倒了一千多人！"毛泽东感到非常吃惊。

"大多数南方人不适应这里的气候，当地的老百姓也说今年的天气冷得太早。"彭德怀愁眉不展地说。

"我看病号多的原因除天气突然转冷，我们没有足够的棉衣外，还有一个重要的原因……"毛泽东吸了口纸烟，喘了一口气说道，"不过，这两个原因可以一并解决。"

"还有什么原因？"彭德怀急切地问。

"士气，旺盛的士气。军队一天不可无士气。没有了士气，冷气就会从骨头缝里向外冒，浑身都会觉得冷。我们现在急需的是必须有旺盛的士气来御寒。"毛泽东这番耐人琢磨的话充满哲理，说得彭德怀把眼睛睁得很大。

"怎么解决？"

"打一个胜仗，解决士气和棉衣、给养问题。"毛泽东定下了决心。

这时，红军在陕北的阵容大振，由徐海东率领先期到达陕北的红二十五军与刘志丹领导的陕北红军主力合编的红十五军团和红一军团合称为红军第一方面军。此外，还有陕北地方武装等。西北革命军事委员会宣布成立，由毛泽东任主席，周恩来、彭德怀任副主席，统一指挥红军作战。

陕北红军的突然大发展，使蒋介石坐卧不安。他在成都忙于调动刘湘川军堵截红四方面军于邛崃、名山、百丈关一线的同时，又多次胁迫西安附近的张学良东北军组织了五个师，向陕北红军根据地进攻，图谋合围红军于葫芦河与洛河之间地区而后加以消灭。其先头第一〇九师、第一〇六师两个师，于11月初占领了太白镇以后又占领了黑水寺，开始准备向富县直罗镇进犯。

站立在作战地图前的毛泽东，紧紧盯住国民党军的动向。最后他把红色铅笔圈划在了国民党东北军第一〇九师和第一〇六师的头上，地图上的歼灭地点就是直罗镇。

"伤其十指，不如断其一指。粉碎敌人要靠歼灭战，要靠枪杆子挫败敌人的阴谋，陕北根据地才能巩固。这个战役很重要，我也来参加指挥，怎么样？"毛泽东说。

"由主席策划并亲自指挥，我们肯定会打胜仗。"彭德怀等红军高级指挥员更加信心百倍。

11月5日，毛泽东传令原红一军团军团长林彪和政委聂荣臻等人到象鼻子湾军委总部开会，明确西北革命军事委员会总部打直罗镇战役的决心，并研究战役具体部署。

毛泽东在讲了直罗镇战役的总体计划后，他把红军高级指挥员召集到了作战地图前。

直罗镇是一个不到百户人家的小镇子，三面环山，镇子的背面有一条小河流过。镇子的街东头有座古老的破寨子，地形很利于把国民党军放进镇子里歼灭。

战役部署定下后，毛泽东致电红十五军团军团长徐海东，指示："尽快消灭富县西部张村驿之地主民团武装；派游击队两个连进驻直罗镇，并对富县黑水寺游击。调查直罗镇以北地区及以南地区之道路、地形、人家情况，葫芦河能否徒涉，电告。"

　　发完给徐海东的电报，毛泽东还有些不放心，他把林彪喊了来，面授机宜："你要对直罗镇附近的道路、地形、人家作详细调查。就给一天的时间，明天就将调查情况报告给我。"

　　此时已是 7 日中午，林彪看了一下手表，连忙从笔记本上撕下一页纸，草拟命令，让警卫员先回军团部传达侦察任务。站在一边的毛泽东微笑着，他对林彪雷厉风行的战斗作风显然非常满意。几个小时后，林彪也骑马飞奔回到军团部。

　　8 日，毛泽东收到林彪关于直罗镇附近情况的详细调查报告。但毛泽东对这个调查报告并不满意，复电林彪，要他再次作详细调查，并立即派人绘制直罗镇地形图，附以文字报告。

　　"各部队在驻地立即自行筹足七天粮食，以保障战役的胜利。一定要做到万无一失，坚决打好这一仗。"毛泽东对直罗镇战役部署的精细程度令所有指挥员感到有一种巨大的压力。毛泽东房间内的油灯开始彻夜不熄。急促的电报键击打声中，直罗镇战役的倒数计时器开始运作，各部队迅速向指定地点行动。

　　道佐铺。红十五军团指挥部。

　　一间小茅屋里挤得满满当当，炕上地下全是人，有的坐着，有的站着。毛泽东坐在唯一的四腿桌前，主持着军事会议。

　　周恩来坐在毛泽东的对面，率先发表意见。他说："东北军一个师沿洛川、鄜县大道北上；西边有四个师由甘肃的庄阳、合水沿葫芦河向陕北鄜县方向东进。东边和北边之敌离我们还远，我和主席商量过，先吃掉西路的一两个师，战局就会发生重大变化！"

　　"要打，就打大仗、硬仗，吃掉小股敌人，填不满我们胃口哟！"彭德怀大声地说，"要痛痛快快！不要隔靴搔痒！"

　　林彪蹲在地上，不停地吃着黄豆，一言不发，却发出"嘎嘣"的黄豆被咬碎的声音。

　　张闻天把眼镜忘在宿舍，眼睛离地图只有几公分远，不停地点头。

　　毛泽东打着手势说："集中兵力，歼敌一部，各个击破，扩大根据地。这是总的方针。落霞与孤鹜齐飞，秋水共长天一色。这是红一军团和红十五军团携手作战、共辟陕北根据地的开端！"他停了一下，提高了嗓音说，"战场就选在直罗镇一线，具体的战斗部署，看了地形之后，你们决定吧！"说着，他看了看彭德怀。

彭德怀说了声"好！"又对徐海东说，"明早我们在张村驿集合！"

会议很干脆，就那么简单、明快。徐海东送走毛泽东他们后，心想：今天这个会，是我这些年来，参加的高级干部会中最满意的一次。中央和红军的主要领导大部分都来了，开阔了视野；重要的会议，必须事先有充分的准备；会上要有民主的精神又要有集中的原则。他也参加过张国焘主持的会议，可是往往争而不决，或立决即错，徐海东深深地感到：毛主席的水平就是比张国焘高！

第二天一早，彭德怀、徐海东率领红一军团、红十五军团的团以上干部，踏着地上薄薄的早霜，登上了直罗镇西南面的一座山岭。

直罗镇尽收眼底。它不过是个百十户人家的小镇，但是，地理位置很重要，是庆（阳）鄜（县）公路的咽喉，是西路敌军东进的必经之地。三面环山，一条从西面来的大道，像一条白色的带子铺向镇子中央，穿镇而过。镇子东头，有座古老的小寨，里面的房屋虽然倒塌，石头砌的寨墙却大部完好；镇子北面，是一条流速缓慢而平静的小河。

徐海东等几十架望远镜举在眼前，从左到右，从东到西，细心地观察着道路、山头、村庄和河流。一个小山、一棵小树、一条小沟、一家独立房屋，都是指挥员们观察研究的对象。大家深深知道，在战前察看地形时疏忽一条小沟、漏掉一幢房子，说不定就会失去一个排、一个连，甚至一个营。指挥员们一边观察，一边小声交谈着：

"这地形，对我们太有利了！"

"敌人进了直罗镇，就像钻进了口袋！"

"这是个打歼灭战的好地方！"

徐海东暗想：毛主席真是高明，把阵地选在这里，对我们太有利了！

彭德怀绷着脸，不多说一句话。他走到徐海东面前，指着镇东那个小寨子说："敌人可能会占它！"

"确是个可以利用的固守据点！"徐海东说。

"最好能把它拆了！"有人提议。

"工程不小呀！"有人说。

徐海东看着彭德怀，果断地说，"今晚，我派一个营，把它拆掉！"随即把任务交给身边的一位团长。

经过现场勘察，一个巧妙的作战计划形成了：把敌人引进直罗镇，南北两面夹击，一举歼灭它！

★陈赓坐着担架，带领担负"牵牛"任务的红十三团小分队赶到太白镇方向去"惹牛"。红军"斗牛士"挥舞红旗在前，"牛"怒气冲冲跟随在后，一头向直罗镇猛撞来。

杰出的军事家，既能善于指挥自己的部队，做到战无不胜，又能牵着敌人的鼻子，让敌人乖乖就范。毛泽东就是牵牛鼻子的高手。

毛泽东先派出红十五军团第八十一师二四一团围攻甘泉，达十天之久，以引西路敌人东进。

红军进入紧张而秘密的战前准备，红一军团由毛泽东、周恩来指挥从北向南打，红十五军团由彭德怀指挥由南向北打，对国民党军形成了蟹爪式的两面夹击态势。

11月19日，毛泽东组织红一军团和红十五军团团以上干部在张村驿西端的川口子会合后，来到直罗镇西南面的小山头上察看地形，研究具体部署。

毛泽东挥舞着手中的木棍，谈笑风生，指点着直罗镇附近的山川村镇。这阵势与其说是战前调兵遣将，倒不如说是教书先生在手执教鞭，推演他胸有成竹的教案。

"在上海，你见过西班牙斗牛士的表演吗？"毛泽东提问陈赓。

"见过，惊险而精彩！"

"那好，现在你就是红军的斗牛士，先把你们十三团的红旗舞起来吧！"毛泽东对陈赓布置"作业"。

"下课"的铃声响了，山头"课堂"上的人们迅速散向四方。

陈赓接受任务后，高兴地回到部队，召开紧急战斗部署会，他的开场白似乎没有谈战斗，却突然问与会人员："你们谁杀过牛？"

大家面面相觑，有人点头，多数人摇头回答说没有杀过牛。

"我们这次战斗要杀牛！当然不是草地上杀的那种牦牛。这头牛，在我们进入陕甘后，一直跟着我们啃屁股。我在干部团时，它啃过；到了红十三团，它也啃过。我们虽然砍了它几下牛尾巴，扳了几下它的牛角，但它并没有老实。现在，党中央、毛主席下决心让我们这次回头一击，砸碎牛头，狠狠给它一锤，然后给它开膛破肚！"

陈赓形象的比喻，到了这时大家才明白，这头"牛"原来是指国民党军第一○九师师长牛元峰部。

"好，我们保证把这头牛宰了！"几个营长哈哈大笑后，异口同声地表示决心。

"我们红十三团自从打了娄山关后，一直是当后卫，掩护全军。这次我抢来了这个硬任务，打头阵，拦住头打，一定要狠狠地打。"陈赓攥着拳头，摇晃着。他的羊皮"袄"腋下已经断了线，前后忽闪着的两块羊皮在陈赓的身体上只能说是悬挂着，已经说不上是穿衣。

"我们一定把直罗镇战役的胜利再写到红十三团的战旗上！"几位营长纷纷表示决心。

"但是，我要提醒大家的是，不要杀红了眼就什么也不顾，要注意政治瓦解。毛主席交代了两句口号，大家要记住：一句是'宽待东北军'，一句是'欢迎东北军掉过枪口打日本'，记住了没有？"

这两句口号，却一时把大家弄糊涂了。一营营长拧着脖子说："这是打仗还是去贴标语？"

"怎么，打仗就没有时间贴标语？"陈赓变得严肃起来，"毛主席让我们是又打仗又贴标语，孙子兵法怎么说来？这叫'不战而屈人之兵'，是最好的作战策略。你一喊话，他就放下枪过来，这才是真本事。大家不要忘记，这股敌人的老家在东北，他们的家乡被日本鬼子占了。"

"嗨，这瓢，简单！"一营营长拍着脑袋抱怨自己说，引得大家都笑了起来。

当时，陈赓腿部受伤未愈，行动不便，按计划应在"留守"之列。但他是一团之长啊，担负着指挥全团作战的使命，他缺席怎么行呢？让他参战，他的腿伤又必然影响运动作战，这可如何是好？参谋长左权征求陈赓的意见，陈赓丝毫没有商量的余地。左权刚问到陈赓腿伤的情况，陈赓就敏感地打断他下面的话，说："我是共产党员，轻伤不下火线，我一定要参战。"左权退让一步，建议给他配两匹马。谁知陈赓还是不干，他说："长征我是走过来的，不是骑马骑过来的。"没办法，左权只好把团特派员欧致富叫去，命他马上为陈赓落实一副担架，并特意叮嘱："担架一定要随时在陈团长身边！"

当晚，按照方面军命令，陈赓带领担负"牵牛"任务的红十三团小分队冒着刺骨寒风，趁着茫茫夜色，赶到太白镇方向去"惹牛"。

休整了近一个月的战士们心里早就发痒了，看这会儿终于有仗要打，马上来了精神。一个个身形矫健，虎步生风，都像登上了风火轮。这可苦了陈团长。他拄着棍子拼命跟，却总也跟不上队伍。渐渐地，团指挥所与部队拉开了距离。

见此情景，欧致富急了，马上命令："警卫员，上，背团长！"为了跟上部队，保证在上级指定时间内赶到预定地点，陈赓这时也不好再拒绝了，弯腰伏在警卫员背上。两个警卫员轮流背着陈赓前进。陈赓是个大个子，背着他走路都感吃力，更何况还要跑步前进，警卫员渐渐力不能支了。

"担架，担架！"正在欧致富一筹莫展时，陈赓自己叫开了。自出发以来，担架就一直在他身边，他却不愿坐，总想靠自己顽强的毅力，战胜困难。但战局瞬息万变，有利时机稍纵即逝，此时，他顾不上许多了，竟亲自叫嚷着要担架。几名战士赶紧跑了过来。把陈赓扶上担架，担架员抓起把手抬腿便跑。陈赓上了担架，不好意思地说："辛苦你们了，这可真是抬着'轿子'上阵喽！"

牛元峰果然经不起四处红旗飘动的再三挑逗，开始发火了。

红军"斗牛士"挥舞红旗在前，"牛"怒气冲冲跟随在后，一头猛向直罗镇撞来。

"牛来了！"红军前哨部队发出战斗信号。

★两路红军包围了直罗镇，毛泽东要求打歼灭战。胜利后，毛泽东向徐海东表示祝贺："'老虎'碰上了'蠢牛'，可要饱餐一顿喽！"

11月20日，东北军第五十七军先头部队一〇九师在六架飞机的掩护下，乖乖地进入直罗镇。牛元峰是东北军中有名的一头"牛"，很有一股牛劲，是张学良手下的一员虎将，很得张学良的赏识。此时的牛元峰心想中央红军初来乍到，地形、人情不熟；徐海东红十五军团又连续作战，疲惫至极，都不堪一击。他想露一手，给毛泽东、彭德怀一个下马威，也替张学良在蒋介石面前壮壮脸。所以，求胜心切，却万没想到落进了毛泽东给他布下的天罗地网。

牛元峰简单地部署完直罗镇四周的岗哨，走进寝室，做他的美梦去了。

徐海东留下一个排在直罗镇担任警戒，把红十五军团主力集中到张村驿一带，以逸待劳。他一时也闲不住，到各个连队察看情况，并鼓励全体指战员：

"打了胜仗庆祝会师！"

"以战斗的胜利欢迎毛主席！"

"在战斗中向中央红军学习！"

"军团长！毛主席的电报！"警卫员叫住正在和士兵交谈的徐海东。

徐海东心想：可能是下达战斗命令啦！他三步并做两步，向指挥部跑去，接过电报，上面清晰地写着毛泽东的进军命令：方面军明日有消灭直罗镇一带之敌一师至二师之任务。一军团于明日四时出发，主力进至袁家山、直罗镇以北地区，由北向南突击之。······十五军团由药铺头以北地区由南向北突击。（《红军长征文献》，解放军出版社，1995年版，第759页）

徐海东看完电报，对毛泽东的军事部署十分钦佩，心想，红一军团和红十五军团就像一把钳子，有毛泽东操纵钳柄，非把牛元峰这只野牛夹成肉泥不可！

红一军团主力部队在接敌的这天晚上，却因走错了路，比预定时间迟到了一个小时。毛泽东等得焦急不安。

红一军团赶到后，毛泽东对林彪、聂荣臻提出了严厉的批评："你们怎么现在才到，我等你们好久了！"

"因夜暗，我们走错了路。"聂荣臻解释。

"没有什么可解释的。晚到了就是晚到了。赶快命令部队展开，记住：不要打成了击溃战，我们要的是歼灭战！"毛泽东再次强调打好这一仗的战役指导思想。

根据毛泽东的部署，林彪、聂荣臻指挥红一军团由镇北向南进击，其第二师三个团、第四师两个团和第一师的红一团直接攻击镇中国民党军；彭德怀、徐海东指挥红十五军团由镇南向北进击。各部乘夜色迅速包围了直罗镇。

毛泽东站立在北山坡吴家台北端高地上。这里有几所破窑洞，三部电台联通了与红军各部队的指挥。

为了便于直接观察战场情况，指挥战斗，毛泽东没有进窑洞，却把指挥台设立在窑洞口一块大青石板上。

聂荣臻把军团部的警卫连放在毛泽东身边，加强警卫，以防万一。

"主席，你怎么上来了？"阵地上，红军指战员看到毛泽东等人也来到前沿阵地，出现在战士面前，既兴奋又担心。

"只准你们打仗，就不准我到这里来观观风景。我猜想，这场面肯定很美哩！"毛泽东笑呵呵地说。

"这里很危险！"

"你们不是更危险。这一次，我要亲眼看看牛元峰这头'牛'挨宰呢！"

周恩来走到战士中间，抚摸着战士们身上单薄的衣服，亲切地问候："同志们衣服单薄，很冷啊！"

"冷是冷，可我们不怕！"战士们的回答很响亮。

"很好，很好，就要有这个精神。不过，等一会你们就可以向敌人要棉衣喽！"周恩来的话引得大家都笑了起来。

毛泽东也在开怀大笑，他习惯性地把双手叉在腰中，说道："我们这次设了个口袋，把国民党一〇九师这头'牛'引进来了。我们用十五军团拦头，四师堵尾，二师截腰，只要大家协同好，是能够把这头'牛'牵过来剥皮开膛的。我们也就有了穿的和吃的，就可以在陕北扎下根，安下家。如果这一仗打不赢，我们在陕北就难站住脚，只好到新疆去，打通国际路线，那是我们极不愿走的继续走的长征路。"

"我们一定要打好这一仗，为革命把家安在陕北！"指战员们纷纷表示决心。

21 日 5 时 30 分，红军完成了直罗镇战役的全部部署。

"进入前沿阵地，准备出击！"毛泽东见已是火候，下达了命令。

毛泽东的声音不大，出口后立刻变作电闪雷鸣。

攻击开始，毛泽东又发出一道命令："要的是歼灭战！歼灭战！"

千军万马冲杀向直罗镇。战斗打响，冲锋号频吹，拼刺声震天，山鸣谷应。

几路红军迅速占领了直罗镇周围的山头，控制住所有制高点，镇周围的国民党军全部被压到了山沟底。红军立即缩小包围圈，从南北两侧山头向镇中冲下去。

徐海东亲自指挥一个团，从一个山后，攻进直罗镇。他估计要在这里打一场恶仗，连大衣都脱掉了。不料，战斗进展十分顺利。10 时许，南线将敌第六二七团歼灭大部，残敌向直罗镇溃退；第七十八师以部分兵力堵住敌人向东的去路，其第二三二团协同主攻军第七十五师歼灭南山之敌后也突入镇内。

打到上午 11 时，红二师首先攻入直罗镇。红十五军团将国民党军设在南面山上的阵地突破。国民党军像一群无头的苍蝇，从东涌到西，又从西窜到东。

直罗镇内外，两军激战在一起。

六架闪耀着青天白日标志的飞机在天空中吼叫着来回低飞，却难以寻找缝隙，分辨敌我，把炸弹投下来。

红军胜利攻占直罗镇中的国民党军师部。牛元峰到了这时才后悔低估了刚经过长征的红军的战斗力，远不是"精疲力竭"。他只好带一个营逃进了镇东头的那个土围子，凭借寨墙继续顽抗。

"围而不攻，打而不拼！"毛泽东下令。

"为什么？"正在胜利追击中的红军指战员感到不理解。

"为减少部队伤亡，避免打消耗战。"毛泽东的解释很简单，"我们这些经过雪山草地能够生存下来的红军指战员，个个都是宝贝呀！敌人拿 100 个换我们一个，我们都不能干！"

中午时分，国民党军一个团的兵力突然窜出包围圈，直向红一军团指挥部冲来。这个阵地，本来是由红二师师长陈光负责带一个团来坚守的，但现在还没有来得及赶到。

"一定要把敌人堵回去！"聂荣臻一看形势紧迫，只好亲自挥枪上阵。

这时，军团部只有一个警卫排，情况非常危急。

"听我的命令，直属队所有人员操枪进入阵地！"林彪的动作很果断，说话间他的手枪已经横在胸前。

但是，直属队没有充足的子弹，每人仅有四发。警卫排又没有长枪，只能用驳壳枪进行短距离射击。

"多准备些手榴弹，等敌人靠近了再打！"左权参谋长命令道。

一千多名国民党军官兵猫着腰转眼间已经冲到了阵地前。聂荣臻、林彪、左权带领直属队的红军战士们首先把手榴弹砸向敌群。

手榴弹在轰响爆炸，尘土飞扬。

"好长时间没有像这样扔手榴弹了，还行！"林彪边扔边说。

如此近战打到军团的首长亲自扔手榴弹，在以后就极为鲜见了。反正林彪在以后再也没有这样扔过手榴弹。

红军战士们人人英勇奋战，阻击战斗打得相当艰苦。

"快！快把侦察连和工兵连调上来。不要动用在毛主席那里的警卫连。"左权向通信员命令。

聂荣臻挥动着驳壳枪,指挥着战斗。警卫员孙起锋紧跟在聂荣臻的身边,操双枪向着敌人射击。一股敌人冲上来了,孙起锋突然跃起,挡在聂荣臻的前面。

"小孙,注意隐蔽!"聂荣臻见孙起锋向前跃进了几步,朝着敌人狠狠打去,急忙喊叫道。

孙起锋的枪口下,倒下了几个敌人。国民党军的又一次冲锋被打退了。突然,只见孙起锋的身体摇晃了一下,扑倒在地上。

鲜血从孙起峰的胸口涌出,染红了军衣,浸透了他时刻背在身上的地图背囊。

"小孙!你怎么啦?"聂荣臻跑上前来,抱起了孙起锋。

孙起锋已经停止了呼吸。

聂荣臻从孙起锋的身上解下图囊,背在自己的身上。

战斗打到中午,嘹亮的军号声中,红军增援部队到了。

"反冲锋!"林彪命令。

红军战士们呼喊着"杀"声,向山下冲击。

下午,毛泽东、周恩来、彭德怀来到红十五军团指挥部。

"海东同志!你打得好啊!"老远处,毛泽东就伸出了手,向徐海东表示祝贺,"'老虎'碰上了'蠢牛',饱餐一顿喽!"

"是主席和司令员指挥有方!"徐海东纳闷,主席怎么知道我的外号啦?没待多想,徐海东关心地说,"快进窑洞,这里危险!"

"你们身临战场,指挥打仗,比我们在后方的危险多啦!"周副主席握着徐海东的手激动地说,"就在这里吧!主席和我们一起来看望大家!"

徐海东是个不善言谈的人,不知说什么好。他内疚地望着彭德怀说:"就是那个该死的小寨子,确实让你说中了,敌人的确利用上了。恨我当时派人拆后,没及时亲自检查,现在给我们造成……"

"不怪你!不怪你!要怪得怪祖先喽!谁让他们在这建围子的?盖几处房住就行啦!还建什么围墙?"彭德怀拍着徐海东的肩膀宽慰他说。

"你们没拆彻底,这是好事!"周恩来接过话题说,"没有这个'牛饵',怎么能把敌人三个师调来呢?也就没有主席的'围点打援'啦!"说着,他看了看毛泽东,两人哈哈大笑。

徐海东这才明白，为什么叫他们"围而不歼"？原来是毛泽东想扩大战果：把对牛元峰的围歼战扩大成"围点打援"的截击战。徐海东再次从心底发出感慨：毛主席的水平就是高！

战场出现僵持状态，双方放着冷枪，谁也不贸然主动进攻！

被诱骗进直罗镇的敌一〇九师，被我军分割成几小块。但要迅速吃下被围之敌，对装备较差的红军来说，也非易事。一位营长以为对瓮中之敌稍施火力，再加以劝降，就大功告成了。哪知几个回合下来，敌人还是不投降。他气呼呼跑到陈赓面前报告："团长，有半个营敌人被我们堵住了，喊了半天话，他们死也不缴枪。怎么办？"陈赓看了一眼怀表，带有一丝批评的口吻说："你呀，性急有什么用？古人大战三百回合，还分不出胜负，你才打多长时间？我看，你先给敌人来点实的再说。"

营长一拍脑袋："哎呀，我咋忘了，狠的还没上，他能服软吗？"说着，便跑了回去。这次，他先是命令部队一阵猛攻，又一枪干掉了敌督战的指挥官，再向敌人喊话，这下，敌人彻底崩溃了，在红军战士英勇地冲锋下，不得不乖乖举起了双手。

此时，周恩来冒着硝烟视察阵地，陈赓请战去捉牛元峰。周恩来微笑着说："老陈啊，我不单知道十三团拼刺刀厉害，还知道你们有个美称叫'猴子兵'，最擅长跑路打运动战。我看，'牛'就让其他部队来逮，你们还是到张家湾去打援吧。"

陈赓听这话高兴了。事不宜迟，他命令马上收拢部队。匆忙之间，忽然又想起什么："担架，我的担架呢？"

欧致富一边让队员赶快把担架抬过去，一边还对陈赓开玩笑说："怎么样，陈团长，现在知道担架管用了吧！"陈赓赞许地点点头，他从内心里深深感谢左权参谋长富有先见之明的安排。

敌西路第一〇六师沿安家川东援直罗镇；敌东路第一一七师向羊泉塬、张村驿进击；第一〇七师向么家塬、丁家塬推进，以图解敌一〇九师之围。毛泽东决定首先击退东路援兵，再争取歼西路敌人一部。西路敌军见东路敌军被红军击退，也仓皇向太白镇撤退。

彭德怀派红一军团二师和红十五军团二二五团，分三路猛烈追击，歼灭敌第一〇六师后卫六一七团于羊角台至张家湾中。

红一军团已将直罗镇北山之敌第六二六团大部歼灭，并击溃了由镇内增援之敌第六二五团两个营，残敌退守镇北小高地。敌师长牛元峰几次率部向北突围，均被击退。

林彪大步向毛泽东的指挥所走去。

"天快黑了，要注意不要让土围子里的'牛'跑了！"毛泽东提醒林彪。

土围子战斗在继续进行着，红军围而不打，给了牛元峰喘息的机会。牛元峰呼救不灵，求援无望，决心孤注一掷，趁夜暗率残部逃出土围子。

漆黑的夜幕中，牛元峰连滚带爬悄悄溜出了土围子。

此刻，毛泽东并没有休息，牛元峰的一行一动都在红军的密切监视之下。毛泽东说："命令七十五师出击！"

直罗镇西南的山头上，手榴弹爆炸的火光骤然升起。七十五师一阵穷追猛打，刚刚逃出土围子的牛元峰残部被全部包围歼灭。

国民党第一〇九师的两个团和师直属队到此时已被全部围歼，无一漏网，师长牛元峰被击毙。

镇子东头土寨子等地的国民党守军，于 23 日突围，也被红十五军团在追击途中歼灭。

战后，打扫战场时，徐海东还是提着马鞭到处找敌人的大官，当听说牛元峰被打死了，他垂头丧气地骂道："谁他妈的这么准的枪法！"手枪排的战士嘿嘿地笑，谁也不敢说是谁打死的。

★直罗镇大捷，足使毛泽东高兴了好几天。他在总结大会上说："直罗镇一仗，给党中央把全国革命大本营放在西北的任务，举行了一个奠基礼。"

直罗镇战斗后，红军回头北进，准备消灭黑水寺的国民党军第一〇六师。第一〇六师得知第一〇九师在直罗镇被歼，立即逃跑。

毛泽东命令红一军团追击，并指示聂荣臻："这个一〇六师师长沈克过去与我们有联系，你们在打了胜仗后要释放几个俘虏军官，让他们捎话给他们的上司，只要东北军同意反蒋抗日，与红军停战，我们现在俘获的人和枪，可如数归还。"

聂荣臻率领部队又消灭国民党军一个团，并遵照毛泽东的意图释放了一批俘虏。这对于以后争取东北军建立抗日民族统一战线起了很好的推进作用。

直罗镇战役，共歼灭国民党军第一○九师全部和第一○六师一个团，师长牛元峰被击毙，俘虏团长以下 5300 余人，打死打伤 1000 余人，缴获枪 3500 多支，轻机枪 176 挺，迫击炮八门，无线电台两架，子弹 22 万多发，棉衣等装备一大部。

红军指战员在战役结束后全部穿上了棉衣。

战役结束后，红军把被俘的国民党军官兵编成几个集训队，针对这些官兵都是东北军的特点，广泛开展政治工作，讲枪口应该一致对外，中国人不打中国人，抗日救国。晚会上，一曲《我的家，在东北松花江上》，更是拨动了东北军官兵的思乡之情和抗日义愤。经过教育，许多俘虏要求参加红军。而对愿意回东北军的，红军发给其路费，并将其释放回去。许多俘虏表示：红军大仁大义，我们回去后再也不同红军妄动干戈。一个月后，东北军将领张学良思前想后，亲自向红军写了封感谢信，说为了答谢红军对被俘东北军官兵的宽大处理和友情相待，特派飞机向中共中央所在地瓦窑堡空投了一批弹药和 60 万国民党政府发行的中央钱币。

11 月 30 日，中共中央在鄜县东村举行红一方面军营以上干部大会，庆祝会师和直罗镇战役的胜利。杨尚昆主任主持会议，彭德怀、徐海东、聂荣臻、左权、刘志丹、程子华等首长都出席了会议。

毛泽东在大会上作了《直罗镇战役和目前的形势与任务》的报告，对直罗镇战役进行了总结。

毛泽东讲到直罗镇战役的重大意义时说，这次胜利，彻底粉碎了敌人对陕北的第三次"围剿"，为党中央和红军在西北建立和发展苏维埃根据地。领导全国抗战，举行了奠基礼，使刚刚会合的南、北两支红军得到进一步的团结。他说："长征一结束，新局面就开始。直罗镇一仗，中央红军同西北红军兄弟般的团结，粉碎了卖国贼蒋介石向着陕甘边区的'围剿'，给党中央把全国革命大本营放在西北的任务，举行了一个奠基礼。"

毛泽东讲到这次战役胜利的原因时说，主要有四点：一、两个军团的会合与团结（这是基本的）；二、抓住了战略与战役的枢纽（葫芦河与直罗镇）；三、战斗准备得充分；四、群众与我们一致。（《中国工农红军第二十五军战史》，解放军出版社 1990 年版，第，第 198 页）毛泽东在分析了上述四个条件的相互关系以后说，这四个条件是取得这次大胜利的原因。而中央与军委决定的"向南作战"与"初步解决围剿"的总方针，由于方面军各级首长与战斗员的坚决执行，以及广大群众的积极支援，已经完满地实现了。这次胜利告诉我们，以后作战，亦必须争取这四个条件。

毛泽东在报告中还详细地分析了国际形势与国内局势。他说，日本帝国主义正用炮火进攻华北，并吞全国；国民党正在南京开卖国大会。我们的胜利告诉日本帝国主义我们不许你这个日本帝国主义灭亡我们的华北和全中国；我们的胜利也告诉国民党，我们不允许你们卖国。红军要同全国人民携手，用我们的枪炮与热血，打倒日本帝国主义……（《红军长征文献》，解放军出版社，1995 年版，第 778 页）

在谈到今后红军新的任务时，毛泽东说，从现在起，用极大努力争取与积蓄更加充足的力量，迎接敌人新的大举进攻，进而彻底粉碎之，把我们苏区版图扩大到晋、陕、甘、绥、宁五个省去。到那时，我们便可以争取更大的力量给日本帝国主义以空前的打击，争取苏维埃在北方七八个省取得伟大的胜利。

会上，左权参谋长也讲了话。他说，直罗镇战役是毛主席、周副主席、彭司令员亲自组织指挥的，我们一定要学习直罗镇战役的经验，继续贯彻打歼灭战的思想，新的胜利在等待着我们。

直罗镇大捷，让毛泽东高兴了好几天。12 月 2 日，他放下手中的诗稿，哼着刚从祝捷大会上听来的陕北小调，弯腰进了电报室，高兴地指示报务员："快发个电报，向朱德总司令他们通报这个好消息，有苦同受，有佳音同享嘛！"毛泽东口述了电报，报务员赶紧发了出去。

一年后，毛泽东又深刻论述了歼灭战对敌人的破坏力：对于几乎一切都取给予敌方的红军，基本的方针是歼灭战。只有歼灭敌人的有生力量才能打破围剿和发展革命根据地。……击溃战，对于雄厚之敌不是基本上决定胜负的东西。歼灭战，则对任何敌人都立即起了重大影响。对于人，伤其十指不如断其一指；对于敌，击溃其十个师不如歼灭其一个师。（《毛泽东选集》第一卷，人民出版社 1991 年版，第 237 页）

★直罗镇战役后，中央军委决定东征和西征，进一步稳固了革命大本营。

直罗镇战役后，东北军吃了一个大苦果，还背上了自己人打自己人的恶名，张学良从心里不愿再与蒋介石一起剿共。我军在陕西得到了休整和发展，积蓄了充足的力量。

1935年12月17日，中共中央在瓦窑堡召开政治局会议（后称瓦窑堡会议），着重讨论军事战略问题、全国的政治形势和党的策略方针问题。根据民族矛盾逐步上升为社会主要矛盾的新特点，会议讨论并确定了抗日民族统一战线的策略方针，完满地解决了党的政治路线问题。

24日，毛泽东同周恩来致电彭德怀、杨尚昆，林彪、聂荣臻，徐海东、程子华，左权，下达关于准备东征的行动计划，要求以四十天为期，完成渡黄河东征的准备工作。

黄河以东是山西"土皇帝"阎锡山的天下。阎锡山把山西视作自家花园，连外境的一只野兔也不愿放进。为此，他和蒋介石、冯玉祥等人曾经大打出手，尸横遍野。到最后，连蒋介石也奈何不得这位"阎老西"。1935年冬，他一听说红军到了陕北，就沿黄河东岸十多个县构筑了明碉暗堡，普遍实行闾甲、连坐制度，发誓不让红军跨过黄河半步。

1936年1月中旬，红一军团先遣队在陕北延长县临真镇休整待命。1月28日，红一军团在临真镇举行东征誓师大会。这时，红一军团辖三个师，除已恢复的二师、四师，又恢复了一师。

1月31日，中央军委在延长开会研究战略方针，聂荣臻和林彪都参加了会议。在这次会议上，毛泽东反复说明阎锡山与日寇正勾勾搭搭，东征在政治上和军事上都对红军有利，是"一个在发展中求巩固"的方针。会议一致同意东征的决策。

东征军命名为中国人民红军抗日先锋军，司令员彭德怀，政治委员毛泽东。东征军兵分两路，红一军团和红十五军团的第八十一师为右路军，红十五军团其余部队为左路军。

这次东征，根据瓦窑堡会议精神，对俘虏、商人、富农、小地主都有新的区别于中央苏区时的政策，意在团结更广泛的阶层和更多的人一致对付外侮。要想革命胜利，政策是关键。聂荣臻一向注意政策教育，对过去的经验教训总是念念不忘，东征教育抓得就更紧。临渡河之前，毛泽东还询问部队对这方面具体政策了解的情况,对聂荣臻的教育部署基本满意。东征前，林彪来到黄河西岸，对东岸敌人的工事设施、兵力配备、火力配置进行了观察，选定了红一军团和红十五军团的渡河点。

1936年的春天来得特别早，才二月份，黄河就已开始解冻，白天黑夜，沿河上下，到处可以听见"咯吱""咯吱"的冰块崩裂声。鉴于这一情况，林彪建议渡河方式由冰上抢渡改为船渡。

2月19日，毛泽东来到红一军团前线指挥部。正遇上林彪、聂荣臻、左权在争论谁的手表时间准。在红军中，每次总攻之前，部队常常为时间准确与否扯皮拉筋，有时上级批评下级延误了时间，下级不服，说按照我们的表还提前了哩。这是因为当时红军指挥员戴的手表都是在战场上缴获过来的敌人的手表。式样各异，新旧不一，快慢不同。见大家又为这个简单的老问题争个不休，毛泽东说："给各个部队发报，渡河时间不可参差，一律在20号20时开始，以聂荣臻的表为准。"

渡河前夕，一军团隐蔽集结在黄河西岸沟口附近，黄河的雄伟壮观让战士们惊叹不已。白雪把整个西北高原盖得严严实实，到处白茫茫一片，一望无际，真是壮丽异常，与江南的绿色相比实在是崭新的天地。白雪覆盖着大块大块的浮冰，形成一幅奇特的景象，像一座座小银山，在水里缓缓浮动。一阵急流卷来，冰块就猛地一碰，激起很高的水花，冰碴四溅，响声震天，惊起成群白鸟，贴着冰面掠过。

渡口两侧是陡立的悬崖峭壁，山头上、隘路口，零散地隆起一些雪堆，在白雪上可以看到不少黑点，那是敌人的碉堡。在密集的碉堡旁边，有敌人的哨兵在活动。

20时，渡河左翼先遣队一军团二师五团开始了敌前偷渡。

先遣队先将小船由通向黄河的港汊里悄悄地划出，推到水深处，然后载人直向黄河对岸划去。

这夜，没有月亮，没有星星，只听见黄河的咆哮和冰块撞击木船的声音。接近对岸的时候，枪声如炒豆般地响了起来，偷渡变成了强渡。红军战士迅速登岸，投入战斗，很快突破了江防，向纵深推进。

红一军团很快突破河防，至22日，红一军团全部渡过黄河，并乘胜占领了三交镇、留誉镇。26日，阎锡山组织晋军反攻，企图把红军赶回河西。林彪率红一军团主动迎敌，聂荣臻率四师、一师由北向东南包抄，林彪率二师由南向北包抄，击溃阎部独立第二旅旅部和第三团，歼灭第四团，打了渡河后的第一个大胜仗。

3月上旬，红一军团逼近同蒲线，阎锡山调集十四个旅之众反击。在兑九峪地区，红一军团在毙伤敌约两个团后撤退。

3月中旬，红军兵分三路：左路红十五军团向岢岚、岚县方向，3月底红二十八军也东渡黄河，加入左路军行动；中路红三十军活动于石楼、中阳等地；右路红一军团和红十五军团的八十一师向右，突破汾河堡垒线，包围霍县、赵城、浮山、洪洞等城，攻占侯马。

4月，红军又攻占襄陵、史村、汾城，全军团扩军约5000人，筹了不少款子，充实了军费。

4月中旬，蒋介石10个师分别由潼关、正太路等进入山西，阎锡山调集五个师12个旅，分路向红军进攻。陕西境内的东北军和第十七路军部队在蒋介石驱使下企图沿河北上卡住黄河渡口。形势对红军不利，毛泽东下令回师陕北。5月3日和4日，红一军团在清水关、永和关、延水关渡口西渡黄河。

抗日先锋军东征75天，共歼阎锡山部1.7万余人，筹款40万元，扩充新兵7000人左右，迫使阎锡山把伸入到陕北绥德、米脂的四个旅调回山西，减轻了对陕北的压力，中国共产党和红军把抗日大旗插到黄河以东，推动了华北以至全国的抗日高潮。

东征结束，由毛泽东主持，红一方面军从5月13日起，在延川县大相寺召开了团以上干部会议，总结东征和动员西征。

1936年5月18日，一军团奉命西征。西征的目的起初仍是扩大根据地，扩大红军。为西征组成了西方野战军，由彭德怀任司令员兼政治委员，统一指挥红一军团与红十五军团和红八十一师、红二十八军，分成左右两路军向西进发。沿途风物对聂荣臻和许多指战员来说并不陌生，长征的最后行程便是这一带。但此时和彼时的心境大不一样了。每日黄昏，聂荣臻骑在马上，看那起伏的土山、荒凉的草原、倏忽出没的羚羊、稀稀落落的村落，征途是艰苦的，但他怀揣一定要争取西征胜利的信念一路向西。

6月1日，到达曲子镇附近。曲子镇是庆阳通往宁夏的要隘。当红军向这里前进时，马鸿逵部骑兵旅旅长冶成章率领300骑兵进了曲子镇，被红军先头部队二团包围住了。

二团很快在曲子镇东南角打开突破口，下午三点开始攻城，经半小时激战即占领东南角及街道，两个半尖刀连沿街直逼西北角。进攻的势头眼看要席卷全城时，冶成章带着他的全部人马光着膀子举着马刀反击过来，二团虽然人多但展不开，又没有巷战的经验，竟被冶成章逼退到南门一带。

从俘虏的口供里聂荣臻得知，这个冶成章绰号叫"野骡子"，是马鸿逵部的一员骁将，性情暴躁，打仗剽悍，在马家军里颇有些名气。

这个小镇子，到底值不值得打？有人提出绕道而过的方案。"打不下来就算了，部队可以继续前进。"

聂荣臻当即否定了这种意见，他说："不行！这一仗不能消灭'野骡子'，我们到西边就威风大减，马家那些家伙就要欺负你。你连'野骡子'都收拾不了，还有什么搞头啊！对于西征，这一仗很重要，一定要打好，消灭'野骡子'！"

他到了二团指挥所。侦察科长苏静后来回忆说："二团的部队被'野骡子'逼出来时，我在城东南角突破口下面，看到聂政委上来了，离突破口不到百米。"

聂荣臻仔细地研究地形。曲子镇，方圆不过一公里左右，筑有土围墙，墙高两丈，厚六尺，四角有碉堡。这样狭窄的地面上，一个团的兵力根本展不开，反而对敌人有利。看完地形，他指示二团团长梁兴初：进去的部队不能多，只要一个连，这边打，那边掩护，互相交叉前进。

按照他的部署，二团改变了战术，一个连先攻进去，果然进展顺利，其他部队随后跟进。同时，担任助攻的五团也攻破了西北角。两个团相互配合，到黄昏时分把守敌大部歼灭，晚上10点多钟，活捉负了伤的"野骡子"，结束战斗。

环县曲子镇的战斗，打出了西征军的威风，打响了西征的第一炮。这一仗的规模不大，但拔了个硬钉子。整个西征中，他与代理军团长左权相互配合，对几个主要战斗的指挥都显示出他们的果断。聂荣臻抓了西征军的政治思想工作，抓了对东北军的统一战线工作，在作战上也用了不少心力。

初成获胜，影响到全局。

旌旗西指，红一军团向庆阳挺进。聂荣臻和左权都换了坐骑。聂荣臻西征时骑一头黑骡子，白尾巴根、白蹄、白顶门，人称这种坐骑为骏马，是打曲子镇时从马鸿逵的旅长冶成章那里缴的，正好缴到一对，他和左权各骑一匹。

驻庆阳的马鸿宾六个营和一个骑兵团，驰援曲子镇。6月3日，在曲子镇以南的阜城附近与红一军团部队遭遇，红一军团部队实行坚决的进攻，马鸿宾骑兵望风而逃，剩下的步兵六个营被击溃，红军俘马鸿宾部1100多人，军威大振。红一军团继续向西，一直到陕甘边、正宁以北地区。敌人根本不敢照面，红军如入无人之境，先后占木钵、环县、洪德等城镇。与此同时，红十五

▲1935年10月，中央红军到达陕北，胜利结束长征。这是当时聂荣臻在红一军团党的活动分子会议上的讲话。

军团等部向安边、定边地区进军，也取得了许多胜利。

通过西征，红军壮大了自身力量，扩大了根据地，有效地打击了马鸿逵、马鸿宾的封建势力，巩固了陕北抗日根据地，进一步稳固了革命大本营。

第七章

百丈关血战

——张国焘南下失败的转折点

    此战是红军南下以来打得最激烈、最残酷的一场恶战，是张国焘南下由胜利走向失败的转折点。张国焘要"打回四川吃大米"！打算与川军刘湘主力在邛崃、大邑一带决战，令红四方面军向名山、邛崃推进。1935 年 11 月 19 日拂晓，刘湘十几个旅在飞机大炮掩护下，由北、东、南三面向红军百丈关突出阵地猛烈反攻。红四军军长许世友在阵地前沿的一座山包上，举起望远镜观察，仿佛进入一场险恶的梦境：阵地已被战火的犁铧撕得支离破碎，指战员们借着炮弹和飞机炸弹坑作为抵抗的工事，打退敌人一次次疯狂的反攻。许世友接到了张国焘的指令，要他同薛岳决一死战。他双瞳充血，直盯着电文。此刻，他的最前沿的一个主力团全部拼光！阵阵灼热的熏风挟带着浓重的血腥气息扑到他脸上，像飘拂的火，辛辣的硝烟直刺鼻腔，他声音嘶哑地向部队下达决战到底的命令：战斗到最后一分钟！战斗到最后一个人！战斗到最后一口气！红军与敌反复苦战七昼夜，被迫撤出百丈关一带阵地，转移到九顶山至莲花山一线防守。在南下碰壁的事实面前，张国焘被迫承认："红军如果长期停留在川康区域是不利的。"也提出了北上的方针。

★懋功大会师，红军健儿流下了幸福的泪水！是南下发展，还是继续北上？毛泽东与张国焘的分歧难以调和。

1935 年 6 月 12 日，红一方面军先头部队翻越海拔 4900 多米的夹金山，到达川西北懋功县达维镇，与先期到达的红四方面军一部胜利会合。

大雪山下，红旗飞舞，一片欢腾。两个方面军的指战员拥抱在一起，流下了幸福的泪水！

14 日晚，红一军团政委聂荣臻抵达维，见到红四方面军第三十军政委李先念，兴奋异常，高兴至极。红四方面军是 3 月中旬退出川陕根据地来到川西的。18 日，毛泽东与中共中央领导机关进入懋功县城，专门会见了李先念，并询问红四方面军及岷江、嘉陵江地区的情况。25 日，毛泽东和中央其他领导人到懋功县城以北的两河口，欢迎从茂县前来的四方面军主要领导人张国焘，并举行两大主力红军会师大会。

红一、四方面军的会师，使集结在这个地区的红军兵力达到十多万之众，为开创新局面创造了有利条件，这无疑是红军长征史上的一件大事。

然而，两军会合后红军的行动方向应当指向哪里？是南下发展，还是继续北上？在这关系到红军今后命运的头等重要的问题上，两个方面军的主帅毛泽东与张国焘却发生了严重的、难以调和的分歧。

还是在两军会师前夕的 6 月 16 日，中共中央在答复红四方面军关于速决"今后两军行动大计"的请示电时，朱德、毛泽东、周恩来、张闻天等明确地指出："今后我一、四两方面军总的方针应是占领川、陕、甘三省，建立三省苏维埃政权，并于适当时期以一部组织远征军占领新疆。"（《红军长征文献》，解放军出版社，1995 年版，第 511 页）但张国焘、陈昌浩却不同意这个战略，提出红军北攻阿坝，组织远征军，占领青海、新疆，或暂时向南进攻。

　　到达懋功县城的6月18日这天，毛泽东、张闻天、周恩来、朱德就战略进攻方向问题再电张国焘、陈昌浩、徐向前，提出："目前形势须集大力首先突破平武，以为向北转移枢纽。……望即下决心为要。"（《长征日记》，陈虎著，中国长安出版社，2005年版，第325页）20日，张国焘又致电中共中央，提出向西发展，并说"目前给养困难，除此似无良策"。（《红军长征文献》，解放军出版社，1995年版，第528页）中央复电张国焘，指出："从整个战略形势着想，如从胡宗南或田颂尧防线突破任何一点，均较西移作战为有利。请你再过细考虑！"（《红军长征文献》，解放军出版社，1995年版，第523页）这样重大的问题，在往来电报中自然是难以解决的，因此，中共中央在电报中请张国焘"立即赶来懋功，以便商决一切"。

　　即使在会师大会时，朱德致欢迎词，说明两大主力红军会师的重大意义和北上的方针，张国焘却仍在讲话中公然提出同中央相悖的西进方针。

　　6月26日，中共中央在两河口举行政治局扩大会议。周恩来在会上作了目前战略方针的报告，阐明红军应该去"川陕甘"，"我们如陷在懋、松、理，就没有前途"。张国焘在发言中勉强表示同意中央的北进方针，又同时提出也可"向南"，"向成都打"的问题。毛泽东发言同意周恩来的报告，明确指出中国红军要用全力到新的地区发展根据地，在川陕甘建立新根据地，这是向前的方针。

　　会议经过三天讨论，通过北进建立"川陕甘"根据地的战略方针。28日，政治局根据会议精神作出《关于一、四方面军会合后的战略方针》的决定。指出："我们的战略方针是集中主力向北进攻，在运动战中大量消灭敌人，首先取得甘肃南部，以创造川陕甘苏区根据地。"（《红军长征文献》，解放军出版社，1995年版，第537页）

　　6月29日，中共中央政治局常委召开会议，决定张国焘为中革军委副主席，徐向前、陈昌浩为军委委员。这本是中央对四方面军成绩的认可。但张国焘仍嫌不够，自恃他所领导的军队人数多，又策动一些人给中央写信伸手要权。他还以"统一指挥"、"组织问题"没有解决为借口，故意拖延执行中革军委在两河口会议后制定的《松潘战役计划》。

　　7月初，中央红军继续北进，翻过第二座大雪山，抵达卓克基，接着到达芦花。党中央致电张国焘，催促他立刻率部北上。

　　张国焘到芦花后，中共中央在 18 日举行政治局常委会议，讨论组织问题。张国焘故伎重演，提出要提拔新干部，主张增补一批人"可到军委"。会议为了团结张国焘共同北上，同意将原由周恩来担任的红军总政委改由张国焘担任，周恩来调中央常委工作。中革军委当天发出通知："仍以中革军委主席朱德同志兼总司令，并任张国焘同志任总政治委员。"（《红军长征文献》，解放军出版社，1995 年版，第 585 页）21 日，组织前敌总指挥部，以徐向前兼总指挥，陈昌浩兼政治委员，叶剑英兼参谋长。

　　张国焘一朝权在手，便以集中统一指挥为名收缴各军团的密电本，以图隔绝中央与红军各部队的联络。

　　由于张国焘一再拖延，战机已被贻误，使胡宗南部得以集中兵力扼守松潘，红军已难经松潘沿大道进入甘南。中共中央只得撤销原定的《松潘战役计划》，改从自然条件极端恶劣的大草地北上，这给红军北上带来极大的困难。

　　8 月 3 日，红军总部制订《夏洮战役计划》，将红军分左、右两路北上：右路军由红一方面军的第一、第三军即原第一、三军团和红四方面军的四军、三十军组成，中共中央机关和前敌总指挥部随右路军行动；左路军由红四方面军的第九军、三十一军、三十三军和红一方面军的五军、三十二军（即原第五、九军团）组成，红军总司令朱德、总政委张国焘和总参谋长刘伯承随左路军行动。

　　8 月 4 日起，中共中央政治局在毛儿盖附近的沙窝连续召开三天会议。毛泽东在发言中，再次强调两河口会议确定的北上战略方针，批评了张国焘的错误主张。张国焘参加沙窝会议时，表面上再次表示同意中央的北上方针，实际上没有放弃因畏惧国民党军队而主张退却的打算。他回去不久，又提出经阿坝向青海、宁夏、新疆退却，同中央规定的北进夏河流域相左。

　　8 月 15 日，中共中央致电张国焘，再次批评向青、宁、新退却的主张："不论从敌情、地形、气候、粮食任何方面计算，均须即时以主力从班佑向夏河急进。左路及一方面军全部，应即日开始出动，万不宜再事迁延，致误大计。"（《红军长征文献》，解放军出版社，1995 年版，第 626 页）

　　8 月 20 日，中共中央政治局在毛儿盖召开扩大会议，由毛泽东作夏洮战役后的行动问题的报告。毛泽东从军事、经济、民族、地形等条件，论证了红军主力不应向西而应向东。针对张国焘坚持西进青海、宁夏和新疆的主张，毛泽东指出："政治局认为目前采取这种方针是错误的，是一个危险的退却方针。

这个方针之政治的来源是畏惧敌人夸大敌人力量，失去对自己力量及胜利的信心的右倾机会主义"。徐向前、陈昌浩同意毛泽东的报告，说战略方针当然是向东，左路军一定要与我们靠拢。

接着，中共中央致电朱德、张国焘通报了毛儿盖会议的精神，指出："目前应举右路军全力，迅速夺取哈达铺，控制西固、岷州间地段，并相机夺取岷州（今岷县）为第一要务。左路军则迅出洮河左岸，然后并力东进，断不宜以右路先出黑错、旧城，坐失先机之利。"（《红军长征文献》，解放军出版社，1995 年版，第 636 页）

★力克包座，红军打开了北进的道路，徐向前功不可没。毛泽东北上，张国焘南下，终致红军一度分离。

8 月下旬，毛泽东随右路军离开毛儿盖，向荒无人烟的大草地进军。经过七天六夜的艰苦跋涉，毛泽东同指战员一道走出荒无人烟的草地，到了班佑。右路军一部成功地进行了包座战斗，歼灭国民党军第四十九师五千余人，为进入甘南打开了通道。这是红一、四方面军会师后取得的第一个大胜仗。

对包座之战，徐向前在《历史的回顾》中写下这样的话："包座战斗，我三十军立了大功，四军打得也不错。……我军指战员经过草地的艰难行军，不顾疲劳，不怕牺牲，坚决完成党中央和毛泽东同志赋予的打开北进通道的任务，取得了全歼蒋介石嫡系部队胡宗南一个师的重大战果，有不可磨灭的历史意义。"（《历史的回顾》，徐向前著，解放军出版社，1984 年版，第 446 页）

北进的道路打开了，全军将士无不欢快。荒无人烟的水草地已经过来，那种吃野菜、煮皮带度生的艰苦日子，在大家心目中，不会重返了。徐向前和许多战士一样，绽开了笑脸，计谋着新的行程。

9 月 1 日，毛泽东、徐向前、陈昌浩联名致电朱德、张国焘，要左路军迅速东进，同右路军靠拢。并提出集中主力向东北武都、西固、岷县间打出去的计划。右路军正准备派部队送马匹、牦牛和粮食去阿坝地区。

就在这个时候，左路军中的张国焘突然变卦。9 月 3 日，当左路军先头部队五军进抵墨洼附近时，张国焘又给徐向前、陈昌浩发电并转中央，找借口说墨曲河水涨，到上游侦察七十里，不能架桥，不能徒涉过河，部队的粮食只能吃三天，电台已经绝粮，茫茫草地前进不能，决定明晨分三天全部返回阿坝。并向中共中央提出要右路军"回击松潘敌，左路军备粮后亦向松潘进"的主张。

毛泽东与张国焘之间电报往返争论，相互间不和谐的气氛越来越令人不愉快。徐向前陷于深深的忧虑之中。

9月8日，右路军徐向前、陈昌浩电张国焘，提出"我们意以不分散主力为原则，左路速来北进为上策，右路南去南进为下策"（《红军长征文献》，解放军出版社，1995年版，第665页）的意见。当晚，中央通知徐向前和陈昌浩到周恩来住处开会。22时，会议一致通过致左路军领导人电报，即长征路上著名的"巴西电报"，称："左路军如果向南行动，则前途将极端不利。"（《红军长征文献》，解放军出版社，1995年版，第667页）与此同一时刻，张国焘以朱、张红军总部的名义来电，命令徐向前和陈昌浩率右路军南下。朱德在接到党中央的电报后，力主左路军应该执行中央北上的命令，坚决表示不同意南下计划，严肃地申明："如果你非要坚持南下的意见，请你在给中央的电报中不要署我和伯承同志的名字，我们是坚决反对南下的！"

9月9日，张国焘在致电徐向前和陈昌浩并转中央的电报中只好单独用个人的名义，仍坚持他的南下主张，鼓吹南下川康边之天全、芦山、丹巴、懋功、甘孜、道孚等地的退却逃跑计划，说什么"丹巴、甘孜、道孚、天、芦均优于洮、夏，邛、大更好"，认为"南下为真正进攻，决不会做瓮中之鳖"。同日，中共中央电张国焘：南下"中央认为是完全不适宜的"。同时，"中央认为：北上方针绝对不应改变，左路军应速即北上，在东出不利时，可以西渡黄河占领甘、青、宁、新地区，再行向东发展。"（《红军长征文献》，解放军出版社，1995年版，第672页）

9月9日傍晚，张国焘密电陈昌浩，企图以武力要挟党中央南返。前敌总指挥部参谋长叶剑英发现这份密电后，立即送达毛泽东手中。

毛泽东预感的事情终于要发生了！

在有了充分的精神准备和运筹后，毛泽东决定先争取主动，分别亲自到陈昌浩和徐向前的司令部做最后一次劝解，商谈行动方针。

毛泽东特别焦虑地对陈昌浩说："我真不明白，国焘同志为什么会如此固执？南下明摆着是一条死路嘛！我们先不问政治前途如何，单是经济问题就很难解决。这里地处川、康、青海边界的少数民族地区，人烟稀少，物资贫乏。过着游牧生活的老百姓，连自己的口粮都顾不过来。又猛然增加几万红军能维持我们吃饭填饱肚子吗？而且语言不通，又怎么能够扎下根来？在这种狼狈不堪的处境下大喊革命，取得苏维埃运动的成功，这不是在自我嘲弄吗？难道不觉得可悲吗？我看仅此一条，机会主义的帽子戴在他张国焘的头上，就是再合适不过了！"

任由毛泽东不停地劝说，陈昌浩就是漠然地不表态。对此，毛泽东很是失望。

最后，陈昌浩才反问毛泽东："张总政委刚又来了一个电报，他要我们立刻南进。你的意见呢？"

这时，毛泽东明白再劝解也没用，必须当机立断，做应急打算，便顺水推舟似的说道："那好吧，南进就南进吧。中央书记处再开个会议一议。"

晚饭后，毛泽东抱着最后一线希望，又来到徐向前的住处，要看看徐向前的态度。两人站在院子中间，毛泽东问道："向前同志，对南进，你的意见怎么样？"主要从军事角度考虑问题的徐向前回答说："两军既然已经会合，就不宜再分开，四方面军如分成两半恐怕不好。"

毛泽东听徐向前说了这后半句后，明白徐向前的话中意思是不准备离开红四方面军，也就什么话也不再说，起身告辞而去。

若干年后，徐向前在《历史的回顾》中记述了下面一段话，真诚坦率地自我解剖当时的心境。"想来想去，还是决定和部队在一起，走着看吧！这样，我就执行了张国焘的南下命令，犯了终生抱愧的错误。"（《历史的回顾》，徐向前著，解放军出版社，1984 年版，第 454 页）

当夜，在中央书记处紧急会议上，周恩来、张闻天、博古等人与毛泽东紧急磋商，大家焦虑的心情溢于言表。

毛泽东说："中央红军应该迅速脱离这个地区，北上甘南。这样一来可尽早打开抗日局面。二来也给张国焘看看，不要让他以为我们离开他什么都不行。我们在这里不走，反而助长了张国焘的狂妄自大之心，他自恃实力雄厚，处处要挟我们。中央红军如果迟迟不离开，他肯定认为我们必有求于他，我们这么一走也正好对他是个提醒。"

周恩来附和："对，我们再不能这样无休止地争论下去了，白白延误时间，也解决不了问题。红军只好被迫暂时分兵，我们率一部分迅速北上，等到了陕甘打开局面，用军事、政治形势更能促使张国焘放弃错误路线。"

很快，几个人一致认为，继续说服、等待张国焘率部北上，不仅没有可能，而且会招致严重后果。决定采取果断措施，率领红一军（原红一军团）、红三军（原红三军团）等部迅速脱离险境，单独北上。

就在这时，陈昌浩打来电话报告毛泽东，说："张总政委刚才又来电催促，他们过不了河，只有南进。"

毛泽东若无其事地静听陈昌浩讲完理由，然后似乎是很认真地说："我不是讲了嘛！既然要南进，中央书记处还要开个会。周恩来、王稼祥同志都病在了三军团部，看来我和张闻天、博古同志只有去三军团（原红三军团）司令部，将就周恩来和王稼祥同志开会。"

午夜时分，毛泽东率领一军（原一军团）、三军（原三军团）和军委纵队果断先行从巴西出发北上，脱离危险区域。次日晨到达阿西，继续北上。在北上途中的马背上，毛泽东受中央政治局委托起草了《中共中央为执行北上方针告同志书》，指出："南下的出路在哪里？南下是草地、雪山、老林；南下人口稀少，粮食缺乏；南下是少数民族的地区，红军只有减员，没有补充；敌人在那里的堡垒线已经完成，我们无法突破。南下不能到四川去，南下只能到西藏、西康；南下只能挨冻受饿，白白地牺牲生命，对革命没有一点利益，对于红军南下是没有出路的，南下是绝路。……我们应该根据党中央正确战略方针继续北上"。（《红军长征文献》，解放军出版社，1995年版，第690页）

这样，北上与南下之争终于酿成为牵动全局和影响红军命运、前途的大事件。

9月10日拂晓，当得知红一方面军已经连夜出走，陈昌浩大惊失色。徐向前也是一直愣在床沿上，好长时间说不出话来。陈昌浩坐在电话机旁，接着一个又一个的电话，并命令部队进入战斗状态。考虑在军事指挥上，还是要听徐向前的，陈昌浩又转身对徐向前说："怎么办？下追击命令吧！"

半天无语的徐向前一按床沿，忽地站立起来，斩钉截铁地说："岂

▲1937年5月，徐向前回到陕北的留影

有此理，哪有红军打红军的道理！"

陈昌浩一愣。徐向前像一头咆哮的狮子在怒吼："天下哪有红军打红军的道理！叫他们听指挥，无论如何不能打！"

在这千钧一发之际，徐向前的这几句话可说对中国革命起了关键性作用。

★拟就《告同志书》，毛泽东预言"南下是绝路"。成立第二"中央"，张国焘胆大包天。绥丹崇懋战役初胜，如昙花一现。

9月11日，中共中央为贯彻北上既定方针，再次电令张国焘"立刻率左路军向班佑、巴西开进，不得违误。……中央已决定右路军统归军委副主席周恩来同志指挥，并已令一、三军团在罗达、俄界集中"。（《红军长征文献》，解放军出版社，1995年版，第679页）

9月12日，中共中央政治局在甘南俄界召开扩大会议。会上，毛泽东作关于与四方面军领导者的争论及今后战略方针的报告。根据这个报告，会议通过了《关于张国焘同志的错误的决定》。决定指出，张国焘与中央的争论，"其实质是由于对于目前政治形势与敌我力量对比估计上有着原则的分歧"。同日，张国焘电红一方面军一、三军团首长，电称"一、三军团单独东出，将成为无止境的逃跑，将来真会悔之无及"。又说"不拖死也会冻死"。要一、三军团"速归来"，一同南下，说什么"南下首先赤化四川，该省终是我们的根据地"。（《红军长征文献》，解放军出版社，1995年版，第680页）接着，张国焘电令右路军第四军、三十军南返。

9月14日，中共中央再电张国焘，说明率军北上只是为着实现领导全国抗日的战略方针，并企图以自己的艰苦奋斗，为左路军及右路军之四军、三十军开辟道路，以利他们北上。中央仍希望张国焘改正错误，率军北上。但此时，四军、三十军已奉张国焘之令，自班佑、包座由原北上路线过草地南下。

9月15日，张国焘在阿坝召开"川康省委扩大会议"，大肆挖苦批评毛泽东的《告同志书》。他很自负地说："笑话！南下是绝路？我就不信。我张国焘走南闯北大半生，革命根据地说建在哪里就建在哪里，还从来没有走过绝路！我看毛泽东他走的才是一条绝路。"这次会议还作出决议，指责中共中央北上抗日的方针为"机会主义"和"右倾逃跑"，而把南下说成是"进攻路线"。是日，张国焘发布《大举南进政治保障计划》，提出了南进战略方针，"由于中央政治局中个别右倾分子的逃跑路线，断送了我们大举北进进攻敌人的先机。……目前的战略方针是集中主力，大举向南进攻，消灭川敌残部……首先赤化四川。"（《红军长征文献》，解放军出版社，1995 年版，第 788、789 页）

9 月 17 日，张国焘了发布南下命令。

9 月 19 日前后，红四军、三十军到达毛儿盖地区。这时，沿途道路两旁出现了政治宣传员连夜拟制的许多标语口号：

"革命为了保家乡！

"打回四川吃大米！"

"宁可向南走一千，也不向北走一天！"

一首"应景"式的队列军歌也应运而生，并迅速强制性地在部队中教唱："红军南下行，要打成都城，继续前进攻敌人，首先赤化四川省。消灭敌人的残兵，创造川陕根据地，革命胜利才有保证。反对右倾机会主义的逃跑，我们有了新的中央来领导。"

这标语，这歌声，的确诱惑了不少四川籍战士。他们由北转向南，做了一次戎马生涯中最大的"向后转"队列动作。

10 月 5 日，张国焘在川康边境的卓木碉宣布成立第二"中央"，并自封"主席"。作出所谓组织决议，要求取消以毛泽东、周恩来、张闻天为核心的中共中央。

朱德、刘伯承、徐向前等，对张国焘分裂党和红军，污蔑、辱骂、"通缉"毛泽东、周恩来等中央领导人的错误行为，明里暗中进行了抵制和斗争。朱德向张国焘说："要搞（中央），你搞你的，我不赞成。我按党员的规矩，保留意见，以个人名义做革命工作，不能反中央。"针对张国焘另立"中央"的做法，徐向前没有发言，也没有举手同意，他对眼前发生的一切，既不理解，又很痛心。会后张国焘找他谈话，他明确表示，不赞成这种作法。他反对分裂，希望团结。他支持朱德总司令的正确意见，劝说张国焘不要这样搞。徐向前对张国焘说："党内有分歧，谁是谁非，可以慢慢地谈，总会谈通的。把中央骂得一钱不值，开除这个，通缉那个，只能使亲者痛，仇者快，即便中央有些做法欠妥，我们也不能这样搞。现在弄成两个中央，如被敌人知道有什么好处嘛！"

张国焘对朱德无奈，对徐向前、刘伯承只得"用着看"，军事指挥上离不开他们。为了贯彻南下的战略方针，张国焘于 10 月 7 日以"中革军委主席"

名义发布了《绥丹崇懋战役计划》。具体部署是：王树声率右纵队八个团沿大金川南下，夺取绥靖、丹巴；徐向前、陈昌浩率左纵队16个团沿抚边河南下，夺取懋功、达维。《计划》要求红军主力以"秘密、迅雷的手段"占领上述地区，为红军南下天全、芦山铺平道路。

此时四川军阀的部队在大、小金川一线布防，分兵把口，阻止红军南下。刘文辉部两个旅在大金川的绥靖、丹巴、崇化一带，杨森部四个旅在小金川的懋功、达维一带，邓锡侯部一个团把守抚边以东的日隆关。

朱德审阅了刘伯承、徐向前制订的作战计划。他虽然反对张国焘另立中央的分裂行为，但在保存红军这个大方向上，大家是一致的。朱德认为：红军既然已经南下，就应该打开局面，寻找立足生存的地方。几万红军聚集在荒凉的川西北高原上，无衣无粮，等于自取灭亡。他对四方面军指挥员说："川军向来欺软怕硬，惯打滑头仗。我们不打则已，要打就抓住打，狠狠地打！"他要求各级指挥员讲究战术，以快以巧制敌，以小的代价换取大的胜利。

作战计划下达后，各部队立即开始行动。对久困草地、饥寒交迫的红军战士来说，没有比"南下成都坝子吃大米"更令人兴奋的了。部队行动出奇的快，士气也是前所未有的高涨。

大、小金川地区地形复杂，沿途多深山峡谷，水深流急，大部队难以展开。红军取胜的关键在于出敌不意，迅速夺取渡口桥梁和山口要隘。红军开始行动后，因右纵队某部抢占卓斯甲附近的观音铁桥渡河行动失利，徐向前决定派四军由党坝迅速抢渡大金川，三十军随后跟进。这一带是山地隘路，不便于大部队展开，但我军机智英勇，灵活迅速，充分发挥夜摸、奇袭和小部队大胆迂回穿插等战术特长，渡激流，穿峡谷，破敌垒，夺要隘，无坚不摧。10月11日，许世友率四军抢渡成功，沿右岸疾进，连克绥靖、丹巴。九军二十七师于15日夜间发起攻击，击溃两河口守敌杨森部，并连续行军作战，疾进500里，一鼓作气占领抚边、达维。尤其是夜袭达维之战，打得最出色，二十七师行动秘密、神速，当部队摸进街时，敌人还在睡大觉。敌第四旅旅长高德州惊醒后，顾不上穿衣服，仓皇逃走。三十军也攻占懋功。经12天的行军战斗，红军击溃川军六个旅，取得南下第一阶段战役的胜利。

蒋介石获悉红军南下的消息，判断红军的目标是成都平原。为了堵截和消灭红军，他在重庆建立"行营"，主持"剿匪"事宜。先是整编川军，任命刘湘为四川"剿匪"总司令。接着收回指挥权，要求整编后的川军听从统一调遣,不得各行其是。蒋介石出钱、出枪炮的目的,就是要让川军打红军,打赢就扼杀了革命力量,打不赢也削弱了川军,然后中央军再来收拾局面。

敌见我军南下,急忙调兵四处防堵:以刘文辉的第二十四军防守金汤及泸定至汉源、雅安一线;以杨森的第二十军防守宝兴至大硗碛一线;以邓锡侯的第二十八军防守宝兴以东大川场至水磨沟一线;以刘湘的"模范师"防守天全。另从绵竹等地抽调了 18 个团的兵力向西增援,企图将我军堵截于天全、宝兴西北山岳地区。

10 月 19 日,红军陕甘支队到达陕北革命根据地吴起镇。至此,中共中央和中央红军主力历时一年,纵横十一个省(闽、赣、粤、湘、桂、黔、滇、川、康、甘、陕),行程二万五千里的长征,宣告结束。与此同时,中共中央政治局在吴起镇举行会议,再次讨论政治局在榜罗镇提出的把全国革命大本营放在陕北的问题,正式作出保卫与扩大陕北根据地和在这个根据地领导全国革命斗争的决定。

★克宝兴,夺天全,占芦山,天芦名雅邛大战役却看似海市蜃楼。张国焘面对节节胜利,踌躇满志,目空一切。

红四方面军取得绥丹崇懋战役胜利后,决定乘胜南下,向成都平原进军。这时,刘湘已经调兵遣将,在雅安、天全、名山一带严密布防了。徐向前"估计我军乘势南攻,打击川敌,夺取天全、芦山、名山、雅安、邛崃、大邑地区,有较大把握",便制订了《天芦名雅邛大战役计划》。

10 月 20 日,朱德、张国焘批准并发布了这个作战计划。其部署是:以四军和三十二军为右纵队,方面军参谋长倪志亮为纵队司令员兼政委,许世友的四军由丹巴经金汤攻取天全,并以罗炳辉的三十二军一部向泸定、汉源、荥经方向活动;以三十军和三十一军九十三师、九军二十五师为中纵队,方面军副总指挥王树声为纵队司令员,三十军政委李先念为纵队政委,先占宝兴、芦山,得手后向名山、雅安及其东北发展进攻;左纵队由九军二十七师编成,该军政委陈海松为纵队司令员兼政委,以一部防守懋功、达维,主力向东发展。除此之外,以第五军团为右支队,巩固丹巴地区;以第三十三军为左支队,驻守马塘、两河口地区,相机威胁理县,并占领威州。

战役开始后,红军攻势如潮。10 月 24 日,左支队第三十三军从懋功出发。27 日，中纵队第三十军的八十八师越过夹金山，居高临下冲击驻守在山脚菩生岗的川军杨森部一个团。山谷中林木茂盛，浓雾弥漫，还下着蒙蒙细雨。川军在红军冲杀下溃不成军，沿着隘路逃命，被挤下深渊丧命的就有两百余人。红军一口气追到距宝兴县城 50 里的盐井乡，才停下来休息。

11 月 1 日，王树声率中纵队一部沿东河南下，到达宝兴城西。敌军破坏了河上的铁索桥，红军搭起浮桥过河，与对岸红军会合，一同向宝兴县城发起攻击。守敌弃城向灵关逃跑，红军攻占宝兴城，又穷追猛打，击溃刘湘部一个团，直逼芦山城下。

红军右纵队也进展顺利。他们沿大渡河、金汤河南下，首先攻占了国民党西康设治局所在地金汤镇，继向天全发展进攻。

天全，是由西康入川西的一道关口，西侧有大岗山和落西山屏障，两山之间有天全河东西向流过，形成走廊地带。刘湘以他的王牌——"模范师"驻守该地，第一旅部署在灵关河以西，第二旅部署在大岗山和落西山北侧，第三旅为预备队，部署在老场、三江口地区，师部率直属队驻城内。另有刘文辉的一个旅部署在天全以西 20 公里的紫石关，自然形成了"模范师"的前哨阵地。

根据敌人的部署和地形情况，倪志亮与红四军军长许世友商定，四军由金汤翻越夹金山，直取紫石关和天全。

金汤距天全约一百公里，四千多米高的夹金山，横亘其间。山上坡陡路险，荆棘丛生，许多地段无路可走。许世友指挥四军由采药农民做向导，用大刀斩荆棘开路，一昼夜翻过了这座堆冰积雪的大山，11 月 8 日抵达紫石关下。

黄昏时分，许世友来到前沿，发现敌军在小河对岸和大岗山上都构筑了工事，并以猛烈的机枪火力封锁河面和桥头，红军几次冲锋都被打了回来。许世友感到地形对我不利，不宜正面强攻。于是命令十二师暂停进攻，决定派精干的突击小分队从翼侧夜摸偷袭敌人。

当天深夜，星月微明，淡淡的浮云在天空徐徐飘动，红军突击队在向导带领下从侧面利用一个小时时间摸上大岗山。敌军正在烤火做饭，毫无防备，就当了俘虏。接着，许世友看到大岗山西南山麓亮起了两个火点，那火点越来越大。

这是偷袭成功的信号。许世友果断下令进攻。随着嘹亮的军号声，第十一师和十二师部队徒涉小河子，向东岸发起了猛烈冲击。突击队消灭了驻守半山腰的敌人两个连，随即配合主力部队，从后面夹击河东岸守敌。敌人首尾不能相顾，一个团很快被我军歼灭大部。黎明时分，红旗插上了大岗山南麓。

与此同时，王近山率领第十师由当地群众带路，于拂晓前徒涉天全河，夺取了城南浮桥，随即向天全城守敌手枪营发起进攻，歼敌一部后突入城内，经过一番激战，占领了"模范师"师部。

敌师长郭勋祺曾夸下海口："纵有红军数万，也难飞过天全。"但是，在红军猛攻下迅速溃退，只得率残部逃至天全以东五公里的梅子坡，使用预备队向大岗山反攻，企图先夺回大岗山，再以全力收复天全城。

不待我军站稳脚跟，敌一个团就从大岗山北麓沿山脊向我反扑过来。敌我双方在山顶展开了一场激烈的白刃格斗。

红军战士英勇顽强，狭路相逢勇者胜，把刘湘的"模范师"打得死伤累累，溃不成军。郭勋祺和一些残兵败将再向洪雅逃去。

攻打天全的战斗是一场硬仗。我军以迅速果敢的行动，灵活多变的战术，勇敢顽强的战斗作风，三天连续作战没有休息，从紫石关一直打到天全，打败了刘湘的"模范师"，歼敌两千余人，取得了南下以来最大的胜利。

这一时期，红军南下各路都进展顺利，形势十分乐观。张国焘面对节节胜利，踌躇满志。现在左、中、右三路大军已到达成都西南不足百里的地方，正沿着一条大路迤逦前进。左纵队击溃邓锡侯一部，逼近邛崃县境。右纵队占领天全后，配合中纵队包围芦山。11月12日，芦山守敌弃城逃跑，红军又占领了芦山。十几天内，红军连克宝兴、天全、芦山三县，歼敌五千余人，控制了大渡河以东、懋功以南、邛崃山以西和青衣江以北大片地区，造成直下川西平原、威胁成都的态势，令蒋介石和四川军阀极为震惊。

红四军攻克天全后，右纵队的三十二军南下荥经、汉源，掩护四军继续向东进攻。汉源县城位于大渡河北岸大相岭山麓，西门、南门外都是悬崖陡壁，便于防守。北门通大相岭，城外有街道居民，又无城墙。敌刘元瑭旅依托北门外的大风包、史家坡等制高点布防，阻挡红军。当三十二军到达汉源城北时，驻守史家坡的吴营长带头向城里跑，半路上被刘元瑭堵住。退入城中，刘元瑭依靠圩寨和城墙死守。红军包围了汉源县城，又切断了水源，但因火力太弱，始终未能攻克。国民党的飞机经常在汉源上空盘旋，乘红军隐蔽，刘元瑭部下就出来取水，就这样相持两个月。张国焘让三十二军担任牵制任务，也没让他们硬攻，刘元瑭僵而不死。当红四方面军南下失利，再次北上时，三十二军也撤围而去。

天芦名雅邛大战役初步获胜后，南下的红军稍微有了一点喘息的机会。但在战局打开后，红军是向东进击川西平原，还是向西攻取康定、泸定，红军总部领导人的意见很不一致。

10月31日夜里，张国焘在后方致电前方的徐向前、陈昌浩，通报中央红军与徐海东、刘志丹会合的消息，然后说："我们须准备更艰苦较长期的战争，不可图侥幸和孤注一掷"。"宜由右翼打天全敌之左侧，或由太平、双河间打下去，不宜用重兵出大川"。"西康为我唯一后路，不可以西康落后说自误"。"有宽广后方，且能向西昌方向发展。在敌能守住邛、大、名、天、芦一带碉堡线时，即宜不失时机取康定为好。"（《红军长征文献》，解放军出版社，1995年版，第805页）

徐向前、陈昌浩正在指挥部队前进，没回电报。张国焘不见回音，11月6日又致电徐、陈，询问相关情况。

此时红军攻克天全，士气正旺，徐、陈7日复电张国焘，通报了红军胜利的战果后，告诉张国焘："目前这带粮房人烟极多，村落大于巴川"。"如能多集中兵力在这带打，甚有把握。如马上进西康，补难，减员更大，力分散，天气极冷，对二、六军团配合无力。"徐、陈的意见是："此地决战得手，则截东或西进均易，西进只是万一之路。"（《红军长征文献》，解放军出版社，1995年版，第812页）

四方面军南下战役的顺利进行，让张国焘非常欣喜，他觉得有了夸口的资本，就于11月12日致电一方面军及中央通报了占领天全、芦山的情况后，他口气傲慢地说："这一胜利打开了川西门户，奠定了建立川康苏区胜利的基础，证明了向南不利的胡说，达到了配合长江一带的苏区红军发展的战略任务。这是进攻路线的胜利。甚望你们在现地区坚决灭敌，立即巩固扩大苏区和红军。"（《红军长征全史（第三卷）》，武国友主编，东北师范大学出版社，1996年版，第317页）中共中央当日复电，指示四方面军："你们目前应坚决向天全、芦山、邛崃、大邑、雅安发展，消灭刘、邓、杨部队，求得四方面军的壮大，钳制川敌主力残部，川、陕、甘、晋、绥、宁西北五省局面的大发展。"（《红军长征全史（第三卷）》，武国友主编，东北师范大学出版社，1996年版，第317页）

原本坚持西进康定的张国焘看到眼前的胜利，也改变了初衷，对向东攻击成都变得异常积极，脑袋时冷时热的他又趾高气扬起来。不过，红军的确吃了几天大米。但是，问题也接踵而来，国民党军和地方军阀很快盯上了这里。"打到成都吃大米"的口号，渐渐证明若实现是何等的艰难，即使付出巨大牺牲也难以如人所愿。

朱德和刘伯承出于各种原因，在坚持政治上的原则性同时，对军事坚持原则性与灵活性相统一，表示对现时的作战指挥不予干预，只要红军能够消灭敌人、保存自己就是最好的决策。

在制订向天全、名山进军的作战计划时，朱德以自己在江西苏区作战的经验告诫红四方面军指挥员说，部队已经打出了川西高原的山险隘口，作战将由山地战、隘路战变为平地战、城市战，由运动战变为阵地战、堡垒战，战术应当有所改变。遗憾的是，朱德的忠告并未引起各级指挥员的重视。

张国焘接到陈昌浩和徐向前的电报后，权衡利弊，便再没坚持自己的意见。就此，徐向前和陈昌浩立即率领部队开始向名山、邛崃地区进击。但是此时，敌人的主力已聚集一团，兵力占绝对优势，我军又面临着连续作战的消耗和缺吃少穿等困难，条件不利于我与敌决战。

这时，蒋介石命令中央军薛岳部的两个军由南向北推进立即加入战斗，川军主力必须倾全力在川西平原组成防御阵线。刘湘急调唐式遵第二十一军、王瓒绪第四十四军、范绍增第一四六师等部队到川西一线，命令赶赴西昌途径名山的四川边防军总司令李家钰所率四个混成旅，停止前进就地布防。时国民党中央军和川军的兵力，在红军进攻的名山、邛崃一线已经集结了多达八十多个团，计二十多万人。一些当地的地主、土匪、袍哥武装在刘湘的号令和组织下，为了自身利益的驱使，也组成民团队伍，抗击红军进入成都平原。

刘湘为了死保成都老巢，也亲自赶到邛崃县城督战。他的眼睛死盯着一张挂满墙的川西地图，目光停留在邛崃县城以南仅 30 公里的百丈关。

★ **徐向前气势如虹。眼看成都平原要被红军踩在脚下，眼看百丈关要失守，蒋介石和刘湘狗急跳墙。红军在百丈关遇阻，敌我激烈争夺，险象环生。**

11 月 13 日，天芦名雅邛大战役进入第二阶段，也是最关键的阶段。红军综合各个方面的敌情，决定兵分南、北两路：由芦山以北七十余公里的盐井、大川向东进击的红军为北路，直攻邛崃县城；由芦山以东二十余公里的名山地区向北进击的红军为南路，直攻百丈关，然后北指邛崃。南北两线红军二十多个团如一把大铁钳，把第一个钳击目标夹向了邛崃。

百丈关，地处四川盆地西部，西北倚莲花、天台二山，东南靠总岗山脉，西南屏自古陈兵之地的金鸡关。就在这西北、东南山脉的夹沟中，发源于百丈关西南方圆不到10公里的群山中的岷江支流临溪河，向东北方向流去。沟底临溪河西北侧，一条公路蜿蜒于其间，百丈关就位于公路隘口上。这条公路是由雅安、名山通往邛崃、成都的必经之路，于是百丈关就成为名山东北、邛崃西南的一个重镇。

如果从空中鸟瞰这川西盆沿，邛崃至百丈关一带长达三十多公里，宽十多公里的狭长地形，与大小金川的崇山峻岭不同。从百丈关到邛崃这段公路呈西南、东北走向，公路两侧五公里左右基本上都是小丘陵地区，海拔多在600米左右，近公路旁多为耕地，沟渠交错，岗坪纵横。因此，地势开阔，水网棋布，除了靠近百丈关的挖断山是横断公路的一座小山，其余无险可守。这样的地形适合大兵团作战，而不利于擅长游击战和山地攻坚战的红军。可谓易攻难守之地。红军从百丈关到月儿山、天车坡一带纵横数十公里的弧形地段上，由各个攻击点分路展开进攻，与四川各路军阀进行了一次殊死恶战，百丈关是主战场。

南线红军鉴于川军李家钰部在名山以北的弧形配置阵势，认为立即进攻百丈关的时机还没有成熟，由此决定先打天车坡、夹关之李家钰部，再攻百丈关。因此，在大战的第一天，南线红军又兵分三路：以第三十军八十八师为左翼；以第九军二十五师为中路；并出奇兵以第三十军九十三师为右翼，沿总岗山向蒲江县挺进，直插川军李家钰的指挥部。

红军在占领天全、芦山后，没有半天的休整和停顿，又展开新一轮攻势，迅速向川军的名山、邛崃阵地发起全线进击。

部队的士气也很高昂，一路都是军歌嘹亮："红军南下行，要打成都城。反对右倾逃跑，我们要进攻。"

南线红军左翼以第三十军八师二六四团为先头团，直取天车坡、夹关。于11月13日从五家口向百丈关西北的邛崃县境太和场、夹关发起进攻。防守从天车坡、三角堰到夹关这一线长达10公里的川军，是李家钰第一混成旅李青廷部戴松如、李克源团和第五混成旅的吴长林团。该旅以戴松如团防守三角堰，李克源团防守夹关，吴长林团为预备队。戴松如团以一个营防守天车坡，一个营防守三角堰，一个营为预备队。红军赶到夹关，连夜向三角堰发起进攻，先解决了戴松如团的预备营，又迅速将防守三角堰的一个营击溃。当晚，红二六四团在农民向导的引路下，走丛林小道，向海拔八百余米、附近最高的山头天车坡进击，一举歼灭据守在这里的川军戴松如团一个营。红军乘胜夜攻，再击溃戴团守二道桥的另一个营。戴松如率残部仓皇逃窜。红军一路追击，随即再攻驻守夹关的李克源团，李团溃败。

红军占领夹关后，乘胜追击，向驻守观音场、廖场一带的川军猛攻。川军旅长李青廷连忙命令预备队吴长林团掩护退却。

14日拂晓，吴长林团经夹关东北五公里的王店邓锡侯部刘乃铸旅阵地左侧向南撤退。李青廷旅残部在刘旅的支援掩护下，方摆脱红军的跟踪追击，败退到邛崃以南大塘铺一线。夹关一线战斗，红军毙伤俘川军李青廷旅八百余人，红军伤亡四十余人。

南线红军中路部队红二十五师由中峰镇及其以北的朱场、赵营一带为出发阵地，向北面的夹关挺进。与川军刘乃铸旅展开激战，将刘旅击溃，然后进击到达观音场附近，汇合左翼红军向百丈关攻击前进。继而与数倍于红军之川军大战"中脚拇指"观音场等方圆数公里的山冈丛林地带。南线中路、左翼红军汇合打退百丈关左侧李家钰部后，于当日下午在一颗印村农民张德昌的带路下，经中坡到达百丈关以西仅七百余米的朱坝，午夜，开始向百丈关附近川军发起进攻。

南线红军右翼部队第九十三师，从百丈关东南的蒙山进入青江堰沿总岗山麓向蒲江县挺进，长驱直入二十余公里，直捣川军将领李家钰的指挥部。红军一路斩关夺隘，进展顺利。

11月14日中午，当进击到蒲江县大兴场时，即与李家钰指挥部的警卫部队接火，战斗打得比较顺手。但就在这时，突然有紧急情报传来：刘湘在百丈关西北一带埋伏有十多个旅的重兵，企图诱使红军进入包围圈，然后截断退路攻击之。于是，红军南线右翼部队未能按照原计划直插纵深，反而退出蒲江方向的战斗，其主力从大兴场向西直插百丈至邛崃公路上的要镇治安场，参加百丈关附近的战斗，其余部队沿来路返回。在返回的途中，又派出了一支部队从太平场、天宫庙进入百丈，增援攻打百丈关的红军。

南线右翼红军作为由南进击川西平原的主力部队和一支奇兵，如此分兵未能按原定计划向纵深发展，失去了本来作为奇兵使用的本意，没有达成预定的战役效果，其战果也远不如另外两路部队。事后证明，右翼部队因情报有误撤军是非常令人惋惜的一步错棋。如果该部红军按预定战役方案直插川军纵深，川军在蒲江、邛崃一线的指挥体系很快就会被打乱，前线的川军在被断了后退之路后也就不可能顽抗到底，就会忙于救驾邛崃，回守成都，百丈关一带防线就会不攻自破。

然而，一纸假情报胜过 20 个旅。南线右翼红军主力主动由南到百丈关和北至邛崃县城距离几乎相等的大兴场后撤了。

川军解除了李家钰部的威胁，便开始集中所有战斗部队向百丈关全线反扑。

在邛崃县城督战的刘湘，目不转睛地紧密注视着南面战事的发展。就在这时，北线红军出奇兵突然在邛崃西面发起猛烈攻势，相继打退了刘湘各部的阻击，占领油榨沱、水口场，先头部队已经抵达白鹤山，此地距离邛崃县城仅有三公里。过了邛崃，一马平川，成都即已无险可守。

成都告急，国民党军政要员和地方军阀神惊色变。

刘湘慌了手脚，连呼："快采取应急措施！不要让共匪截断了桑园联络线。"桑园镇在邛崃县城以北 10 公里处，是邛崃经大邑通往成都的要道重镇。

邛崃县城内，官绅们纷纷收拾细软外逃。刘湘飞调成都附近各旅救援邛崃，在急电中已是语无伦次，让各旅赶赴桑园镇布防务。国民党军大员顾祝同、薛岳等在蒋介石的训斥下，也火速赶到邛崃，筹划布防紧急提案。

心情紧张到极点的刘湘为了搬救兵，特把四川省府秘书长邓汉祥急电召到邛崃县城，说："军情紧急，我手边部队已经用光，你赶快回去组织力量守成都。"也就是说，刘湘已经做了弃守邛崃，败退成都再固守的打算。

可是，南下以来作战一路告捷的红军，对国民党川军死保川西平原的决心和作战能力显然估计不足，加之求胜心切，在硬碰硬后就感到有些后劲不够了。北线红军在几个回合打下来后，也就失去了再进攻的力量。在国民党中央军和川军的拼命抵抗下，北路红军没有能攻下邛崃县城，遂沿原路后撤。

川军先前摆脱了邛崃之南大兴场的危境，现又解除了邛崃之西的威胁，由此得以集中战斗部队向百丈关使用全部兵力，与红军决一死战。

百丈关一线战斗越打越激烈，规模越打越大。二十余团的红军勇战八十余团的川军，如此一场有百余个团兵力参加的大混战在名山与邛崃一线全面展开。

11月14日，汇集到一起的南线左翼和中路红军各部发扬夜战、近战特长，顺利占领百丈关西北附近的观音场、张店子等地。据俘虏供称，溃败中的川军模范师和教导师的残部，正退到百丈关以北五公里的鹤林场、黑竹一线。红二十五师指挥员立即命令第七十四团、第七十五团分两路向黑竹方向追击。

红七十四团走公路左侧，于当日中午占领月儿山，与川军唐明昭旅对峙至黄昏，将唐旅击溃，逼近鹤林场。

红七十五团沿公路追击，以刀山火海也挡不住的英雄气概，冒着激烈的炮火，向川军百丈关东北两公里的挖断山阵地发起猛烈冲击。挖断山说是山，其实更像一座土岭。红军到来前，这里由川军李家钰部的一个团防守，以纵深的碉堡和前沿机枪阵地骑公路构成了强大的火力网。为了吸引住川军的火力，红军用机枪火力封锁川军碉堡眼，在路西侧丛林中用猛烈的炮火轰击川军阵地，转移其视线，掩护由三人组成的多个战斗小组分头向川军阵地发起冲击。

红军很快攻上川军机枪阵地，频频扔出手榴弹，消灭了碉堡中的敌人。溃敌向挖断山之北三公里的鳝鱼桥逃窜。红军于当日中午占领挖断山，然后跟踪追击，一鼓作气，连续冲垮了川军李家钰、潘文华部鳝鱼桥至黑竹关一线的数道碉堡封锁线，两小时后再占黑竹关。

李家钰为了保存实力，放弃百丈关以北阵地，率所部向蒲江方向撤退。

下午2时过，正当左翼、中路红军继续向前推进到治安场，直逼甘溪铺时，忽然得到与红军右翼部队同样的情报：刘湘在百丈关西北一带的张坝、月儿山等处数十公里的山冈上，埋伏了十多个旅，企图乘红军主力立足未稳之际，发起全线反击，以配合名山之川军包抄红军。在此情况下，左翼和中路红军立即停止前进，由治安场回师五公里返抵黑竹关，准备夜袭敌人。

得之不易的从治安场到黑竹关这段公路就这样轻易地放弃了。红军指挥员在事后方明白，若再夺回并巩固住这段公路两侧的阵地已是异常困难。

红军刚向后撤，川军师长郭勋祺即命令第三旅旅长廖泽率部反扑黑竹关，并企图救援围困在百丈关的川军两个团。廖泽以第八团余岱部为前锋，向黑竹关急进。红军回头迎击，双方在黑竹关西侧展开激战。战至中午，川军伤亡惨重，死伤五百余人。在此情况下，余岱团再难发起新的冲锋。廖泽急令第八团撤退，换上第九团，继续向红军进攻。这时，红军也伤亡四百余人，但无部队可轮换，仍坚持战斗在原阵地上，一次次将川军打退。

守在百丈关的川军趁机向北策应，但被红军猛烈的火力挡了回去。廖泽严令第九团凌谏涵部侧击坚守黑竹关的红军，结局却也与第八团相差无几。一阵激战后，有两百余人被击毙。下午5时，红军将阵地再向前扩展，连占治安场及其以北三公里的杨店子。

15日，太阳刚刚冒出地平线，红军首先发起攻击，以优势兵力猛击黑竹关西侧的川军廖泽旅和鹤林场的唐明昭旅。红军一道道土坎地艰难争夺，激战到中午，川军这两个旅只好放弃阵地，向后撤退。下午5时，红军正要发起全线追击，川军范绍增师周绍轩旅的先头部队火速赶到了治安场，在掩护廖泽旅撤退的同时，阻挡住了红军的进击。两军又对峙在黑竹关一线。

红九十三师奉命以小部监视名山之川军，并令从蒲江大兴场南撤的部队火速退出与李家钰部的战斗，转而向西，直插治安场投入黑竹关战斗，并以一部从马鬃岭进入百丈关增援；红八十八师抗击鹤林场方面来犯之敌；红二十五师守观音场。晚上，擅长夜战的红二六五团出其不意摸到长满松树的狭长山冈，与川军先头部队交火。团长邹风明、团政委黄英祥带领两个营，顺着山冈向前打，直插川军纵深，将川军彭焕章旅的一个先头团击溃。红二六五团控制了附近的闵坡、月儿山、白鹤林等险要阵地。红九十三师派出的增援力量也从马鬃岭赶到百丈关附近，使阵地得以巩固。

★形势突然逆转，百丈关成一片火海，敌我双方肉搏在一起，血肉横飞。浴血奋战七昼夜，红军终因寡不敌众，把进攻战打成消耗战。百丈决战成为张国焘南下由胜利走向失败的转折点。

11月16日起，形势突然逆转。一向被红军赶着跑的川军竟然集中兵力，向红军发起大规模反扑。过去川军与红军作战，总是以保存实力为目的，互相观望扯皮，恨不得对方被红军吃掉，他坐收渔翁之利。现在他们终于清醒过来，红军一旦进入川西平原，川军的末日就要来临了。为了共同的利益，一向不团结的川军，此时竟然抱成一团，要与红军决一死战了。刘湘发布《告剿共官兵书》，下了死命令，凡有临阵退缩，畏敌不前，或谎报军情，作战不力者，一律军前正法。命令一下，在川军内部震动极大。

与此同时，一路追击的红军，还分散了有限的兵力，多途出击。战至下午，攻势就明显不如早晨那么凌厉了。在甘溪铺，红军遇到了兵力占绝对优势的川军的反扑，被迫仓促展开战斗，追击战转眼间变成了阻击战。

到了这时，南线红军已明显看出后备力量不足。在川军援兵源源不断开到前线后，红军只好坚守，不能再发起新的追击。

川军范绍增师周绍轩旅在黄昏时通过大塘铺，增援了上去。濒临全线崩溃的川军廖泽旅得到周绍轩旅的支援，得以稳住阵脚。红军在伤亡严重的情况下，只好后退黑竹关。

11月17日下午，红军向黑竹关廖泽旅阵地发起攻击后，廖旅士兵抵挡不住，又想溃退。廖泽亲自跑到前方碉堡里督战，对部下吼道："这里是我们死守的阵地，人在阵地在，不能后退，也无可退之地。后面就是邛崃总指挥部，你们如果发现有后退的官兵，准予执行我的命令，就地枪毙！"在廖泽和手枪队的督战下，川军士兵又抄起机枪，向红军猛烈扫射，居然遏制了红军的进攻。

激战两个小时后，红军退到百丈关以北两公里的挖断山附近。

形势对红九十三师有些不利，师长柴洪儒高叫着："不能再向后撤了！"

"增援部队上！"徐向前亲临前线指挥。

附近的村舍、树林成了一片火海。

百丈关之北激战正急，从百丈关至治安场沿公路一线的争夺战进入白热化状态。

川军的攻势越来越猛，廖敬安旅以第三十一团谢浚部并增派迫击炮连为第一梯队，第三十二团饶正钧部一个营从右侧掩护，支援第一梯队的战斗；第三十团的两个营和旅的独立营为第二梯队，在后跟进，从公路右侧向百丈关推进。红军有限的增援部队从西侧战场赶到百丈地区后，迅速在挖断山一带组成新的阻击线，开始向川军周绍轩旅发起冲击，并转为追击。但追出没几公里，川军周旅的预备队又赶到了。

中午时分，川军发起这天的总进攻。排炮齐鸣，红军被压制在黑竹关以南的鳝鱼桥、挖断山一线，双方展开了几上几下的拉锯战。红军在连续打退川军的多次冲锋后，不得不再向黑竹关方向退去。周绍轩旅与国民党中央军的两个连紧追在后，再下黑竹关。对峙不久，红军兵力渐感不支，退到百丈关坚守，凭借镇东的栖霞寺、万宫寺和桥头堡垒对川军进行阻击。

川军周绍轩旅向百丈关攻了几次未果，即连夜在百丈关前的曹公庙一线修筑工事，与百丈关的红军对峙彻夜。这天夜里，川军根据刘湘的部署，只有少数部队接近红军阵地，大部川军正在向这一带集中，很快即将形成对红军的大包围圈。

红军看出了川军的企图，徐向前和陈昌浩命令各部队停止追击，原地构筑工事，准备对付川军的反扑。

双方都在积蓄力量，百丈关之战也就发展成为一场异常剧烈的恶战。川军由六个旅迅速增加到十五个旅，首先在兵力上形成了绝对优势。国民党中央军薛岳部的两个军也由南向北加入了战斗。

11月18日，刘湘发出了总攻命令，一次就以二十多个团的兵力在飞机大炮的掩护下，由北、东、南三个方向朝红军在百丈关附近的数公里弧形阵地反扑；在鹤林场方向以三个团的兵力向红军阵地反攻。

红军阵地被疯狂的敌机炸成一片松土，打断的树枝在遍地燃烧。

整团整团的川军轮番向红军阵地发起冲锋。百丈关西北冈坡等地的战斗尤为激烈，焦土上血肉模糊的尸体累累，如河滩裸露的堆堆卵石。

两军对垒中，不一会儿就要出现一次刺刀闪闪的肉搏战。

从夹关方向增援来的川军向观音场攻击过来，与红二十五师激战在一起。

挖断山西侧，川军在石桥坝向红军阵地发起攻击。石桥坝是一片开阔地，冬季的水田间光秃秃的，没有任何遮掩，烂泥没膝，很难通过。只有一条高冈上的小沟可作掩护，通向红军阵地。红军把住这个口子，任凭川军成群的涌上来，都被机枪、手榴弹阻挡在阵地前。沟中已经堆满了川军的尸体，血水汇集成流，顺着干涸的小沟淌下山谷。

红三十军指战员忍耐着连日作战的疲劳与优势之敌殊死搏斗，子弹打光了就用大刀。方圆十余里内的水田、山丘、沟壑都成了敌我争夺的战场，杀声震天，尸横遍野。我八十八师指挥部附近的一个班，打到下午时只剩下三个人了。但是这三个人却像钉子钉在那片树林里似的，扼守着阵地。敌人冲上来，他们从三个方面投出集束手榴弹，趁着爆炸的浓烟，呼叫着分头冲下去，把敌人杀退，三个人又从容地回到原处。

战斗至下午，川军仍未能通过石桥坝。战斗是这样异常惨烈！

与此同时，川军也向黑竹关的红九十三师阵地猛攻。激战两个小时，红军火力不足，被迫后撤到百丈关附近的挖断山。这时增援部队赶到，一个反冲锋将敌军击退。川军又调上预备队，与红军展开拉锯战。打到天黑，红军向百丈镇撤退。

11月19日，激烈的战斗达到顶点。天一亮川军就向红军阵地发起攻击，并组织庞大民工抢修纵深配置的碉堡群进行封锁。

红军战士打得十分英勇，寸土必争。战至午后15时，川军终于支持不住，开始后退。就在红军胜利在望时，天空中突然出现的国民党飞机，在红军阵地纵深狂轰滥炸。红军没有防空武器，也没有对空射击经验，顿时四散隐蔽。不少战士在开阔地找不到隐蔽地方，在敌机轰炸扫射下负伤牺牲。川军乘势卷土重来，红军伤亡过大，在敌机扫射和川军进攻下被迫后撤，退入百丈镇中，与川军巷战。

这是百丈关最为紧张的一天激战。

百丈关东侧桥头，红三十军占据在原川军修筑的碉堡群中，居高临下，以几十挺机枪向整连整排往上冲的川军进行密集扫射，川军一排排被打倒在水田里，横七竖八躺倒一大片。但红军伤亡人数也在剧增，他们把牺牲了的战友就地埋葬在栖霞寺的红薯地沟中，伤员也都拿起武器坚持战斗。

激战至午，川军仍没有能前进一步。百丈关前，堆积起川军的尸体堆积如山。

川军团长谢浚打红了眼，他是立了军令状的。他接连枪毙了三个后退的士兵，虽然暂时阻挡住了后退的狂潮，但仍没能鼓起士兵从原地爬起再向前冲的勇气。

最后，谢浚以每人20块大洋的代价组织敢死队，同时用迫击炮、重机枪压制红军火力，拼命向红军阵地反扑而来。

敢死队在伤亡过半后，剩下的亡命之徒挥舞着大刀侥幸冲进了红军的阵地。

这时，川军增援部队也源源而至，如潮水向百丈关翻卷而上。

百丈关红军防线出现了裂口，并渐渐扩大。

双方肉搏在一起，血肉横飞。

为了截断川军的后援，红军由百丈关口的北侧高地张坝附近出击，但被川军廖敬安旅的掩护部队阻回。

战至午后3时，红军用刺刀渐把川军向关外逼出几十米。可就在这时，国民党军飞机出现在空中，盘旋扫射，滥炸民房。一群群炸弹呼啸而下，有的落在红军的阵地上，有的落在民房中。爆炸声中，弹片四飞，泥土飞扬。

"快卧倒，注意防空！"红军指挥员大声喊着。

暴露在战壕外面的一些红军指战员被飞机扫射或扔下的炸弹击中，枪托都被炸飞到半空中。飞机扔下的燃烧弹首先落入居民朱云中的院子内，由此引燃了百丈街从东河桥到西部街房的民房，烈焰腾空，数百米的长街被焚烧成一片废墟。

红九十三师的指战员为了躲避空中的威胁，急忙跳入战壕。哪料到尘土飞扬中，地面上的川军趁机反扑，又进入阵地，待战壕中的红军发现时，川军已出现在面前。

一片金属撞击声，刺刀拼杀，"叮当"作响。

川军谢浚团在廖泽旅的侧面掩护助攻下，再次攻入百丈关。

红军伤亡很大，边抗击边向后退去。

徐向前冒着炮火亲临三十军指挥部，指示李先念：刘湘是狗急跳墙，孤注一掷，如果我军顶住敌军攻势，灭敌一部，有可能转入反攻。

在这危急关头，四军十师师长陈锡联率援军赶到，一阵冲杀，把川军敢死队头目、土匪出身的王廷章击毙。这个亡命之徒一死，川军乱了阵脚，又被赶出百丈镇。川军团长谢浚站在东桥头提着大刀督战，也无法阻挡部下的溃退。谢浚气急败坏，躺在地上大喊："与阵地共存亡，后退者杀无赦！"将近黄昏，川军援军赶到。红军恶战一天，伤亡也不小，双方在百丈镇东对峙。

11月20日凌晨，打了一天的谢浚，因全团伤亡过半，也没攻下百丈镇，就狗急跳墙，竟四面纵火，企图烧死红军。当红军和镇上居民救火时，川军用机枪扫射，滥杀无辜。红军只保住了半个镇子，东半部的房屋都化为灰烬。第二天，川军范绍增师又压上来。

红军像浪潮一样铺天盖地地向前滚滚涌去，连续突破了敌人的三道封锁线，越过了丢失的百丈关，攻下了黑竹关。

但是，敌人的后备部队大量地投入了战斗，在督战队的驱赶下，又向我军前锋发起了反扑。

面对优势的敌军，红军已经打到筋疲力尽的地步。

张国焘向全体红军下了一道命令，"临阵脱逃者杀，动摇军心者杀，消极避敌者杀，见死不救者杀"。

张国焘不仅下达了"四杀令"，还下令枪毙了一位团长。

那是红五军团董振堂的一名部下。他的团已死伤了四分之三，子弹，手榴弹全部打光，在敌人再次发起冲锋时，他下令放弃了阵地。

打到这时，百丈关东部已是无险可守。已经浴血奋战七昼夜的红军，因寡不敌众，是再也无法坚持。

11月21日晨，红四方面军指挥部作出决定：不能继续在名（山）、邛（崃）、大（邑）阵地上拼消耗，命令部队全线转移，到北起九顶山、南经天台山、五家口至名山的莲花山一线的山地据险防守。

至此，坚守百丈关的红军只好边打边撤，被迫撤出百丈关，向新店、万古退却。激战在月儿山、胡大林一带的红军部队也陆续于21日、22日撤出战斗，至23日，与撤出百丈关的红军部队一道退到了五家口和名山以西的蒙山、莲花山、四包山一带驻守，与敌形成对峙。

历时近一个月的天芦名雅邛大战役，至此结束。

百丈关一战是红军南下以来打得最激烈、最残酷的一场恶战。战后红军指挥员写了文章，认真总结教训。徐向前在回忆录中写道："我军百丈决战失利，教训何在呢？第一，对川军死保川西平原的决心和作战能力，估计不足，口张得太大。川军是我们的老对手，被红军打怕了的，历次作战中往往一触即溃，望风而逃。但这次却不同，经过整编，蒋介石向各部队都派了政工人员，多数军官又经过峨嵋军官训练团的训练，敌军的战斗力有较大的加强。为确保成都平原，刘湘亲自坐镇，不惜代价，挥军与我死打硬拼。加上敌人兵力众多，运输方便，地形熟悉，堡垒密布，炮火强大诸条件，便成了难啃的硬骨头。战役过程中，薛岳部又压了上来。对于这些情况，我们战前缺乏足够估计，想一口吞掉敌人，打到川西平原去。这是导致决战失利的主要原因。第二，与此相联系，我军高度集中兵力不够。刘湘在这带集中的兵力，达80个团以上。纵深配备，左右呼应，凭碉坚守。我军只集中了15个团的兵力进击，一旦遇到敌人的拼死顽抗和反扑，深感兵力不足，捉襟见肘。部队两次过草地，体力消耗很大，乍到新区，人地生疏，群众还没有发动起来，无法积极配合红军作战。这样，就难以取得战役战斗中的优势地位。第三，战场的选择失当。百丈一带，地势开阔，部队的集结、隐蔽、攻防受很大的限制，极易遭受敌机袭击与炮火杀伤。当敌发起反攻时，我军处在十余里的长弧形阵地上，三面受敌，相当被动。另外，部队习惯于山地战、隘路战，而对平地、水田、村落战斗，则缺乏经验。有些干部到了平川地带，连东南西北都辨别不清；敌机来了，无法对付；部队撤出去作战，抓不住，收不拢，影响了指挥信心。仗打得比较乱，有的部队'放了羊'；有的部队你打你的，我打我的，协同配合不好；有的部队不讲战术，增大了伤亡。如此种种，都与我们在战役指导思想上的急躁和轻敌有关。广大指战员的浴血奋战精神，是可歌可泣的。"（《历史的回顾》，徐向前著，解放军出版社，1984 年版，第 471 页）

　　百丈关一战，是张国焘南下由胜利走向失败的转折点。在南下碰壁的事实面前，张国焘被迫承认："红军如果长期停留在川康区域是不利的"，也提出了北上的方针。但他的所谓北上，并不是去和党中央会合，而是想去甘肃、青海、新疆等边陲地区。

　　1936 年 6 月 6 日，张国焘在红二、四方面军会师前夕，被迫宣布取消了他非法成立的第二"中央"，同时也预示了他政治生涯的结束。

第八章

回 旋 湘 黔 滇

——贺龙的神来之笔

1935 年 11 月 19 日，红二军团（总指挥贺龙、政委关向应）、红六军团（总指挥肖克、政委王震）约 1.7 万名指战员从湘西桑植县的崇山峻岭中出发，踏上了艰难的长征之路。贺龙、任弼时、关向应、肖克、王震等红二、六军团领导人运用声东击西的战术，率部跳出了敌人 130 个团的重兵包围圈，自湘西南下湘中，牵着敌人的"牛鼻子"走。1935年年底，红二、六军团在湘中地区的进攻态势，一下子把蒋介石吓坏了，他命令近 20 万部队跟着红二、六军团。贺龙和肖克则率部不慌不忙退出湘中，与先头敌人打一仗后，又率红军来了个"向后转"，突然回师向西北急进，注黔东地区转移。1936 年 1 月，红二、六军团避实就虚，从黔东石阡地区急行西进，再南下，再西进，绕过贵阳，向黔西北疾进。3 月 4 日，红二、红六军团到达妈姑、回水塘地区时，国民党万耀煌、樊嵩甫和郝梦龄三个纵队的追击也接近了红军的后卫。红军立即改变路线，向云南省奎香、彝良方向急进，又由奎香突然南返，又向北，经乌沙寨向东急进……红二、六军团在乌蒙山中辗转回旋，辗转近一个月，打破了国民党重兵围歼的计划。

★声东击西，红军南下湘中，贺龙牵着敌人的"牛鼻子"走。湖南报纸惊呼："共军深入腹地，危及根本！"

1935 年 11 月 19 日，位于湘西桑植县崇山峻岭中的刘家坪和轿子垭，两支轻装简从的队伍如精干的游龙开始启动。原来，是红二、六军团约 1.7 万名指战员分别从这两个地点出发，踏上了艰难的长征之路。

"向哪里突围转移呢？"行进队伍中，不少干部战士小声地议论着，揣测着。但他们的心中都有一个共同的信念：听"胡子"的，准没错。

"胡子"，是大家对红二军团贺龙军团长的亲切称呼。从早年"两把菜刀闹革命"，到南昌起义任总指挥，这位始终蓄着一字胡、富有传奇色彩的红军名将，使敌人胆战心惊，而穷苦百姓和红军战士一谈到他，便肃然起敬，同时又感到格外亲切。

此时，红二、六军团的领导人分别是：红二军团军团长贺龙、政委任弼时、副政委关向应，红六军团军团长肖克、政委王震。两个军团由贺龙、任弼时和关向应统一指挥。

红二、六军团这次大的军事行动，是经研究并请示中央军委批准的。他们奉命退出湘鄂川黔根据地，摆脱敌人包围，保存有生力量，配合全国抗日形势，到湘黔边或黔东地区建立新的根据地。因为没有想到要过长江，更没有想到要长征到陕北去，所以，贺龙、任弼时把这次军事行动叫做战略转移。只是后来随着形势的发展，才不断改变战略决策。

为什么湘鄂川黔革命根据地经营得好好的，非要战略转移不可呢？若干年后，肖克将军回忆起这段时光，是这样说的："反'围剿'既然胜利了，为什么要离开根据地呢？第一，敌人来得多。敌人从 10 月开始又组织第三次'围剿’，这次‘围剿’的规模比前两次更大。第一次‘围剿’敌人有六个纵队，五十来个团，第二次‘围剿’是 80 个团；这一次是 130 个团。敌人鉴于前两次"围剿"的失败，认为是使用杂牌军多及指挥不统一，这次"围剿"，以蒋介石的嫡系、半嫡系中央军为主。如汤恩伯统率的八十七师、七十八师调来了，与红军打仗有经验的二十六路军孙连仲三个师和樊嵩甫纵队也调来了。蒋介石还派陈诚到宜昌设立行营，统一指挥。在根据地四周不断增加兵力，构筑大量的工事碉堡，形成了更大包围圈。同时，厉行更为严密的经济封锁。第二，地形条件不利。湘鄂川黔苏区周围，东有洞庭，北有长江，南有沅澧二水，西北崇山峻岭，粮食困难，在绝对优势的敌人重重包围、严密封锁的情况下，不利于我大兵团的机动。第三，经济落后，封建地主独霸一方，割据一地。在大割据中又有若干小割据。湘西地方军阀陈渠珍，名为统治十三县，其中若干县又有人割据，甚至有割据三两区、乡的。有些大地主也有枪，在山顶上占据自然溶洞，他打你容易，你打他困难，他们躲进洞子里，洞口又加上些工事，你打他就更困难。第四，政策过‘左’，根据地不巩固。"（《肖克回忆录》，肖克著，解放军出版社，1997 年版，第 100 页）

▲红二和红六军团领导人长征前在湖南澧县合影。

左起：贺龙、李达、关向应、任弼时。

坐者：王震

对于这次战略行动，贺龙、任弼时、关向应、肖克、王震等红二、六军团领导核心在召开军委分会会议时，进行了细致的分析和论证。

任弼时是中共湘鄂川黔边省委书记。他首先发言说："这次战略转移不是流寇式的单纯军事行动，决不能搬家式地消极逃跑，要吸取中央红军长征和红六军团西征时的经验教训，行李简化，轻装前进。"

贺龙是中共湘鄂川黔边军委分会主席。他从军事角度上说得更具体："除了必要的武器弹药和装备外，每人只带三天粮食，两三双草鞋，这样行军起来就快多了。"

关向应说："只要有胜利把握，就坚决勇敢地打仗，借此扩大红军，开辟新根据地。"

肖克说："打好仗，就可以休整。多则十天半月，少则也可三两天。就可以扩大我们的队伍。"

如何跳出敌人这130个团的重兵包围圈呢？这是大家很关心的问题。

王震说："要选好突围方向，要慎重初战。"

任弼时请贺龙拿主意。经过深思熟虑的贺龙说："我们突围后如果直奔贵州，蒋介石围攻我们的几十万大军便会盯住我们不放。屁股后头跟着这么多敌人，那可是很不舒服的喽！我的意见，以声东击西的战术来与敌人周旋，小部队向西佯动，而主力部队则先入湘中。那里地域辽阔，物产丰富。到了那里，一则可以补充粮秣，筹集款项，宣传抗日；二则可以威胁长沙，调动敌人。待敌人尾追过来，我们便甩开他们，调头再杀他个回马枪，转入黔东。"

突破口的选择，关系到战略转移的成败。任弼时、关向应、肖克和王震等军团领导人，都认为贺龙用声东击西的战术来迷惑并战胜敌人是一着妙棋，一致同意贺龙的军事部署。

在部署转移行动时，红二、六军团各部队在政治动员、装备检查、后勤保障、长途行军等方面都进行了认真准备。后来，又考虑到许多战士是当地群众的子弟，部队要走，老百姓依依难舍，于是，部队又向群众做了许多安抚工作。同时根据贺龙的指示将地方独立团编为五师、十六师，使主力部队增加到1.7万多人，并派出十八师担任掩护主力行动的任务，向西佯动，到敌人力量薄弱的龙山地区积极活动，使敌人看不出我要离开根据地和向东南突围的意图。

事后证明，贺龙选择的突围时间和突围地点，是一个具有卓越的军事思想和远见的战役行动。突围时间过早了，我军得不到时间进行必要的休整和思想动员与物质准备；过迟了，敌人可能调整部署，使我丧失主动。突围地点如向西南突围，没有江河阻隔，又是以前的游击区，行军作战条件较好。但这个地区都是贫瘠的山区，补充人力物力较困难。同时敌人预料我会从西南突围，在这一带防范甚严。向东南突围，地方富庶，补充人力物力较为容易。但敌人李觉、樊松甫两个纵队依据澧水、沅江，虎视眈眈，正等待着我们。权衡利弊，贺龙还是决定向东南突围。他把突围时间选在我军进攻津、澧后，敌被我打乱的部署尚未重新调整，而我军又在桑植附近做好了突围准备的时候。

11月19日，贺龙、任弼时正式下达了突围转移的命令。于是，红二、六军团长征大军隆隆启动。

敌人得知红军的行动后，也在千方百计猜测红军的转移方向。

在宜昌"行辕"的大楼里，敌湘鄂川黔"剿匪"总司令陈诚不无自信地对手下说："我料定贺胡子他们将向西转移……"

正说着，一位参谋报告："总座！有急电。"

陈诚接过电报，看到上面写着"贺龙主力向西运动"的字样，禁不住哈哈大笑起来。

不过，陈诚还是中计了。贺龙早就预料到这一点，他正带着红二、六军团主力向东南方向急行军。所谓"贺龙主力向西运动"，只是贺龙派出的掩护主力转移的红十八师"大造声势"的结果。

东南方向有澧水、沅江两道天然屏障，大部队行动困难，敌军想不到红军会从这里突围，就没有设重兵把守。贺龙偏偏"雷公打豆腐——专拣软的欺"，选择这一方向为突破口。

11月20日黄昏时分，红军先头部队第十七师四十九团，在团长王烈、政委刘转连率领下，借着山沟密林的掩护，快速来到湘鄂川黔根据地南边的澧水边。这支身背枪弹、带着绳子、拿着斧头、锯子、扛着毛竹杉杆的特殊队伍，像一条游动的长龙。

夕阳斜射在江面上，一切历历在目：百把米宽的江面，水流湍急，激起团团漩涡。对岸沿江的高地上，大大小小的碉堡疏密不等地排列着，乌黑的枪眼对着江面和两岸的滩头。团领导到江边察看地形后，商定了渡江计划：

王烈率领第一营组成偷渡突击队，若偷渡不成即行强攻；同时派出侦察排继续在上下游寻找合适地点，正面过江不成时从别处偷渡。战士们匆忙地捆扎了一些筏子，挑选出30名年轻力壮水性好的战士组成了突击队，一切准备停当。

夜幕降临，随着王团长"开始"的一声令下，"嚓嚓嚓"的脚步声随之响起，一串黑影很快消失在夜色中。战士们小心地将木筏、竹筏推进江中，爬上去划向对岸，有的战士干脆抱根木头游向对岸。开始还算顺利，突然，一声刺耳的枪声划破了夜空，敌军发觉了我军动向。顿时，对岸响起了密集的枪声，敌军碉堡里吐出了一串串长长的火舌，在江面上形成了火网。偷渡变成了强攻，红军掩护部队一齐开火，压制敌军火力，保护渡江突击队。敌军火力由北岸移向江心，又由江心收缩到南岸，集中到了滩头阵地上。好，突击队突击成功了，后续部队接着向南岸突击。突然，对岸腾起一簇簇的火光，是敌军碉堡被我突击队打着了，一场激烈的争夺战便在登陆点上展开了。

正在这时，传来了一个令人兴奋的消息：这里进行的紧张战斗吸引了敌军，使侦察排顺利地在下游四五里远的地方，测出了一个新的徒涉点，那里水不深、流不急，可以徒涉。于是，团政委刘转连带领二、三营迂回到下游，顺利过了河。然后顺南岸向上游攻击，与一营会合，很快便消灭了南岸敌人。这一仗，我军击溃敌李觉纵队一个团又一个营，赢得了初战的胜利。

半夜时分，红四十九团搭好浮桥，迎来了大部队。先头团马不停蹄，先派出侦察排，然后全团跟进，向南急行军200里。

11月21日晚上8点钟，红四十九团赶到沅江边的洞庭溪。王团长和刘政委决定采用突袭的方法，收拾守卫渡口的地方民团。

守在渡口的地方团丁有一个班，他们根本不知道红军已突破澧水封锁线，悠然自得地哼着小调，倒背着枪晃来晃去。

红军侦察员悄悄接近守敌，大吼一声："缴枪不杀！我们是红军！"

有个团丁还不耐烦地回叫道："谁他妈的开这个玩笑！"当他们眼前出现真的红军时，一个个都傻了。

这样，红四十九团不费一枪一弹，便顺利占领了渡口。

兵贵神速！王团长迅速命令先头排接着占领南边渡口。于是，连续三昼夜急行军的红军先头部队，顾不上片刻休息，换上团丁的衣服，乘上他们的木筏，悄悄渡到对岸，把南岸渡口的敌守军也收拾了。

这时，忽然接到哨兵报告：江中发现划船声，并且有手电晃动。团首长断定是敌人，于是命令部队立即架起机枪，设下伏击圈，把敌人诱到近前消灭掉。

船越来越近了，依稀可见船上密集的人影。一共三艘大船，首尾相接，像是一条长龙。

敌人听到了红军敲打木头的声音，便高喊道："哪一部分的？"

"我们是李司令的。"组织设伏的三营李营长机智地回答道，他知道这一带是李觉的队伍。

"哦，自己人，别误会。我们是来支援你们的。"说这话的也是一个营长，是敌军得知红军突破澧水后，赶紧派来加强沅江防务的。

"那就请靠岸吧，欢迎你们及时赶到！"

三艘大船乖乖地靠上了岸。提着马灯跳上船去的红军战士，像收拾货物似地把这三百多个敌人押送了下来。敌营长怎么也想不到红军会这么快抢占渡口，嘴里还是一个劲地自问："这是怎么回事？"

22日上午，贺龙率领红二、六军团主力部队赶到，顺利地乘船渡江。红军又平安地跨过了一道险流，继续向湘中挺进。

红二、六军团的运动方向本来是向西，到湘黔边或黔东去。为了迷惑敌军，才故意向东南，这就是贺龙把古代兵法"声东击西"运用得淋漓尽致的典型范例。

当陈诚在他的行营里得知贺龙部队几乎没有受到什么阻碍，便渡过澧水、沅江两道封锁线时，气急败坏地大叫大嚷："撤李觉的职！他是个饭桶，废物！"

临时派兵堵截已经来不及了，陈诚像输急了眼的赌棍，马上派飞机去轰炸正在渡江的红军，以求一逞。

叼着烟斗坐在船头的贺龙，乐呵呵地冲着敌机笑道："现在才来送老子啊，迟啦！"

突破澧水、沅江封锁线的红二、六军团，立即按预定计划连续挥师向东南急进，实行战役展开。六军团迅速渡过资水、占领了雪峰山以东的新化、蓝田和锡矿山。二军团占领了雪峰山以西的辰溪、溆浦和浦市，控制了湘中广大地区。

湖南报纸惊呼："共军深入腹地，危及根本！"正在南京开会的湖南军阀何键，急得像热锅上的蚂蚁，请求蒋介石火速派兵"驰湘协剿"。

可是远水救不了近火，红军在湘中这块富庶的地区发动群众，打击土豪劣绅，筹集物资经费，还补充了三千多名新战士。其中，工人出身的红六军团政委王震在锡矿山一地就扩了几百名产业工人加入红军。二军团也成立了新兵团。

我军进入湘中，对长沙威胁甚大，弄得敌人心惊胆战，慌忙将"围剿"改为"追剿"。湘中的土豪、富户也惶惶不可终日，埋怨对苏区进攻推得太远，以致后方空虚。湘中工农群众在我党我军的宣传下，纷纷参加革命活动，我军人力物力都得到了补充，部队士气大为高涨。经过十多天卓有成效的工作，红军才真向西走。

★急进湘西黔东，贺龙"耍龙灯"闪转腾挪。红军虚晃一枪，贵阳城一片混乱。

红二、六军团在湘中地区的进攻态势，可把蒋介石吓坏了。他命令近20万部队跟着红二、六军团尾追。贺龙和肖克呢？不慌不忙退出湘中，与先头敌人打一仗后，又率红军来了个"向后转"，突然回师向西北急进，往黔东地区转移。

作战参谋很快拟制了一份西进的路线图，呈给贺龙。

"不，不是这么个走法，我们要和敌人玩捉迷藏。"

贺龙深吸了一口烟，拿起桌上的一支笔在路线图上画了一道继续南下的线路。作战参谋不解地望着贺龙。

只见贺龙又画了一条线，箭头指向黔东，作战参谋方才恍然大悟："先南下，再西进。"

于是，连续九天，红军大踏步向南，到达湘南岩山、洞口一带，逼近邵阳县城。

蒋介石和陈诚急令汤恩伯纵队连夜赶到邵阳守护，不料红军却急转向西疾进，突破了敌陶广纵队六十二师在武冈地区的瓦屋塘、金屋塘设置的防线。

此时已是1935年年底，隆冬时节，大雪纷飞，红军在崇山峻岭中日夜兼程西进，赶到怀化以西的芷江地区，接着，在芷江、新晃之间的便水，与追敌十六师、十九师全部及六十三师之一部大战一场。这一仗虽然是个消耗战，但制止了敌人的急追，红军安安稳稳地过了1936年元旦。

紧接着，红军又马不停蹄地继续西进，于1月9日，按预定计划到达了黔东的江口和石阡地区，把敌人大部分追兵远远地甩在了后头，并在这一地区实施短时的休整。

"娘希匹，都是饭桶、废物！"蒋介石把自己的"剿匪"总司令陈诚骂了个狗血喷头。

红军在江口、石阡休整期间，还有一件值得庆贺的事，即迎回了我主力由湘鄂川黔苏区出发时留在苏区坚持斗争的部队——六军团第十八师之五十三团及地方武装。他们在强敌围攻下，不能立足，由师长张振坤率领，从苏区西面突围，采取迂回曲折，避实击虚的战术，突破敌人重重包围，几经艰苦，经招头寨、黔江、酉阳、秀山、松桃一带，到江口与主力会合，全军为之庆幸。

红军在石阡虽然得到了短暂休整，但这一地区地瘠民贫，给养不足，我军很难建立根据地。加之由于周围敌军密集，于是，红军立即考虑下一步继续转移的问题。

1936年1月19日，红二、六军团领导人在石阡一个天主教堂里开会。这里已作为红二军团的临时军团部。

任弼时用浓重的湖南汨罗口音说："看来这个地方地瘠民贫，不适合大部队驻扎，我们原先想在这里建立苏区的计划只好改变啰！"

贺龙握着烟头，深深地吸了一口，说道："政委说的有道理呢。"

大家点头称是，开始研究下一步行动方案。

带着陕西口音的参谋长李达不紧不慢地发言："会前贺总让我侦察一下敌情，我先把情况通报一下……"

敌军的部署是北截、西堵和东、南两面追击，步步进逼。贺龙经过深思熟虑，建议西渡乌江，挺进黔西、大定、毕节地区建立临时革命根据地。

"敌人可能早有防备，我们要打乱他们的部署。"李达接着提出了佯攻贵阳的方案，得到了与会人员的一致赞许。

第二天，红军按预定方案离开石阡。

敌军估计红二、六军团要循中央红军的原路，北渡乌江，进占遵义。他们除了增防遵义之外，就是把绝大部分兵力调到乌江两岸，日夜赶修工事，企图将红军歼灭于乌江南岸。于是红军避实就虚，先西进余庆、瓮安、平越，随即南下牛场、麻江，再西进，第九天突袭占领了贵阳东南六七十里的龙里，直逼向贵州省会贵阳。

由于敌人倾巢出动追剿红军，贵阳眼下成了一座兵力空虚的城府。被蒋介石派到这里来督战的重庆行营主任顾祝同刚飞抵贵阳，就遇上这一紧急情况，慌忙向蒋介石报告。蒋介石唯恐贵阳失守，在国内甚至国际上引起震动，急令从乌江两岸分兵驰援贵阳。与此同时，贵阳城开始全城戒严，一时掀起抢购食品风潮。地方保安团纷纷向城里靠拢，还逼迫居民出城修筑碉堡。有些官吏豪绅判断贵阳可能守不住，纷纷卷起细软准备出逃。城里流言四起，一片混乱。

在贵阳城一片混乱之际，贺龙率领红军立即绕过贵阳，向黔西北疾进，先后攻占北 60 里的扎佐镇，歼守敌约 1000 千人，又赶到修文，摆出经息烽北渡乌江、直取遵义的样子。敌人据此判定红二、六军团要走一年前红一方面军长征的路线，马上调集一个纵队在乌江北岸布防。不料红军突然转向，向西面乌江的上游鸭池河扬长而去。

鸭池河敌守军仅一个连。但河流湍急，两岸山岩陡峭，滩头狭小，要拿下两岸渡口，保证大部队尽快渡过河去也很不容易。贺龙指示担任前卫的红六师，派出精干侦察分队首先抢占东岸渡口；再派出一支部队急行军到下游几十里远的地方，穿过铁索桥绕到西岸守敌背后，两面夹攻，结果全歼守敌一个连。

2 月 2 日，鸭池河上很快搭起了浮桥。贺龙率红二、六军团大队人马迅速渡过河去。

当最后剩下两个团时，敌人的追兵也已赶到，交上了火。贺龙立即下令对岸的部队抢占有利地形，居高临下用火力压制敌人，掩护最后两个团全部渡过河来，然后将桥毁掉。

敌人不甘心地隔岸放枪。几个红军战士一起笑着大声朝对岸喊道："别'欢送'了，谢谢啦！"这样，各路敌军又被甩在后边。

按照预定方案，红二、六军团于 2 月 9 日开进到黔西、大定、毕节地区。这时，敌万耀煌部十三师追来，占了大定。红十七师由遵义西之打鼓新场游击，遂回师大定，在大定城西十余里之将军山，将敌向毕节进攻之先头部队七个连四面包围，经一小时半就解决了战斗，无一漏网，制止了敌之急追。接着，红军控制将军山，形成在毕节、大定地区开展游击根据地活动的东面屏障。尔后，红军与强大的追敌激战，并对驻威宁之滇军，严加警戒。

黔、大、毕三县地处云南、贵州、四川三省交界，高山险峻，道路崎岖。加上"天高皇帝远"，国民党统治也比较薄弱。1935 年年初，中央红军经过这里，曾播下革命的种子。因此部队一到这里，就较顺利地展开了轰轰烈烈的群众工作。县城四处，贴满了标语。打土豪，分财物，穷人抬起了头。宣传队、扩红队、工作队积极活动，建立群众武装，组织群众团体，闹得十分红火。这里的 95 个乡、镇、村都建立了革命政权。老百姓兴奋地说："真是闹红了一角天呀!许多同志都想在这里落脚生根,建立新的根据地。"

早在红二、六军团开始撤离湘鄂川黔根据地的时候,就接到了共产国际关于建立反法西斯统一战线和中共中央关于统一战线与抗日救国的指示。按照这些指示,在转移沿途,红二、六军团一路边走、边打、边宣传抗日救国的道理,开展群众工作,严守红军纪律。特别到了毕节地区后,当选为中华苏维埃共和国川滇黔省革命委员会主席的贺龙,充分利用他的名望和经验,积极开展统一战线工作,团结广大学生和知识分子,还争取了不少有影响的上层民主人士,其中最著名的是清朝秀才、曾任北洋政府秘书长的周素园先生。周素园相信马列主义,赞成抗日反蒋。贺龙就尊重他、团结他,并请他出任贵州抗日救国军司令员。还通过他给"云南王"龙云和云南纵队司令孙渡写信,告之红军当时的政治主张,要他们提防蒋介石,从而加深了云南军阀与蒋介石及其中央军的矛盾。后来周素园先生跟随红军一起长征,到陕北后毛泽东曾经多次同他畅谈,称他是一位可亲可敬的朋友和同志。

在黔西、大定、毕节地区的近20天,是红二、六军团长征途中的黄金时期。期间不仅打退了追敌,使后方机关及伤病人员得到了休整,而且把新开辟的黔、大、毕苏区搞得有声有色,红红火火,仅扩军就达五千余人,壮大了红军力量。

红军的扩军行动,气得蒋介石恼羞成怒。他从南京飞到贵阳,咬牙切齿地对部下说:"这次,我来亲自指挥,不一举消灭贺龙、肖克,誓不为人!"

于是,蒋介石立即调集五个纵队围攻,又令两个纵队防堵,妄想协同云南、广西军阀,共用120个团的优势兵力,聚歼红二、六军团于黔、大、毕地区。

蒋介石重兵压境,贺龙临危不乱。贺龙早已想好了对策,于2月27日,率红二、六军团撤出毕节,决心发挥打运动战的特长,进入纵越云南东北和贵州西部的乌蒙山区活动,让敌人摸不着红军的身影。贺龙幽默地说:"我们的根据地还是在我们这双脚板上!"

★迂回转战,贺龙与敌人在乌蒙山"捉迷藏"。马蹄裹布,红军从敌夹缝中通过。贺龙猛虎掏心,昆明府闻风丧胆,突然折转向滇西进军,红军从容渡过金沙江。

位于云贵高原的乌蒙山区,山高谷深,3月初,仍是春寒料峭,天气变幻无常。

红二、六军团一万多名指战员退出黔、大、毕后，转战威宁、水城、宣威之间渺无人烟的群山之中，缺粮少水，艰苦异常。但生性乐观的贺龙不时地给周围的人说笑话，讲故事，鼓舞士气。他说："我们在大山里打转转，就是为了转昏敌人，把龟儿子转晕了，再找机会在他屁股上狠狠咬一口，最后摆脱这些可恶的敌人。"说得大家乐呵呵的，行军也不觉得累了。

贺龙还跟战士们一样，穿着草鞋行军，脚上裂了一寸长的口子。一天，细心的勤务员陈文科发现贺军团长走路一步一跛，便在宿营时端去一盆热水，让首长烫烫脚。"啊，这么多血。"看到军团长的脚底裂出的口子，鲜血淋淋，小陈惊叫了起来。

"陈伢，你慌什么呀，不碍事的。"贺龙平静地说，好像受伤的不是他，而是勤务员。说着，他拿出一小盒凡士林，往开裂的脚底抹了起来。又摸出一个火柴盒，说："来，帮个忙！划火柴烧一烧。"勤务员以为首长要烤火，转身要去抱柴火，不料军团长一把拉住他，指着自己的脚说："往这儿烧。把凡士林烧干，伤口就不会流血了。"小陈不禁吸了口气，颤抖的手划了几次火柴，都没点着。贺龙笑了，"你怕什么呢，这个土办法很顶事的。"说着，从陈伢手里接过火柴，划着后又递过去。

"哧"的一声，勤务员的手和贺龙的脚都本能地一缩，火柴灭了。贺龙点燃新的火柴，又递过去，就这样一根接一根地烧，直到伤口的嫩肉烧得如同焦炭，才满意地拍拍小陈的肩膀说："行了。"勤务员如释重负站起身来，只见军团长满头大汗，却微带着笑容，仿佛在说："这算得了什么，我还要用这脚板拖垮敌人呢！"

贺龙的马经常驮着伤病员，他自己却不肯坐担架，拄着一根子一步一颠地走着。整个部队就是这样互相关心，互相爱护，始终保持着饱满的革命精神。战士们风趣地说："什么叫乌蒙山回旋战？就是连打带走地消灭敌人，不管他什么黔军川军中央军，统统把他们肥的拖瘦，瘦的拖死，叫他们统统见阎王。"乌蒙山的石壁上，各部队书写的标语随处可见。有一条标语写得非常好："踢死黔军，踩死川军，打死滇军，拖死中央军。"

在野马川一间简陋的民房里，贺龙召集领导干部开会研究下一步行动。

他习惯地用烟斗敲了敲桌子，开始说明酝酿已久的行动计划："现在是时候了，我认为应该以迅雷不及掩耳的速度从敌人合围的结合部钻出去，然后以猛虎掏心的动作开进云南，捅捅龙云的老窝。"部队开始秘密突围。那是敌两个纵队之间的狭窄地区，行动必须非常隐蔽。

"把'老把式'找来。"贺龙吩咐道。这"老把式"是供给部运输队队长刘金魁，五十多岁了，管理牲口很在行。不一会儿，他就来了。

"马蹄都裹上布了没有？凌晨行进骡马会不会发出喧叫声？"心细如发的贺龙问道。刘队长深知这些都是关系到整个部队行动成败的问题，拍胸脯保证："这次绝不会有问题，你就放心吧，总指挥。""这次可没下一次了，不能有一点闪失。"贺龙的这句话，让刘队长不好意思地脸红起来。

原来，有一次贺龙正在院子里开会，听到墙外传来马蹄声，脸一沉，马上派人把刘队长叫来，劈头就是一顿批评："你这'老把式'，责任心哪里去了？"刘队长丈二和尚摸不着头脑，说："你批评什么？我一点也不明白。""不明白？你的运输队里是不是有匹骡子没挂掌？这样在石头路上走，骡子会跛脚的，你不明白？"刘队长听了转身出院察看，果然有一匹骡子的后掌掉了。"总指挥真是神了！我怎么就没听出来呢？"他举起拳头打着自己的脑袋，跑回院子向贺龙检讨，说："下次一定注意，一走不出岔子。"

在贺龙的精心组织指挥下，红二、六军团一万多人用"盘旋打圈子"的战术，神不知鬼不觉地从敌樊嵩甫和郭汝栋两个纵队之间的夹缝中钻出去，扔掉了尾追的敌人，于3月底南下进占了黔滇交界的黔西盘县一带，摆脱了敌人。而敌人则被红军转得晕头转向，拖得疲惫不堪。

红二、六军团原计划在盘县简单休整一下，继续南下。

从盘县出发的前一天，红二军团六师政委廖汉生去向贺龙请示第二天的行军路线。贺龙指示说："我们再往南向兴义走，相机建立新根据地。"廖汉生即派便衣侦察队连夜出发了。

不久，红二、六军团与红军总部取得了电台联系，贺龙便朱德总司令、张国焘总政委发了一封电报，请示行动方针："我军究应此时北进与主力汇合，或应留在滇、黔、川边活动之问题，请军委决定。"（《红军长征文献》，解放军出版社，1995年版，第1016页）

3月30日午夜时分，贺龙收到红军总部朱德、张国焘的电令："最好你军在第三渡河点或最后处北进，与我们汇合，一同北进。亦可先以到达滇西为目的，我们当尽力策应。"（《红军长征文献》，解放军出版社，1995年版，第1017页）

贺龙高兴地对准备休息的任弼时、关向应说:"这真是及时雨呀!"

于是任弼时决定召开紧急军委分会。因为红二、六军团此时并不知道张国焘闹分裂的情况,且部队在南北盘江间尚立足未稳,而从整个国内形势看,北上抗日是大势所趋,因此,军委分会研究决定,执行总司令部的指示,北渡金沙江与红四方面军会师,北上抗日。

第二天,也就是3月31日,天还没亮,军团李达参谋长叫起廖汉生,说:"行动方向改变了。中央指示我们沿一方面军长征的路线,渡金沙江,去甘孜会合四方面军。"

当天,贺龙指挥红二、六军团主力撤出盘县,马裹蹄,人衔杖,兼程西行北进。

敌人似乎察觉到了红二、六军团的意图,滇黔"剿匪"总司令龙云判断贺龙可能从元谋渡金沙江,于是急调其近卫第一团、第二团、工兵大队和警卫营,从昆明赶往普渡河铁索桥两侧防堵,又令各路纵队加速追击、合围,妄想围歼红军于普渡河以东、功山以南地区。

红军经宣威、沾益、马龙、寻甸到了普渡河。因滇军倾巢出动,在普渡河布防重重,敌我双方展开了激烈的战斗。红军一时难以渡过普渡河北上。

在由贺龙、任弼时、肖克、王震等军团领导参加的紧急会议上,贺龙说:"龙云把老本都掏出来了,把牌押在普渡河,他的昆明就成了空城。他唱空城计,我们又不是司马懿,没有那么胆小,我们就打昆明。龙云,还有那个顾祝同,准会吓得灵魂出窍,把兵调回昆明。这时候,我们一掉头向西,甩掉了滇军,可以到石鼓、丽江去过金沙江。江是死的,人是活的,何必一定要到元谋去渡江呢?"

大家一致称赞贺龙采取的"避实击虚,攻其必救"战术大胆又巧妙。肖克不无幽默地说:"这下敌人赤脚也赶不上我们啰!"

4月10日,红二、六军团突然掉头南下,直扑昆明。当天先头部队出现在距昆明15公里处的沙郎地区。

第三天,红军全部进入距昆明以北20公里的富民城,摆出一副即将攻打昆明的架势。敌人就像遭遇了突然爆发的地震,昆明全城惊恐万分。老谋深算的龙云,这时已没了主意;他的一批高参也都面面相觑,不知所云地相互问道:"怎么办?这可怎么办?"一份份十万火急的电令从昆明传到正在普渡河"守株待兔"的滇军那里,内容都是:"火速返城保驾!"昆明附近的保安团也接到了赶往省城保驾的命令，连军官学校的学生们也被紧急动员，拉出来充当守城卫士。

这样，顾祝同和龙云果然中了贺龙的计。

当敌军心急火燎地回保昆明时，贺龙却下令："向滇西进军！"于是，红二、六军团转向滇西，日行百里，横扫滇西，向金沙江挺进。

敌人害怕我军进攻下关、大理，又连忙调兵去防守。蒋介石也把他的中央大军调来增援，并亲自坐上飞机在空中督战。龙云也派飞机侦察、轰炸，妄想在金沙江、澜沧江之间把红二、六军团一口吞掉。贺龙用"调虎离山"、"避实就虚"的战法，牵着敌人的鼻子团团乱转，使敌十几万大军疲于奔命，而我军在滇中却如入无人之境。

为了避免敌机轰炸，我分兵两路，夜间行军，白天休息。不管距离多远，一天攻取一座县城，打得敌人闻风丧胆，草木皆兵。有的县太爷听说红军快到了，早早就卷起细软财物跑了。这样，在西进途中，红军得到了大量的给养。有的红军战士在那些天里，连有名的云南火腿都吃腻了！红军部队一边行军，一边唱歌，十分活跃，引来了许多老百姓。

因红军行动快，有些地方还未得到红军过来的消息，一些土豪劣绅也笑嘻嘻地站在路边看热闹。看着看着，感到有些不对头了，特别是听到红军唱的《报名当红军》、《打土豪分田地》的歌时，脸上的笑容一下吓没了，偷偷转身一溜烟跑了。

红二军团经禄丰、楚雄、祥云到宾川；红六军团经禄劝、牟定、姚安到宾川；之后，两军团又合兵一处，折而向北，经鹤庆、丽江，直取石鼓渡口。

当敌人惊呼上当时，再拼命追也赶不上红军了。25 日，红军前卫部队到达金沙江南岸的石鼓和巨甸。接着，红军利用走铁索桥，乘小船，划木排等方式渡过金沙江，很快，全军 17000 余人渡江完毕，立即炸掉铁索桥，火速西进。

等我全军过江后，敌人的大军才追到对岸。最快尾追而来的滇军刘正富旅，气喘吁吁赶到金沙江畔时，不见红军的踪影，却看到了红军留下的标语："来时接到宣威城，走时送到石鼓镇，费心、费心，请回、请回！"

敌人还拣到了不少红军扔下的烂草鞋。草鞋上还留有字条："白军士兵弟兄们，你们辛苦啰！谢谢你们送了我们这么远。快拣上我们的破草鞋交给你们长官拿去报功吧！"

敌人气急败坏地在对岸乱放枪，但望着一时过不去的湍急金沙江，也无可奈何。

正带领红四方面军滞留在康北的红军总司令朱德、总政委张国焘得知红二、六军团安全顺利渡过金沙江，非常高兴，特意给他们发来贺电："金沙既渡，会合有期，捷报传来，全军欢跃；谨向横扫湘、滇、黔，万里转战的我二、六军团致以热烈的祝贺和革命的敬礼！"（《红军长征全史（第二卷）》，柏福临主编，东北师范大学出版社，1996年版，第218页）

★贺龙豪迈地说："向大自然斗争，翻过雪山去！"对于张国焘的《干部必读》小册子，王震愤愤地说："这些混账东西，我统统烧掉了。"红二方面军以最小代价走完长征路。

5月5日，胜利渡过金沙江的红二、六军团，来到了海拔5300米的哈巴雪山脚下。面对敌人的围追堵截，多次以"神来之笔"带领部队化险为夷的贺龙，这时却遇到了来自大自然的严峻挑战。

红军指战员大都来自南国，很不适应高原气候，加之衣着单薄，粮食物品又匮乏，即使是这样，也还要同大自然作殊死的搏斗，爬过雪山去。

红军在山下做了力所能及的必要的物质准备。师以上的侦察部门都请了通晓藏汉语的"通事"（即翻译），请藏民给部队讲了过雪山要注意的事情。藏民还卖给部队一批能在雪山上给人引路的牦牛。藏民对牦牛很爱护，称其为神牛。为了御寒，部队还准备了辣椒水。贺龙亲自给部队做了过雪山的动员报告，他说："现在情况变了，我们面前的敌人是雪山。我们要发扬团结友爱、互相帮助的精神，像同敌人作斗争一样，向大自然斗争，翻过雪山去！"

雪山下，高大的树木成林；到了山腰，就只有低矮的灌木了；到山上，连一点动植物都没有，到处是终年的积雪。由于日晒，表面的雪化了后又冻成一层冰壳，而下面往往是很深的大雪坑，人一掉下去就再也爬不出来。雪的反光，又把人映得头昏目眩。走累了还不能坐，一坐下来就别想再起来了。国民党的西康省主席李抱冰为了堵击红军，从打箭炉派了一个营翻过雪山，结果死了一半人才到了巴安。而现在，要翻雪山的是英雄的工农红军，所以，困难吓不倒红军英雄汉。

"一定要抢在天黑之前翻过雪山，同志们加油呵！"已过不惑之年的贺龙，不间断地动员道。他牵着一匹枣红色的骡子，骡子驮着一位因受冷患重感冒的

▲迪庆

通信员。

通往山顶的路上，空气越来越稀薄了，贺龙的胸口像塞了一团棉絮，张大嘴呼吸也觉得气不够用。但他仍一再鼓励同志们："再坚持一下，过了雪山就是胜利！"老天似乎故意要为难我们的红军，快到山顶时，突然一块乌云挨着山头压过来，狂风骤起，一阵暴雨夹着冰雹，劈头盖脸地打来。一会儿又下起了鹅毛大雪，战士们全都成了雪人，冻得浑身发颤。

"把背包打开，裹着身子！继续走，不能停啊！"贺龙大声提醒战士们。

他的双腿深陷在雪窝里，身上裹着一条薄毯，眉毛、胡子全白了。忽然，他发现有个战士倒下了，马上跑上前去，搂在自己的怀里，解开自己的衣扣；又抓起一把雪含在嘴里，将溶化了的温雪水喂进这位战士的口里。那位战士渐渐苏醒过来，吃力地张开青紫的嘴唇，断断续续地说："总指挥，别……别管……我，你们……继续……前进吧！"说完头一歪，再也没有醒过来。贺龙热泪禁不住夺眶而出。

在贺龙总指挥榜样力量的影响下，指战员们勇往直前地往山顶冲击。有的同志走累了，别的同志架着他走；有的同志眼睛被雪光映花了，别的同志拉着走；红旗引着路，鼓动的口号此呼彼应。这样，同志们团结一致，互相帮助，胜利地翻过了哈巴雪山，来到康藏高原南部藏族聚居的重镇中甸。

这里聚居着藏、汉同胞。金碧辉煌的喇嘛寺，十分雄伟。不过，城内几百户藏民，由于听信了国民党反动派的反动宣传，纷纷躲进山林。城外有一座名叫归化寺的喇嘛寺，是当地的统治中心。贺龙、任弼时就召集干部会。贺龙说，这里是少数民族地区，我们一定要了解少数民族的风俗，尊重他们的风俗。他们对部队约法三章，教育大家尊重少数民族及其生活习惯和宗教信仰，保护寺庙。没有房子住也绝不允许住喇嘛寺。红军还派出干部宣传我党民族团结的政策，藏族同胞又看到红军纪律严明，秋毫无犯，纷纷把粮食卖给红军。

贺龙亲自接待前来谈判的归化寺喇嘛代表，耐心细致地回答他们所提出的种种疑问，消除了喇嘛们的误解和恐惧。归化寺的活佛和八大老僧请贺龙去寺里作客，破例在佛厅为贺龙举行跳神仪式。贺龙向活佛赠送了锦幛，上面写着"兴盛番族"四个大字。僧侣们深受感动，回赠了洁白的哈达。然后下令富户打开仓库，向红军出售青稞数万斤。躲进山林的藏民们也回到镇里，积极帮助红军筹粮。有的喇嘛自愿带红军北上甘孜。

红二、六军团在中甸休整数天后，根据中央电示，从中甸出发，分左、右两路纵队，一起向北，踏上了与红四方面军会合的征程。具体部署是：二军团走左路经过德荣、巴塘、白玉到甘孜；六军团走右路，经稻城、理塘、新龙到甘孜。

1936年7月1日，贺龙率红二、六军团和红四方面军在甘孜胜利会师。

阶级兄弟、革命战友，经过艰苦奋战后会合在一起，大家顾不上抖落一路的风尘，忘记了途中经历的磨难，两支从未见过面的红军部队都沉浸在相聚相识的欢歌笑语之中，显得格外亲切。

在甘孜，贺龙、任弼时、关向应、肖克、王震等红二、六军团领导人见到了大家尊敬的朱德总司令和刘伯承总参谋长。

"你还是那么精神，只是有点瘦了。"朱德紧紧握住当年一起领导南昌起义的战友贺龙的手说。接着又握着任弼时的手说，"你们来了，我的腰杆子硬了，团结北上就更有力量了。"

粗中有细的贺龙显然听出了朱总司令的话外音，知道总司令在张国焘这里也是受气受排斥。接着，朱德和刘伯承利用聊天作掩护，将张国焘另立中央、分裂党和分裂红军的活动告诉贺龙、任弼时等人。贺龙他们才知道张国焘私立"第二中央"，妄图分裂红军的阴谋；也才知道在桑植收到的要红二、六军团仍然留在原有苏区附近的所谓中央来电，和在盘县收到的红二、六军团要沿红一方面军长征的路线渡金沙江去甘孜会合红四方面军的所谓中央指示，在中甸收到的要红二、六军团分两路去甘孜的所谓中央指示，都是张国焘发来的。张国焘利用职权，把持红军总部，长期隔绝党中央和二、六军团的联系，企图把二、六军团置于他的控制之下。

贺龙明确表示党中央在前面，不在这里。

随后，张国焘又派人散发《西北讲座》、《干部必读》等小册子到红二、六军团，主要内容是《反对毛泽东、周恩来、张闻天、博古逃跑主义路线》，把毛泽东、周恩来称作逃跑主义路线的代表。针对张国焘反对中共中央的卑劣行为，贺龙胸有成竹地对朱德说："对付分裂，我有我的办法。"

贺龙轻蔑地看了一眼摆在桌上的这本《干部必读》的小册子，随即命令道："什么'必读'，谁也不许读！小册子都收起来，放在政治部，一律不准下发。"

贺龙又问王震："你是怎么处理这些小册子的？"

王震说："这些混账东西，我统统烧掉了。"

贺龙赞许地说："好！烧得好！"

贺龙深知张国焘是仗着人多势众闹分裂，便想出了一个釜底抽薪之计：巧妙地编些理由向他要人要枪，结果把原一方面军罗炳辉率领的红九军团改编的红三十二军要了过来。不知是计的张国焘还以为这样能取得贺龙的好感，有利于控制红二、六军团呢。不久，中革军委颁布命令，以红二、六军团组成中国工农红军第二方面军，将红三十二军正式编入红二方面军建制；贺龙任总指挥，任弼时任政治委员，肖克任副总指挥，关向应任副政治委员。

张国焘为了达到分裂红军的目的，又提出要开干部会，贺龙坚决反对，他说："在这里开会谁主持？提出问题谁做结论？这里开会连房子都没有，不开了吧！现在7月了，还是早点出发过草地，出了草地再开会吧！否则气候条件失去了就走不出草地了。"朱德、刘伯承、任弼时、贺龙、关向应等与张国焘进行了坚决斗争，红二、四方面军广大指战员也坚决反对他的阴谋。特别是四方面军的广大干部都逐渐认识到南下是一条绝路，纷纷要求继续北上抗日。

朱德总司令在新中国成立后回忆这段经历时说："贺老总对付张国焘很有办法，不争不吵，向他要人要枪要子弹，硬是要过来一个军，尽管人数不多，张国焘对任弼时、贺龙有些怕呢！一起北上会合中央，贺老总是有大功的！"（《红军长征全史（第二卷）》，柏福临主编，东北师范大学出版社，1996年版，第242页）

1936年7月7日，红二、四方面军在朱德总司令、刘伯承总参谋长的领导下，以四方面军为一梯队，二方面军为二梯队，北上过草地。这时部队的物质条件就更差了，体力也更弱了。草地上能吃的野菜只有灰苋菜，而这里的灰苋菜却很少。因为这里本来没有灰苋菜，仅有的这些也是藏民放牦牛时，牦牛在别处吃了灰苋菜，菜子没有消化，拉出来后生长的。有时走前卫的部队吃野菜，走后卫的部队就只能挖野菜根吃。部队带的干粮很少，没病的同志都让给有病的同志吃，最后把皮腰带都煮着吃了。一次，四方面军的同志送来一些羊肉，供给部门就按人数分给每人一份。贺龙说："我那一份不要了，给别人吧。我自己的伙食自己办。"说完自己拿了根竿子钓鱼去了。可他钓来几尾小鱼，还要把周围的同志都叫来尝尝。过草地时，贺龙、任弼时、肖克等方面军首长和师以上干部一样，都很少骑马，而他们的马常常让伤病员骑。

在穿越茫茫草地时，不少历经千难万险、九死一生的红军战士，最后倒在了渺无人烟、遍布沼泽的草地上。贺龙心如刀绞，想尽一切办法来挽救。他宰杀了曾在战火中救过他命并在长征中救过许多伤病员的心爱的坐骑，分给断粮的战士们吃；组织了由党团员和干部组成的"野菜检验组"，带头冒着生命危险去尝各种野菜，将确认能吃的品种通报全军；成立了收容队，反复命令各部队：决不能丢掉一个伤病员，只要有一口气就要尽力抢救，带出草地；还亲自带人到草地里的小河去钓鱼，煮鱼汤给伤病员吃。

过雪山草地经过的地方，都是藏族聚居的地方。有时还能买到一些糌粑、酥油，部队南方人多，很多人吃不惯，贺龙、任弼时、肖克等却带头吃，而且吃得津津有味。一次干部会上，贺龙风趣地说："你们这些土包子什么也不懂，糌粑、酥油都是好东西，很有营养。你们看藏民吃糌粑、酥油身体多健壮。到了这里就要适应这里的风俗嘛!"

而贺龙自己则因操劳过度，营养不良，瘦了好几圈，裤腰带重新打眼才能系紧。这时，关向应副政委急得跑到担任前卫的红四师十二团，给团长、政委下达特殊任务："赶紧想办法为贺老总找酥油。"可是不要说当时难以找到酥油，即使找到了，贺龙还是让给伤病员吃。

红二、四方面军继续北上，张国焘仍然贼心不死，继续闹分裂。贺龙、任弼时看穿了张国焘的企图，命令二方面军分成两路前进，周密部署，防范张国焘逃跑。同时告诫二方面军的干部："我们要的是和二、四方面军的同志团结北上，大家要时时刻刻把党中央、毛主席交代我们的'团结'二字放在心上!"还叮嘱后卫部队："收容掉队的同志，有吃的先让四方面军的同志吃，有牲口先让四方面军的同志骑，不能丢下四方面军的一个同志。"

部队走出草地，经过包座、巴西到达甘肃的哈达铺。稍事休整后，攻占成县、徽县、两当，转而向北到达静宁。

1936年10月22日，红二方面军继先期到达的红四方面军之后，抵达甘肃隆德县将台堡（今属宁夏西吉县），与党中央和毛泽东派来接应的聂荣臻、左权等红一方面军指战员会合。至此，红军三大主力胜利会师，红二方面军作为主力之一，在贺龙、任弼时等领导下，历时一年，转战八省，行程万余里，作战百余次，终于完成了具有历史意义的长征。而且，红二方面军在长征结束时尚有1.1万余人，与红一、四方面军比较是损失最小的。从红二、六军团到红二方面军，他们创造的奇迹，自然离不开广大指战员的共同努力，但很大程度上也得益于贺龙、任弼时、关向应、肖克、王震等军团首长的正确领导和指挥。

当红二方面军到达陕甘边境时，党中央、毛泽东又派邓小平等前来慰问，并传达了瓦窑堡会议精神和毛泽东《论反对日本帝国主义的策略》的报告。贺龙、任弼时都兴奋地说："这下好了! 真要到毛主席、周副主席跟前了! 跟着毛主席，革命一定会胜利!"

后 记

作为一名军人，我和元生对军史一直很感兴趣。在一次交流学习中，我们谈到了红军长征中的著名将领和他们指挥的著名战役，觉得这是一个好的选题，便决定动笔。于是，从 2006 年开始，我们便开始搜集资料，尝试着进行写作。

搜集资料的过程，也是一个学习的过程。在这个过程中，我学到了不少历史知识，也对这段历史和这些人物产生了深厚的兴趣。我首先阅读了《红军长征文献》和《红军长征回忆史料》，这两部巨著都是编写组编写、解放军出版社出版的，为我们提供了权威、准确的史料；后来又阅读了柏福临、刘喜发任总主编、东北师范大学出版社 1996 年出版的《红军长征全史》和陈虎著、中国长安出版社 2005 年年出版的《长征日记》，也给我们提供了具体、翔实的描述。另外，还有解放军出版社出版的《聂荣臻回忆录》、《历史的回顾》（徐向前著）、《杨成武回忆录》、《肖克回忆录》、《长征》（哈里森·索尔兹伯里著）以及中国第二历史档案馆编、中国档案出版社出版的《国民党追堵红军长征档案史料》等，也给我提供了大量的资料和丰富的营养，这些都是不能忘怀的。谨借本书出版的机会，向这些著作的作者或编者深表敬意和谢忱。

在本书出版之际，需要感谢的还有很多。首先要感谢成都军区司令部的欧阳青大校，他不仅一直关注关心我们的创作，还亲自动手，为本书添砖加瓦，使本书更加丰富和精彩；其次要感谢总后政治部创作室的周大新老师，如果没有他多年来的指导、帮助乃至提供各种机会，我们不可能一直坚持到现在；还要感谢家人，他们在多个方面力所能及地提供了支持。

由于时间仓促，采访有限，很多资料不是第一手资料，本书的缺点和不足在所难免，甚至会有谬误，期望大家批评指正。尤其要请军史专家和有关将帅的亲友、同事多提宝贵意见，以利再版时修订。

刘标玖

2014 年 10 月